JN494473

Empathy Fatigue

감정이입 피로 증후군

상담사에게도 치유가 필요하다

Mark A. Stebnicki 저 | 이달엽 역

학지사

Empathy Fatigue

by Mark A. Stebnicki, PhD, LPC, CRC

Korean Translation Copyright © 2010 by Hakjisa Publisher
The Korean translation rights Published by arranged with
Springer Publishing Company, LLC

Copyright © 2008 by Springer Publishing Company, LLC,
New York 10036

All rights reserved.

본 저작물의 한국어판 저작권은
Springer Publishing Company과의 독점계약으로 학지사가 소유합니다.
저작권법에 의해 한국 내에서 보호를 받는 저작물이므로
무단전재와 무단복제를 금합니다.

역자 서문

최근에 사회복지를 포함하는 인간서비스와 각종 사회서비스 분야는 가히 폭발적인 성장을 경험하고 있다. 급진적이고 개혁적이라고 부를 만큼 빠른 속도로 변화하고 있는 것이다. 따라서 상담 영역에서도 다문화 상담, 재활상담, 가족상담, 예술치료 등 다양성이 확장되고 있는 것이다. 특히, 과거에는 내담자-상담사 사이에 커다란 불균형이 존재한다고 보았지만 이제는 내담자를 동등한 인격체로 보아 주기를 원하고 있다. 한편, 인간에 대한 신념, 사랑 그리고 인류애를 바탕에 둔 노력의 하나로서 상담은 어느 전문 분야보다도 지적이고 정서적인 기술을 사용하여 강렬하게 내담자의 내면세계에 접근하고 갈등 상태에 직면해야 하는 활동으로 소모에 이르기 쉽다.

이 책 『감정이입 피로 증후군: 상담사에게도 치유가 필요하다』의 저자 Mark와는 박사과정 동기생으로, 지난 2007년 텍사스 주의 샌안토니오에서 열렸던 NCRE 학술회의장에서 졸업 후 다시 10여 년 만에 처음으로 반가운 만남을 가졌다. 이때 다수의 학회 청중들에게 소개된 마크의 저서는 상담서비스를 제공하는 우리들에게 강한 인상을 남졌다. 사실상 이 책은 최근에 상담이 우리 아이들을 양육하는 태도나 방식과 크게 다르지 않다는 생각을 갖게 된 역자의 관점과 매우 많은 부분들이 일치된다. 상담은 다른 사람의 성장 배경, 생활 방식과 성격을 이해하고 올바른 방향과 안목을 제시하는 통찰력을 필요로 할 뿐만 아니라, 실천상의 전문가 능력도 나타내 보여야 한다. 완벽할 필요는 없지만 상담사의 개인적 관리가 철저해야 한다는 이야기다.

사람들은 생존을 위한 끊임없는 적응을 위해 변화와 환경, 주위로부터 무언가를 요구하게 되고 누군가 이 욕구에 반응하지 않으면 스트레스와 욕구불만을 경험하게 된다. 다른 살아 있는 유기체들과 마찬가지로 지속적으로 새로운 조건들을 만들어 나가야 하는 것이 인간생활이다. 또한, 인간의 능력은 제한되었기에 종종 다른 사람의 도움이 필요하고 한꺼번에 너무 많은 것들을 처리할 수 없다. 개인주의 경향과 가족해체로 인해 우리 사회에서도 이제 상담은 누구나 찾을 수 있는, 찾아도 되는 치료서비스로 자리매김할 전망이다.

유교 문화의 배경 속에 단일민족, 혈통주의의 전통이 강한 우리 사회에서 서구의 이론들이 꼭 들어맞으리라고 생각하지 않는다. 또한, 번역을 하면서 종종 느끼는 점은 학문과 실천의 중심은 시대와 문화를 크게 벗어나지 않는다는 것이다. 나아가 이 책은 상담실천상 우리나라에서도 충분히 다루어야 할 내용들이 구체화되었고 과학이 다루지 못하는 영적인 부분까지 지적하고 있다. 책의 번역을 마무리하기까지 타이핑과 교정의 수고를 아끼지 않았던 대학원 이민정 조교와 학부의 박정호, 김보람 조교에게 감사한다.

2010년 1월

이달엽

저자 서문

현재 우리들이 상담과 원조전문직에서 패러다임의 전환을 경험하고 있다는 사실은 지구촌 곳곳에서 일어나는 극도의 스트레스와 충격적 사건들을 다루려 할 때 지나치지 않은 표현일 것이다. 최근 7년간 일어난 충격적 사건들의 후유증은 지구촌 전역으로 확산되고 있다. 미국에서는 화요일인 2001년 9월 11일 엄청난 테러가 발생하였고, 허리케인 카트리나는 2005년 8월 29일 시민들의 육체, 정신, 영혼에 환경적, 정서적, 물리적 및 영적으로 큰 상처를 남겼다. 이 여파로 남겨진 상처는 상담 분야의 여타 원조전문직들 안에서 의식상의 변화를 촉진시킬 정도로 서구인들에게는 일련의 극적인 충격으로 남았다. 화재, 홍수, 가뭄 그리고 학생들의 총격 사건들은 이런 재난의 생존자들에 대한 철저한 관심을 요한다. 우리 전문가들에게는 지속적으로 재난에 대한 준비 상태와 정신적으로 건강한 재난의 반응 태세가 요구된다. 그 결과 정서적, 사회적, 신체적, 영적 그리고 직업적 고갈에 직면하는 것이다. 따라서 저자는 많은 전문가들이 '감정이입 피로' 를 경험하고 있다고 생각한다.

이런 감정이입 피로는 지구촌으로 확대된다. 2004년 12월 26일 진도 9를 기록한 북수마트라 섬의 지진과 쓰나미는 수백만 명의 생명을 앗아간 지표면의 격동이라는 증거를 보여 준다. 스리랑카, 인도, 인도네시아, 말레이시아, 태국 그리고 다른 많은 나라들에서 발생한 이런 잔학한 사건의 기억을 어떻게 쉽게 지울 수 있을까? 이런 나라에 급격히 찾아든 재난에 대처하였던 자원봉사자, 천사 그리고 지구상의 성자들은 어디로 갔을까? 이들은 자기 자신의 정서적, 신체적 그리고 영적 평안을 위해 고국으로 되돌아가야만 했을까? 누가 이들을 대신하였을까? 아프가니스탄, 이라크 그리고 중동에서 계속되는 전쟁 또한 인간의 신체적 안전, 정신건강 그리고 일반 복지가 얼마나 취약할 수 있는지를 지속적으로 상기시켜 준다. 지구라는 혹성은 치명적인 사건의 복합성 때문에 많은 사람들이 살기에 안전한 장소로 보이지 않는다.

인간생명, 심리적 비애, 신체적 고통 그리고 영적인 고통에 따른 이런 엄청난 상실의 시나리오들은 TV 뉴스, 할리우드 영화, 활자매체 그리고 인터넷상으로 매일 저녁 뉴스에 거듭 등장한다. 세계는 위성 TV, 영상 휴대폰, 인터넷 기술의 사용에 따라 더욱 작아지고 있다. 지구촌 미디어상에서 목격하는 재난 시나리오들은 현실에 또 다른 영역을 추가시킨다. 우리는 이웃이나 지구촌에 펼쳐지는 비극을 실시간으로 시청할 수 있다.

이런 극도의 스트레스를 동반하는 충격적인 사건들은 광범위한 인구에 영향을 미치고 아동과 청소년, 대학생, 중년과 노년의 사람들 그리고 과거에 희생을 겪은 다른 사람들을 상담할 수 있는 전문가의 필요성을 증대시키고 있다. 흥미롭게도 외래 정신과 환자들이나 내담자들은 지구촌 사건들로부터 일상생활이 심각하게 영향을 받지 않는 것처럼 보였다. 이것은 그들이 강렬한 개인적 디스트레스를 수반한 내적이고 외적인 환경을 이미 경험하였기 때문일 것이다.

이전에 극한적 스트레스와 충격을 경험한 이차 생존자들은 정신건강, 재활, 기타 보건서비스 등에서 새로운 내담자로 등장하고 있다. 여기에는 이라크와 아프가니스탄 전쟁 희생자의 배우자, 자녀와 사랑하는 가족, 장애를 입고 귀향한 군인 그리고 온라인 약탈자들에게 학대를 당한 성희롱 생존자 등의 새로운 인구들이 포함된다. 높은 도덕적 품성과 윤리적 행동으로 존경받아야 할 몇몇 정치적 및 종교적 지도자들이 약탈자에 속한다는 사실은 아동들을 혼란스럽게 하고 이런 일의 언급을 어렵게 만든다.

우리가 신뢰할 수 있는 사람은 누구인가?

이런 치명적 사건들의 중심부에서 멀리 떨어져 있음에도 불구하고, 많은 사람들은 일말의 양심상 가책을 느낀다. 이 새롭고 강력한 불안과 충격적 스트레스는 학교 내, 정부의 사회적 서비스, 병원과 의료센터, 신앙프로그램, 자원봉사와 구조단체 전문가들, 그리고 여타 기구와 시설을 운영하는 사람들에게 영향을 미친다. 우리 모두는 지속적인 재난 구호, 응급처치 그리고 재난 준비에 직면하고 있는 것처럼 보인다.

우리는 어떻게 상처받는 영혼을 치유할 수 있는 정서적, 사회적, 신체적, 심리적, 영적 그리고 직업적 전략을 촉진시킬 수 있도록 어둠에서 벗어나 빛줄기를 찾을 수 있을까, 왜 선한 사람들에게 나쁜 일이 발생할까 하는 실질적 의문은 이런 사건들의 의미를 전달하고 촉진시킬 수 있으며 사람들이 다시 균형을 회복할 수 있도록 하는 숙달된 전문가를 요구한다.

상담사들과 여타 원조전문가들은 자신이 담당하는 개인, 집단, 가족으로부터 크게 영향을 받는다. 많은 사람들은 극도의 스트레스와 충격적 사건들의 중심부에 놓여 있다. 이런 새로운 형태의 전문가들의 피로를 이해하는 것이 필수적이다. 왜냐하면 어떤 전문가들에게는 직업 그 자체가 정신적, 신체적 그리고 영적으로 고통스럽기 때문이다. 감정이입 피로의 병리학적 중요성은 전문가, 기구, 조직 그리고 우리가 상담하는 개별 내담자들과 환자들에게 광범위하게 작용한다.

의료전문가들, 경찰, 구조요원들 모두가 복잡다단한 재난에 대해 물리적 대비를 하지만, 상담사들과 다른 정신보건 전문가들은 정신보건의 구조적 대비를 하도록 요구된다. 오늘날 많은 상담사들과 여타 인간서비스 관련 전문가들에게는 위기중재의 다양한 모형들을 훈련받도록 요구된다. 여기에는 미국 적십자사의 재난 정신건강처치뿐만 아니라, 극한 상황 스트레스 디브리핑(Critical Incident Stress Debriefing: CISD), 극한 상황 스트레스 관리(Critical Incident Stress Management: CISM), 국립 희생자원호기구(National Organization for Victims' Assistance: NOVA)의 집단치료 그리고 급성 외상성 스트레스 관리(Acate Traumatic Stress Management: ATSM)에 관련된 인력들이 포함된다. 위기중재팀은 국가안보청, 인터넷 보안전문가들, 항공산업, 교직원, 일반회사, 종교와 자선기구 그리고 다양한 여타 집단들과 기구 등의 여러 정부기관들로 구성된다.

상담과 심리학 문헌에서는 많은 정신건강 전문가와 원조전문가들이 극한 상황의 중심부와 주변에 놓여 있었던 그들 내담자들이 경험한 영구적 혹은 일시적인 신체, 정신 그리고 심리상의 증상들을 동일하게 나타낸다고 밝히고 있다. 신체적, 심리적 그리고 영적 상태를 준비하는 것에 대해 개방할 필요가 있음은 21세기의 강렬한 도전에 직면해서 지극히 중요하다. 이것은 여러 원조전문직에 있는 사람, 임상가, 상담교육자들 그리고 임상 슈퍼바이저들의 주된 근심거리다.

이 책은 1998년경 천명한 나 자신의 감정이입 피로로부터 영감을 얻은 것이다. 1998년 3월 아칸소 주의 존즈버러에서 직장을 얻어 웨스트사이드 중학교의 위기중재팀 일원으로 일할 때 11세, 13세 소년 두 명이 학생 네 명과 교사 한 명을 총격하여 사망케 한 사건이 일어났었다. 이날 이후 나는 허리케인, 홍수, 토네이도의 중심부에 놓여 있었던 사람들, 중대범죄의 생존자, 미디어 종사자, 학교 및 주간보호센터, 민간기업, 정부에 고용된 사람들에 대한 집단 위기중재와 스트레스 디브리핑과 여러 가지 위기중재 모형들에 관한 훈련을 받았다.

상담교육자, 연구자 그리고 임상가로서 나는 상상할 수 있는 자연재해와 가장 극심한 몇몇 비극적 인간유발 재난의 중심부에 놓여 있던 사람들에게 상담과 스트레스 디브리핑을 제공하기 위한 정서적, 심리적, 사회적, 정신적, 신체적, 영적 그리고 직업적 비용을 지불해야만 한다고 생각했다. 수년 동안 나의 동료들도 감정이입 피로를 경험하는 것을 보았다.

이런 전문가들은 약물남용, 신체 및 성적 학대, 정서, 불안 및 스트레스 관련 장애를 지닌 사람들을 치료한다. 몇몇은 진로와 직업상담을 하고, 간호사, 보건전문가, 학교 교사 그리고 정신 및 신체

장애 아동과 성인들을 위해 일하는 사례관리자들도 있다. 소수의 이런 전문가들이 재난이나 위기 관련 정신건강을 다루지만 급성 혹은 만성 감정이입 피로를 초래하는 문제를 만난다. 전문가들은 선한 마음과 열정적인 분위기를 지닌 인간중심 환경 속에서 스스로 선택한 진로를 따른다. 기본적으로 그들은 감정이입적으로 노련한 전문원조자들이며, 다른 사람들과의 애착관계를 촉진시키도록 요구된다. 그 결과 감정이입은 '고도의 정서적' 혹은 인간중심 환경 속에서 상담하는 자연 파생물로 간주된다.

감정이입 혹은 열정피로, 소진 그리고 상담사 손상과 같은 다양한 용어들로 표현되는 전문직 피로 증후군들을 예방하는 데 있어 심리, 상담 그리고 관련된 분야의 관심이 증대되고 있다. 이런 증후군들이 이 책 전체를 통해 서술될 것이다. 이런 개념들에 대한 독자의 이해를 돕기 위해 이 책의 제1부는 감정이입 피로의 구조에 대한 독특하고 심도 깊은 분석을 독자에게 제공하며, 이런 현상을 마음, 신체 그리고 영적 관점에서 기술한다. 또한 주요 사건들의 진원지에 가까운 상담현상을 논의하며 젊거나 나이든 원조전문가들 모두의 전반적 복지에 어떻게 영향을 미치는지를 기술한다. 축적된 직업적 스트레스는 심지어 심리학과 상담전문직 이외의 영역에서도 우울, 불안 그리고 약물남용 장애들을 포함하는 보다 고도의 기능손상 수준을 야기할 수 있다. 따라서 감정이입 피로를 완화시키기 위해 내담자들의 삶에 일어난 비일상적 스트레스와 외상성 사건들을 일상의 것과 구분해 내는 일이 중요하다.

이 책의 제2부는 전문가의 감정이입 피로를 치유하기 위한 통합적 접근을 요구한다. 전문가와 전문상담사들의 정서적, 신체적 그리고 영적 복지의 기본은 감정이입 피로를 예방하기 위한 탄력성을 촉진시키는 자기-보호 전략들이 된다. 극도의 외상성 스트레스원들과 관련된 개인의 부정적 역전이를 무시하거나 가볍게 다루면 결국 신체적, 정서적, 영적 그리고 심리적 비용을 초래한다.

이 책의 제3부는 상담교육자들과 임상 슈퍼바이저들의 직업상 초기에 발생하는 정서적, 신체적 그리고 정신적 소모를 파악할 수 있는 지침을 제공한다. 임상 슈퍼비전은 내담자-상담사 관계에 영향을 미치는 스트레스와 불안이 누적되고 장기적인 본질과 특히 감정이입 반응을 초래할 수 있는 가능성 때문에 극히 중요하다. 세계 각국에서 토착문화의 지혜를 수집하는 일은 21세기 치료사들에게 제공하는 부분이 많다. 따라서 이 부분은 고통에 빠진 영혼을 치유하는 동양과 서양의 기본 철학들에 방향을 제시한다. 또한 '고도의 정서적' 인간중심 환경 속에서 상담하는 동안 정신, 신체 그리고 영적 부분에 관한 주의를 요하는 통합적 접근에 필요한 지침과 활동들을 제공한다.

이 책의 전반에 걸쳐 나타나듯이 감정이입에 몰두할 때 내담자의 만성 질병, 장애, 외상, 비애, 상실 그리고 과도한 스트레스 사건들을 지속적으로 직면함으로써 발생하는 정신적, 정서적, 사회적, 신체적, 영적 그리고 직업적 소진상태로부터 상담사 자신의 손상이 야기된다. 이런 '피로 반응' 유형과 그 결과들은 미국상담학회의 Counselor Wellness and Impairment 태스크포스를 통해 '상담사 손상'으로 인식된다. 미국심리학회 역시 '손상된 심리학자들'의 자기-보호 실천에 전향적이었으며, 이런 이슈들을 해결하도록 1986년에 태스크포스를 구축하였다. 미국의학회(AMA)는 기본적으로 환자를 안전하게 치료하는 의사의 능력을 방해하는 신체적, 정신적 그리고 행동적 장애로 규정될 수 있는 '의사의 손상'으로 부르는 유사한 상태를 인정하였다. 수년 동안 간호전문직은 이것을 열정피로라고 불렀다. 결국, 사용되는 용어와는 관계없이 그 개인과 전문직에 대해 정신적, 신체적 그리고 영적 비용을 초래하는 것으로 나타난다.

감정이입을 통해 전달되는 독특한 접근은 상처 입은 치료사들에 대한 자기-보호 접근 방식의 촉진에 대한 강요다. 전반적으로 이 책은 치료사의 정신, 신체 그리고 영을 치유하는 것과 관련된 철학적 신념과 고유한 문화적 치유방법의 선택적 지혜를 적용하도록 권한다.

Mark A. Stebnicki

차례 CONTENTS

제2부 감정이입 피로 치유의 통합적 접근

제3부 감정이입 피로의 발견 지침

제15장 참여하고 주목하며 개방하라 … 309

—조화와 균형을 회복하기 위한 3단계 개인 성장 프로그램—

제1부

감정이입 피로 분석

제1장

감정이입 피로의 이해를 위한 이론적 준거

—핵심 경로의 분석—

미국 인디언의 전통적 교육방법에 따르면, 헌신해서 어떤 사람을 치료하려고 할 때, 어느 시점이 되면 치료사 자신에 대한 치유 역시 필요하다고 한다. 인디언 의사 혹은 치료사가 되기 위해서는 어느 시점까지 자신이 지속적으로 상처를 입기 때문에 스스로도 치료를 받아야 한다는 점을 이해해야 한다(Tafoya & Kouris, 2003). 미국 인디언 문화에서처럼 서구의 많은 전문상담사들 역시 상처 입은 치료사의 경험에 직면하게 된다. 이런 현상을 '감정이입 피로'라고 칭해도 될 것이다. 즉, 이런 현상은 상담사 자신의 상처가 그들 내담자의 만성 질병, 장애, 충격, 비애 그리고 상실에 관한 삶의 진실을 통해 지속적으로 변화될 때 발생하는 심리적, 정서적, 정신적, 신체적, 영적 그리고 직업적 소진 상태로부터 야기된다(Stebnicki, 1999, 2000, 2001, 2007a).

전문가들의 손상과 피로에 대한 이와 유사한 관찰과 평가는 간호, 심리, 상담 그리고 정신보건 문헌 속에서 다루어졌다[예, 열정피로, 이차적 외상성 스트레스, 소진, 대리 외상화(ricarious traumatization)] 예를 들면, 열정피로는 최초로 Joinson(1992)이 간호 분야에 소개하였고, Figley(1995)와 Stamm(1995)이 확장시켰으며, 심리학자들은 과도한 스트레스와 충격적 사건에서 살아남은 생존자들을 상담하는 치료사들에게 열정의 정서와 다른 사람들의 고난과 아픔에 대한 감정이입 결과로 초래되는 이차적 반응 스트레스 유형이 발생하기 쉽다는 것을 가리킨다. 그 결과 치료사들이 내담자의 충격적 이야기 속에 정서적으로 빠져들 때 대리 외상화(McCann & Pearlman, 1989)를 경험한다.

손상받은 전문가들: 인간중심 상담 분야의 염려

인간중심 상담사들과 관련된 전문기구들은 최근에 전문가 피로 반응의 식별과 예방에 대한 염려를 피력했다. 왜냐하면 이것은 서비스를 제공받는 내담자/소비자들을 위협하거나 심지어 위험에 빠트릴 수 있는 급/만성 정신적/신체적 건강문제를 지닌 전문가들에게 심각한 부정적 영향을 미치기 때문이다. 이런 전문가 피로 반응들과 그 결과들은 미국상담협회의 상담사 복지와 손상에 관한 태스크포스에 의해 '상담사 손

[그림 1-1] 손상받는 상담사

상' 으로 인정되었다(American Counseling Association: ACA, 2003). 미국의학협회(American Medical Association: AMA, 2004)는 기본적으로 의사들이 환자를 안전하게 치료하는 능력을 방해하는 신체적, 정신적 그리고 행동적 장애로 규정한 이와 유사한 상태를 '의사 손상' 이라고 부르면서 인정하고 있다. 미국심리학회(American Psychological Association: APA) 역시 손상받는 심리학자들에 대한 염려를 표명하고 이런 이슈들을 다루기 위한 자문위원회(Advisory Committee on Colleague Assistance: ACCA)를 설치하였다(APA, 2007).

간호전문직에서는 전문가 손상 및 피로 증후군이 아주 흔하며, 이는 구성원들이 제공하는 심리적/신체적 건강 관리의 극심한 강도에서 기인한다. 간호학 관련 문헌에서는 이런 경험을 '열정피로' 라고 언급하였다. 실제로 미국간호학회(American Nurses Association: ANA)는 이 사실을 윤리강령에 수록하고 많은 다른 학회들이 조치한 것처럼 전문가 피로 증후군의 영향을 감소시키기 위해 설립된 기관들을 소개하고 있다. 상담, 심리 그리고 의료 분야에서 사용된 정의와는 관계없이 정신적, 정서적, 사회적, 신체적, 영적 그리고 직업적 피로 증후군의 비용은 서비스 전문직과 소비자들에게 엄청나게 큰 부담이 되고 있다.

달라이 라마(Dalai Lama)는 상담사들과 같은 원조전문직 종사자들이 사실상 피로 반응을 경험하는 것을 관찰하였다(1999). 라마의 고결성은 상담사들이 종종 무력감과 절망감을 유발할 수 있는 타인의 고통에 지속적으로 노출되기 때문에, 그리고 스스로의 책무 때문에 소진된다는 점을 투영한다. 달라이 라마는 강연에서 "감정이입이란 열정피로를 이야기할 때 언급되는 바로 그것이며, 타인의 고통으로부터 자유로워지고 싶은 사람들이 경험하는 단순한 열정이다." (Berger, 2006, p.1)라고 하였다. 상담은 "고도의 정서를 다루는 직업" 이다(Naisbitt, 1984). 따라서 잠재성 복합 위험이 존재한다(Skovholt, Grier, & Hanson, 2001). 개인적 및 전문적 문제를 악화시킬 수 있는 고도의 정서를 다루는 전문직 종사자들은 "지속적 감정이입, 대인관계 민감성 그리고 일방적 열정의 큰 노력을 필요로 하고 내담자와의 관계가 협조적일 때도 항상 호혜적이지는 않다." (Skovholt et al., 2001, p. 170)라고 하였다. 따라서 전문상담사들의 생활은 종종 내담자의 사고, 정서 그리고 경험들에 대해 고도의 인식을 유지하는 것이기 때문에 극도의 어려움에 처할 수 있다. 뿐만 아니라 내담자 성공에 대한 평가는, 상담성과가 즉각적으로 파악되지 않기 때문에 상담관계의 복합 상호작용에 관련된다. 따라서 평가는 내담자 성공에 대한 현실적 기대의 발전과 그 전문가의 전문직 유지 능력에 대한 내담자의 심리적, 사회적, 정서적, 신체적, 영적 그리고 직업적 복지의 균형에 의존한다.

감정이입 피로: 내담자가 가진 복합적 문제들의 귀결

분명히 상담사 감정이입은 심리치유과정에서 필수적이다. 종종 전문상담사에게 내담자의 고통과 아픔을 대리하는 경험이나 반응이 요구된다. 그러나 강력한 정서 반응을 수반한 내담자의 복합 문제에 집중하고 경청하며 반응하는 일은 전문상담사들이 감정이입 피로 반응을 경험하도록 만든다. 내담자의 정서적 고통과 괴로움의 강도를 완화시키려는 전문상담사의 최선의 노력에도 불구하고 감정이입 경험이 초래될 수 있다. 모호한 상실감, 비애 혹은 스트레스 때문에 유능한 많은 전문상담사들에게 그러한 경험이 발생할 수 있으며, 자신의 강렬한 정서 상태에 반응할 수 있다. 따라서 내담자들의 고통, 혼동, 충격, 외상, 디스트레스 혹은 여타의 심각한 정서에 대한 경험은 종종 전문상담사에게 심리내적으로 투사되거나 전이될 수 있다. 상담사들이 자신의 감정이입 증후를 인식하고 이해하도록 하는 일은 자신의 혼돈스러운 정서와 관련한 문제해결에 도움이 될 수 있다. 소진과 열정피로와 같은 전문상담사 손상에 관한 100여 개 이상의 연구결과들에 대한 내용분석에서 Jones(2007)는 상담사 피로 증후군을 경험하는 전문가들의 특징에 대해 다음과 같은 결론을 얻었다.

- 생명위협에 관련된 위기상담에 일차적으로 종사하는 전문상담사들은 일반 정신건강 사례(불안과 우울장애, 약물남용, 부부상담 등)를 다루는 상담사들에 비해 한층 높은 수준의 소진을 경험하는 경향이 있다.
- 인종, 성별, 전문 자격과 면허(공인상담사와 임상사회복지사 등)는 소진 수준과 상관을 보이지 않는다. 대부분의 전문상담사들은 상담 영역에 관계없이 전문 피로 증후군의 영향을 받는다.
- 고도의 내담자/소비자 만족은 낮은 수준의 상담사 소진과 정적 상관을 보인다. 보다 강력한 라포를 형성한 상담사들이 또한 보다 강력한 상담관계를 보인다.
- 상담사들이 보다 높은 수준의 자아 발달과 개인적 성취감을 느

길수록 소진 수준은 상대적으로 낮아진다.

- 상담사 슈퍼비전은 상담만족과 더불어 낮은 수준의 전문가 손상에 핵심 요소로 나타난다. 달리 말하면, 좋은 슈퍼비전을 받았고 긍정적 슈퍼비전 경험을 하였다고 진술한 상담사들의 소진 수준은 직장환경 속에서 슈퍼비전을 받지 않았고 지지감을 느끼지 못한 상담사들에 비해 낮았으며, 전자는 후자에 비해 지지를 받고 있다고 느꼈다.

감정이입의 핵심 개념과 이론적 관점

전문적 피로 반응들에 대한 입장이 있다. 다양한 피로 증후군(즉, 소진, 열정피로, 이차적 외상성 스트레스, 대리 외상화)에 붙인 명칭들은 연구자와 전문 영역에 따라 따르다. 나중에 진술될 이론적/개념적 상이점들에도 불구하고 내담자/소비자와 감정이입적 상담을 행하는 사람들은 자기 내담자의 상실 스토리, 비애, 일상적 스트레스, 불안, 우울 그리고 외상성 스트레스로부터 크게 영향을 받는 것으로 나타난다. 이런 삶의 조건은 대인관계 기능상의 강렬한 상황에 놓인 개인들을 정신, 신체 그리고 영적으로 상담할 때 보다 탄력적이 되도록 돕는 방식 속에서 성장하고 준비하도록 요구한다.

서구 사회의 상담교육 프로그램 속에서 훈련된 대부분의 상담사들은 내담자와의 라포를 형성하고 내담자를 존경하며 이해 속에서 의사소통하는 치료적 전략으로써 감정이입의 기본적 인간중심 기술들을 습득하여 치료적 상담관계를 발전시킬 수 있고 보다 복합성 있는 상담이론과 전략들을 사용할 수 있도록 배운다. 따라서 내담자 중심 감정이입과 같은 인간중심 상담접근방법들과 기타 많은 상담이론과 전략들은 전형적으로 상담사들의 기초상담 훈련 속에 통합된다. 대부분의 전문상담사들이 자신의 철학, 이론 그리고 상담접근방법이 절충형이라고 진술하는 사실에도 불구하고 상담관계의 본질은 강렬하고 열정적인 심층(below-the-surtace) 수준의 경청을 요구하고 있다. 이것이 상담사가 내담자들의 주요 생활 스토리에 감정이입적으로 깊숙이 관여하도록 만든다.

경험의 발달 수준과 여타 성격 특성에 따라 상담사들은 감정이입 피로의 상, 중, 하의 위기에 놓일 수 있다. 이것은 물론 그 개인의 복합적 성격 특성들과 변수들에 관련된다. 상담사들의 여러 특징과 전문 정체성에도 불구하고 대부분의 사람들은 인간애 정신에 의거하여 전문직을 선택한다. 따라서 많은 상담사들은 열정적이고 감정이입적으로 되기 위한 자연적 직관 능력을 가질 수 있다. 감정이입적이고 열정적인 경청, 주의집중 그리고 반응의 축적효과로 상담사들은 빈번히 내담자들의 강렬한 상실감, 비애, 고통, 외상 혹은 괴로움에 비례하는 정서를 경험할 것이다. 이런 정서들은 상담사의 스트레스 지각에 따라 촉발될 수 있으며, 최소한의 정도에서 매우 강력한 정도에 이르기까지 하나의 감정이입 스트레스 연속선상에 존재하게 된다.

강렬한 내담자 개인 정서의 노출은 어느 정도의 역전이 혹은 상담사의 이차 외상성 스트레스(STS)를 야기시킨다(Figley, 1995 참조). 그러나 사람들은 신체적 및 정서적 스트레스 반응들을 정확히 동일한 방식으로 처리하지 않기 때문에 급격한 발병 혹은 급성 감정이입 피로 반응을 경험할 수도 있고 하지 않을 수도 있다. 위기

반응에 종사하지 않거나 혹은 스트레스 디브리핑 집단을 촉진시키지 않는 전문원조자들 역시 누적되고 강렬한 직장환경의 성격상, 그리고 관여하는 내담자/소비자들 혹은 환자들의 유형에 따라 감정이입 피로를 경험할 수 있다.

감정이입 피로와 고통감수의 주관적 자기-보고 성격에도 불구하고 상담 종료 시에 강렬한 대인관계 수준에서 내담자/소비자를 상담하는 신체적, 정서적, 심리적 그리고 영적 비용과 이런 감정이입 증후군들을 평가하기 위한 척도개발에 요구되는 지속적 노력이 이루어졌다. 최소한 이런 원조전문가들의 스트레스 수준은 심각하게 증가되었다. 급성과 누적된 스트레스의 신체적 및 심리적 비용은 그 개인의 정신적 및 신체적 그리고 영적 영역에 부정적 결과를 초래할 수 있다는 것이 스트레스 연구자들을 통해 보고되었기 때문에 상담전문직에서는 주된 염려가 된다. 따라서 감정이입 피로(empathy fatigue: EF)의 핵심 개념적/이론적 특징은 다음과 같다.

- 감정이입 피로는 다음과 같은 변수들의 상호작용에 의해 한 개인의 전문적 진로 초기에 발달상으로 초래될 수 있는 손상으로 간주될 수 있다. ① 성격적 특성들, ② 일반 대처자원들, ③ 상담사 연령과 발달 요인들, ④ 복원력(탄력성)의 구축기회, ⑤ 유기체와 기타 환경적 지지, ⑥ 개인의 정신, 신체 그리고 영적 발달사이의 상관
- 감정이입 피로는 빈번히 개인과 그 개인을 둘러싼 전문가의 환경에 따라 인식되지 않거나 혹은 무시된다. 그것은 많은 상담사들에게 감정이입 피로 반응이 다음과 같이 고려되기 때문

이다. ① 무의식적 과정, ② 극도의 스트레스와 외상성 사건을 경험한 내담자들과 상담한 이후의 기대되거나 예견되는 정서, ③ 치료사의 전문적 의무. 결과적으로 많은 상담사들은 감정이입 경험을 동료들과 언어적으로 소통하지 않는다. 그렇게 하는 것은 그들이 손상받은 전문가라고 하는 메시지를 전할 수 있는 가능성 때문이다.

- 심각하게 손상받은 상담사들은 유능하고 전문적인 전문가로서 기능하지 못할 것이다. 손상된 전문가들이 있는 한 자신의 내담자/소비자들의 최대 이익을 보장하는 서비스를 제공할 수 없을 것이다. 개인스트레스, 혐오, 심리적 역기능 혹은 과도한 부적응성 정서 반응에 대처하거나 통제할 수 없으면 내담자/소비자의 복지를 저해한다. 따라서 윤리기준들을 다루게 되는데 이 기준들은 소비자 방어에 대한 명확한 의도를 보여 준다. 그러나 '상담사 손상'을 명료하게 정의하려는 많은 노력이 필요하다. 명백한 손상의 이면(즉, 약물이나 알코올 남용 혹은 정신건강 장애가 재발한 상담사), 손상된 상담사 행동들은 상담현장, 내담자 인구 그리고 많은 다른 요인들을 기초로 한 해석에 상당히 의존할 수 있다. 이런 질문들은 ① 상담사의 손상이 어떻게 측정되는지, ② 치료관계의 어느 시점에서 상담사가 손상되는지, 혹은 내담자/소비자들에게 위험을 초래하는지로 발전한다. 상담사 손상 증후군은 가시적이지 않거나 혹은 '무손상'으로부터 '심각한 손상'에 이르기까지 연속선상에 빈번히 위치하기 때문에 열정 혹은 감정이입 피로, 그리고 상담사 소진의 구성에 관련된 약간의 애매모호성이 존재하는 것처럼 보

인다. 상담현장에서 실제적 윤리 딜레마들이 존재한다는 사실에도 불구하고 상담과 심리학은 손상된 전문가들에 관련된 이슈들을 다루기 위해 노력하였다.

- 감정이입 피로는 급성 발병과 각 개인에게 독특한 점진적 정서적, 신체적, 영적 반응 모두 가능하다. 따라서 감정이입 피로 반응은 건강기능에서 불건강기능까지의 예측 가능한 선형경로를 따르지 않는다. 오히려 몇 등급의 전문적 손상과 능력이 구분될 수 있으며, 이런 행동들의 평가는 어려울 수 있다. 또한 감정이입 피로는 직업적 소진이나 역전이 경향에 배타적으로 이르지 않는다. 설명할 수 없는 복합 중재 변수들이 있다. 많은 전문가들은 감정이입 피로에 영향을 받으며, 경험상 거의 손상받지 않음에서 심각하게 손상받음까지의 정서적 연속선상에서 앞뒤로 움직이는 경향이 있다.
- 감정이입 피로를 경험하는 상담사들의 비윤리적 행동과 건강하지 않은 증상들은 종종 전문가 환경 속의 다른 사람들을 통해 인식될 수 있다. 궁극적으로 전문가들 스스로의 마음, 신체 그리고 영적인 부분이 균형을 상실하고 정신건강과 복지가 위협받는 일상의 신호들을 경험한다. 따라서 상이한 슈퍼비전 형태들(집단, 개별, 동료)은 상담사의 정신적, 신체적, 영적 복지에 있어서 극히 중요하다. 따라서 임상 슈퍼비전은 손상된 전문가들에게 처벌적 역할이 아니라 지지적이고 촉진적인 방식으로 도움이 될 수 있다. 전적으로 기능적인 전문가는 유능하고 윤리적이고 치료적인 상호작용들을 촉진시키도록 요구받는다.
- 전문가들 사이에 감정이입 피로를 야기시키는 것은 내담자의

스트레스, 외상, 상실 혹은 비애문제 등의 본질이 아니라 오히려 그 반응을 결정짓는 독특한 내담자와 주요 사건에 대한 상담사의 지각이다. 이것은 복합 상호작용 변수들에 달려 있다. 따라서 상담사들은 그들 자신의 이런 경험을 촉발시키는 정서적(감정이입 피로) 신호들을 지닌다.

감정이입 피로의 핵심 경로들

상담사 손상과 전문가 피로 증후군들에 관한 포괄적 문헌 고찰에 기초하여 다음과 같은 핵심 경로의 분석결과를 제시한다. 감정이입 피로 현상을 야기시키는 핵심 경로의 분석에서 이런 결과들은 본 저자의 논점에 따른 것이다.

① 서구의 상담교육 프로그램에서 훈련받은 대부분의 상담사들은 내담자와 라포를 형성하고 치료적 상담관계를 발전시키기 위한 감정이입의 기본적 인간중심 기술들을 습득하였다. 고도 수준의 정서치료를 촉진시키는 이런 전문가들은 감정이입 피로로부터 더욱 심각하게 영향을 받는다.

② 대부분의 전문상담사들은 자신의 철학, 이론 그리고 접근방법이 절충식이라고 진술하는 사실에도 불구하고 상담관계의 본질은 심층의 인간중심 관심 수준과 열정적 경험을 요구하며, 상담사들이 자기 내담자들의 주요 사건 스토리들과 관련하여 깊은 감정이입적 상태가 되도록 요구한다.

③ 감정이입적이고 온정적인 관계의 결과 상담사들은 자신의 내

담자들이 느끼는 상실감, 비애, 고통, 외상 그리고 괴로움과 거의 유사한 강도의 병렬적 정서를 빈번히 경험하고 이런 정서들은 매우 약한 영향으로부터 심각하게 손상된 상태에 이르기까지 연속선상에 있다.

④ 상담사 자신의 경험 발달 수준, 임상장면 그리고 감정이입적 상태와 특성에 따라서 상담사들은 낮은, 중간, 혹은 고도 위험의 감정이입 피로에 놓일 수 있다.

⑤ 내담자들의 강렬한 정서적 요소들은 급성, 만성 그리고 지연된 상담사의 발병을 유발시키고 전문가의 정신, 신체, 영혼에 피로 반응을 초래한다.

⑥ 상담사의 감정이입 피로 경험은 복합적이고 축적된 개인의 정신, 신체, 영혼 그리고 환경의 상호작용 결과인 스트레스 반응과 매우 유사하다. 감정이입 피로의 반응은 과도한 스트레스 유발적 외상성 사건들을 겪은 상담대상 내담자들과 관련되거나 관련되지 않을 수 있다. 수주, 수개월 혹은 수년 동안

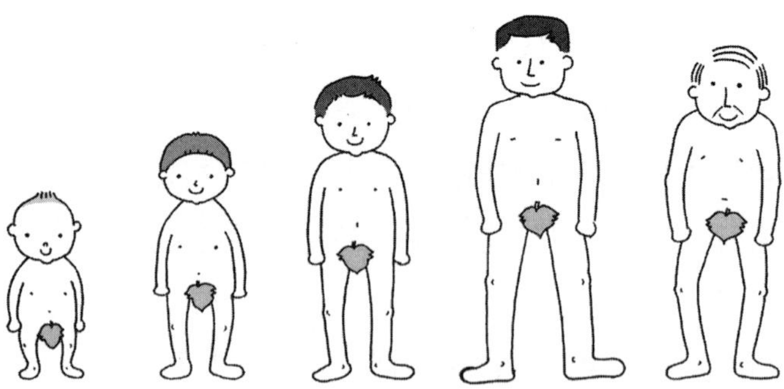

[그림 1-2] 소모적 고갈

지속될 수 있는 심각하게 손상된 단계의 감정이입 피로는 개인이 정서적, 심리적, 신체적, 영적 그리고 직업적으로 고갈되는 완전 전문가 소진에 이른다. 이 고갈 경험의 결과, 전문가는 혐오스런 감정이입 피로의 촉발에 대한 노출을 능동적으로 회피할 것이다.

핵심 경로들의 요약

전반적으로, 복합성 내담자 상담을 통해 일주일 동안 축적된 효과는 '일상의 과로' 와 스트레스로부터 과도한 스트레스성 외상성 문제에 이르는 연속선상에서 내담자 사례들을 다루는 상담사의 탄력성이나 대처 능력들을 악화시킬 수 있다고 가정된다. 비록 내담자의 외상성 스토리가 즉각적으로 상담사의 정서에 부정적으로 영향을 미칠 수도 있지만 과도한 스트레스성 외상적 사건들의 급성 조건은 빈번히 내담자를 만성적, 영구적, 정신적, 신체적 건강 조건으로 전환시킨다. 따라서 온정적이고 치료적인 상호작용을 고도의 감정이입적 방식으로 촉진시키는 전문가는 그 내담자의 경험에 관련된 병렬적 신체, 정신 그리고 영적 소모를 경험하게 만드는 높은 위험에 놓이게 된다.

이런 가정에 따르면, 감정이입 피로를 경험한 전문상담사들은 여러 가지 급성 혹은 만성 스트레스의 내용을 담거나 담지 않을 수 있는 자신의 내담자 스토리에 대해 감정이입적으로 경청하고 반응하는 능력이 감소되는 것으로 보인다. 감정이입에 대한 상담사 경험과 상호작용하는 복합적 변수들이 존재할 수 있다. 예를 들면, 어떤 전문가들은 생명위협적인 만성 질병과 장애를 지닌 아동들과 청소년들을 상담하는 것이 어렵다고 느끼는 반면, 다른 상담사들은 아동재활원 내에서 이러한 치료적 상호작용에 성공할 수 있을 것이다.

이런 개념적 핵심 원리의 관점에서 볼 때 감정이입 피로를 경험하는 전문상담사들은 스트레스, 상실, 해리, 불안 그리고 우울감에 빠질 위험에 놓여 있다. 이들은 종종 내담자와의 치료적 상호작용이 별로 의미가 없다고 생각하며 전반적으로 자기 내담자 생활에 대해서도 별 의미를 느끼지 못한다. 따라서 이런 특징들을 다음과 같이 요약할 수 있다.

① 한 주 동안의 내담자와의 복합적 상담에서 축적된 효과는 상담사의 대처 능력이나 탄력적 능력을 악화시킬 수 있다.

② 상담사들이 동일한 상담건수를 가지지 않고 동일한 장소에서 근무하지 않으며 또한 동일한 방식으로 직업 관련 스트레스에 반응하지 않기 때문에 감정이입 피로는 매우 개별화된 과정이다.

③ 감정이입 피로는 매일같이 문제를 호소하는 내담자의 상담에서부터 과도한 스트레스와 외상성 사건들을 경험하는 급성 반응과 지연된 발병 반응을 모두 보인다.

④ 상담사들은 그들의 내담자 이야기 중심부에 있으며 내담자를 상담하는 순간순간의 정서, 부정적 변동, 부조화 그리고 단절된 에너지 흐름에 주도된다.

⑤ 상담사들은 선량한 방식으로 행동하도록 윤리적으로 속박되어 있다. ⓐ 내담자가 최적의 기능 수준에 이르도록 조력하

고, ⓑ 상담전반에 걸쳐 직면하고 감정이입적으로 반응하며, ⓒ 내담자의 역기능적 사고, 정서 그리고 행동 경향에 적절히 도전하고 최적의 기능화에 필요한 전체 계획을 발전시키는 많은 다른 의도적 방법들을 실천하도록 되어 있다.

⑥ 치료적 상호작용 동안 내담자와 상담사 사이에 교환되는 언어적 및 비언어적 의사소통은 신체적 반응에 관계되는 상담사의 사고와 정서를 통해 통합된다. 그 결과 어떤 구체적 혹은 보편적 의미는 상담사가 느낀 자아감과 내담자와의 상호작용 동안에 상담사가 경험하는 것과 관련하여 설명된다. 이 관계에서 의미가 있는 것은 어떤 상담사들에게는 실존적 혹은 영적인 추구 목적이 될 수 있다. 따라서 개인의 진로와 지속적 동료 슈퍼비전의 초기 임상 슈퍼비전들은 개인 성장의 유지와 상담사로서의 자기-개발과 손상된 전문가들로부터의 내담자 보호를 위해 매우 중요하다.

결론

전문상담사들이 치료적 상호작용에 관여할 때 낮음에서 중간, 그리고 높음의 연속선상에 위치하는 감정이입 피로 반응이 유발될 수 있다. 또한 Stebnicki(2000)의 감정이입 피로 위험요소 기능평가 척도(Empathy Fatigue Risk-Factor Functional Assessment)로 식별 가능한 기타 복합성 위험요소들이 있는데, 이 책의 제3부 10장에서 논의할 것이다. 복합성 내담자 스토리들은 감정이입 피로를 초래하는 전문상담사의 감정이입 에너지들의 소모를 유발시킬 수 있다.

제2장

전문적 피로 증후군들의 비교와 대조

| 원조전문가들의 새로운 불안과 외상성 스트레스 관련 조건의 역학적 이해에는 일반적으로 전문 증후군들에 관한 사고의 변화가 요구된다. 첫째, 우리는 피로조건들이 사실상 상이한 원조전문가들 사이에서도 존재한다는 사고에 열려 있어야 한다. 상담사들은 어떤 형태의 전문 피로나 혹은 상담사 손상을 경험할 수 있기 때문에 스스로 친구들, 가족 그리고 동료들과 거리를 둘 수 있다. 때때로 상담사들은 '그날은 일진이 나빴다.'는 것 이상의 어떤 느낌을 경험하였다고 느끼며, 자신이 노출된 극도의 스트레스와 이차적 외상을 아무도 이해할 수 없을 것이라고 느낄 수 있다. 따라서 감정이입 피로와 다른 피로 증후군들, 이전의 입장을 발전시킨 것들 사이에 몇 가지 중요한 구별을 할 수 있다(Stebnicki, 2000, 2007a). 이를 위해 다음과 같은 이론을 제시한다.

① 열정피로, 소진, 대리 외상화와 같은 다른 피로 증후군들과 반대로, 감정이입 피로는 내담자들과 라포를 구축하여 치료적 상담관계를 성취하기 위해 인간중심 및 감정이입적 상호작용을 일차적으로 사용하는 전문상담사들이 경험한다.

② 감정이입 피로는 외상과 관련되거나 혹은 그렇지 않은 내담자 스토리들에 대해 급성의, 누적된 그리고 지연된 발병 반응을 가진다. 따라서 감정이입 피로는 일상의 과로, 스트레스, 불안, 우울 그리고 중독에서부터 다른 불건강하고 부정적인 정서에 이르기까지 다양한 내용을 담은 복합적 내담자 상담의 누적된 영향들로부터 기인된다.

③ 복합성을 띤 한 주 동안 내담자 상담의 누적된 효과는 상담사의 탄력성이나 일상피로와 스트레스에서부터 과도한 스트레스성 문제와 외상성 이슈들에 이르기까지의 연속선상에서 내담자를 상담하는 대처 능력들을 약화시킨다.

④ 보다 고도 수준의 감정이입(타당하고 신뢰로운 감정이입 척도로 측정되는)을 사용하여 치료를 촉진시키는 전문상담사는 보다 낮은 수준의 감정이입을 사용하는 상담사들에 비해 감정이입 피로로부터 영향을 더 많이 받을 것이다.

전체적으로 감정이입 피로는 상담사들 자신의 상처들, 지속적으로 내담자 만성 질병, 장애, 외상, 비애 그리고 상실에 대한 스토리들로부터 나타난 심리적, 정서적, 정신적, 신체적, 영적 그리고 직업적 소모 상태로부터 야기된다.

전문 피로 증후군들, 즉 열정피로, 소진, 이차적 외상성 스트레스, 대리 외상화의 현상에 부여되는 명칭들은 연구자와 전문 영역에 따라 다양하다. 그러나 개념적 차이점에도 불구하고 원조전문직들과 영역들에 공통적인 중요한 요인이 있는 듯하다. 일차적으로 내담자를 감정이입적으로 상담하는 원조전문가들은 자기 내담자의 상실, 비애, 일상스트레스, 불안, 우울 그리고 외상성 스트레스 스토리로부터 깊이 영향을 받는 것으로 보인다. 이런 일상적 상담은 신체, 정신 그리고 영적인 측면에서 대인관계 기능화와 매우 강력한 수준의 상담에 필요한 탄력성 있는 상담사로 성장하고 발전하도록 요구한다.

다양한 피로 증후군들과 관련하여 연구자들이 기술한 구성들과는 상관없이 전문 피로 경험의 포착은 여러 상담전문가들이 가장 은유적으로 표현하고 있다. 정신건강서비스 내담자들과 마찬가지로 전문가에게 진단적 범주의 부여는 근심과 불안을 야기시킬 수 있거나 반대로 자유롭게 만들 수 있다. 상담전문직에서 다른 사람들도 유사한 형태의 신체적, 정서적 그리고 영적인 피로를 경험한다는 점을 이해하는 것이 다소 도움이 될 수 있다. 최소한 전문상담사들, 상담사 슈퍼바이저들, 그리고 상담교육자들이 그러한 전문 피로 증후군들을 식별하고 예방하도록 하는 것이 이롭다. 따라서 감정이입 피로와 기타 상담사 손상과 피로 증후군 유형들 사이에는 다음과 같은 구분이 있다.

역전이

역전이는 최초로 정신분석이론 내에서 논의되었고 수십 년 동안 일반 상담문헌에서 논의되어 왔다. 프로이트(Sigmund Freud)는 1910년 최초로 상담사의 사고, 정서 그리고 감정들에 직접적으로 내담자 문제와 관련된 자신의 해결되지 않은 내적 갈등들이 반영된다고 이 개념을 설명하였다. 따라서 고전적(프로이트식) 역전이를 다루기 위해 치료사는 건강한 정서를 지니고 균형 잡힌 감정이입을 유지하여 내담자의 건강하지 못한 정서들을 과도하게 여기지 않아야 한다(Salston & Figley, 2003). 로저스(Rogers)는 1961년 '부정적 역전이'의 결과 상담사들이 자신의 내담자들에 대해 경감된 온화감, 수용, 존경 혹은 긍정적 간여를 보일 수 있다고 말했다. 정서적으로 강렬한 관계들은 치료사의 개인 갈등과 내담자의 갈등들 사이의 경계를 흐리게 만들어 과도한 외상성 스트레스 문제들을 극복하고 변화하는 데 필요한 내담자의 능력을 궁극적으로 방해할 수 있다.

생명위협적 만성 질병들과 장애를 지닌 사람들을 상담하는 원조전문가들은 특히 역전이의 영향에 취약하다. Rando(1984)는 이 개념이 사별이나 죽음에 이르는 이슈에 직면한 사람들을 간호하는 것과 관련이 있다고 논의하였다. 그녀는 죽어 가는 사람들이 개인적으로 의미를 전달하는 데에는 적어도 세 가지 방식이 있다고 말했다. 죽어 가는 사람들은 ① 스스로의 상실에 대해 고통스럽게 다가갈 수 있고, ② 우리 스스로의 잠재된 위협적 상실에 관련된 이해에 기여하며, 혹은 ③ 개인적 사망에 대한 우리의 각성에 이르도록 실존적 불안을 야기시킬 수 있다. 따라서 원조전문가들은 사망과 상실이 초래하는 비애와 격리감과 관련되었을 수 있는 그 사람들이 풀지 못한 일들에 대해 관심을 기울여야 한다.

외상학(traumatology) 문헌에서 논의되었듯이, 역전이에 대한 보

[그림 2-1] 상담과정에서의 역전이

다 최근의 관점은 극도의 폭력과 사실적 내용들을 담고 있는 내담자 스토리들을 경청함으로써 갖게 되는 역전이 반응들을 종종 경험하는 치료사들의 독특한 속성들을 구분한다. 따라서 전통적 역전이는 오늘날 특히 외상성 상담에서 하나의 새로운 의미를 가진다(Baranowsky, 2002; Danieli, 1996; Salston & Figley, 2003). 외상성 특수 전이(TST; Wilson, 2001)와 역전이에서 전문상담사가 내담자의 외상성 스토리에 무의식적으로 몰입하는 경우가 있다. 그 결과 내담자의 외상성 스토리는 상담사의 어떤 상징적 혹은 평행성 경험에 관련된다. 따라서 감정이입은 무의식적으로 내담자의 외상성 스토리에 스스로 몰입하는 조력자인 상담사(Jackson, 1992)가 촉진시켜야 하는 강렬한 형태의 경청이다(Figley, 2002b). 고전적이든 외상성 특수 역전이든 간에 이런 어려운 상황을 다룰 때 치료사는 외상성 스트레스문제를 지닌 내담자들과 관련된 불안을 다루기 위해 건강한 성격과 인성구조를 지녀야 한다(Hayes, Gelso, Van

Wagoner & Diemer, 1991).

그러나 타인들에 대한 빈번한 감정이입에는 '그늘진 부분' 이 있다. 예를 들면, 자신이 지닌 미해결 성격문제를 인식하지 못하는 상담사들은 감정이입 피로 반응들을 자아낼 수 있는 높은 수준의 역전이 경험에 이르는 경향을 보인다. 따라서 어떤 감정이입 반응은 상실, 비애, 스트레스 혹은 외상성 복합적 내담자 스토리들을 경청함으로써 압도되는 강력한 정서를 갖는 상담사에게는 역전이 경험과 더욱더 유사하다. 농도 깊은 감정이입 수준을 경험하는 많은 치료사들은 종종 내담자들의 문제(Gelso & Hayes, 1998)에 지나치게 민감할 수 있다. 그 결과 내담자 스토리들을 반복적으로 경청한 이후 전문가들은 자기 내담자들의 상실, 비애 그리고 무력감에 압도되어 스스로 해리되고 나아가 거리를 둘 수 있다.

역전이의 자연스런 반응이 수반되는 상담에는 이런 무의식적 과정을 관리하는 구체적 기술들의 습득이나 문제에 관한 지식, 혹은 인식 이상의 무엇이 요구된다. 이 과정은 상담사 성격 특성 및 다른 특성의 독특한 혼합 기능으로 해석된다(Hayes et al., 1991). 내담자의 외상성 경험을 상담사 자신의 개인적 실존적 생애의 이해 속으로 통합시키는 데에는 통찰력이 요구된다.

전문적 소진의 경험

소진에 관한 문헌은 매우 포괄적이다. Psychological Abstracts 데이터베이스 내에서 이 주제는 1,100개 이상의 논문과 100권 이상의 책 속에서 다루어졌다(Figley, 1995). Freudenberger(1974)가 최초로 만든 단어인 소진(burnout)은 전문가들이 자신의 동료, 내담자들 그리고 스스로에 대한 부정적 정서를 갖는 '소진된' 사람들에게 나타나는 신체적, 정신적, 정서적 상태로 기술되었다(Maslach, 1982, 2003; Pines & Aronson). 소진의 이론적 측면들은 최초로 인간서비스와 정신보건 전문가들과 관련된 직업스트레스 문헌 속에서 심리학자들이 논의하였다. 소진은 원조자와 원조를 받는 사람들 사이에서 발생한 오랜 사회적/대인관계적 상호작용으로부터 야기된 특별한 형태의 직업스트레스로 간주된다. 기관으로부터 받는 적절한 수준의 지지와 내적 견고함이 없이는 인간서비스 전문가도 이런 독특한 심리적 긴장 상태에 빠질 위험이 있다.

소진현상의 특징은 전문가들이 상담하는 사람들을 대하는 방식의 부정적 변화다(Maslach, 1982, 2003). 이 결과 원조전문가들은 자기의 내담자들에게 열정을 보이지 않게 되거나 진지성 혹은 무조건적 긍정적 고려에 있어 빈약하게 반응할 수 있다. 이 경우 점진적 신체 에너지 상실, 자신의 직업에 대한 이상의 상실, 그리고 개인적 성취감이 극도로 희박해지는 경향이 있다. Pines와 Aronson(1988)은 소진을 일으킬 수 있는 원조전문가의 역할과 기능 내에서 가능한 세 가지 기본 특징을 구분하였다. ① 자신이 수행하는 일이 정서적으로 소모되고, ② 자신이 상담하는 사람들에 대해 과도하게 민감하고, ③ 대체로 인간중심 상담을 취한다.

직업소진에서 가장 광범위하게 사용된 측정도구 중의 하나가 Maslash Burnout Inventory(MBI; Maslach & Jackson, 1986)이다. Jenkins와 Baird(2002)는 소진을 측정하는 가장 타당한 도구로 MBI를 인정하였다. MBI는 척도개발 과정에서 세 가지 다면적 하위척도를 가지는 것으로 파악되었다. 그 세 가지는 소모적 정서(feelings of being emotionaly overextended: EE), 내담자에게 냉담한 반응 스타일로 나타나는 탈인격화(depersonalization: DP), 그리고 개인적 성취감(personal accomplishment: PA)의 축소 등으로, PA는 직업스트레스로부터 야기된 유능감과 성공감의 상실이다.

최근에 Maslach(2003)는 소진현상에 관한 자신의 초기 이론 구성을 다소 수정하였다. 그녀는 전문가에게 부과된 직업 관련 스트레스와 대인관계 스트레스원/조건의 상황적 원천들을 초기 평가하고 측정하는 것에 많은 관심을 보였다. 소진에 관해 연구자들은 전통적으로 개인의 성격 특성들과 다른 근심 유발 요인들을 과도하게 분석하는 경향이 있었다. 그러나 이것은 퍼즐과 같이 문제해결에 있어서 작은 부분에 지나지 않을 수 있다. Maslach(2003)는 한 개인의 직업환경에 즉시적인 변화가 없는 경우에 근심을 지닌 그 사람은 자신을 직업적 스트레스의 원인으로 지각하는 경향을 보인다고 주장하였다. 그 결과 개인은 이런 신념을 자신의 인지 도식(schema) 속으로 내면화시킨다. 즉, '나에게 문제가 있고 직업적으로 무능하기 때문에 내담자 수를 줄여야 한다.'는 것이다. 역사적으로 연구자들은 직업 관련 스트레스와 직업환경 내의 대인관계 긴장을 소진의 설명 요인으로 파악하였다. 따라서 상담사 성격 특성들의 이해가 소진 경험을 설명하는 데 사용된 초기 접근이었다.

성격이 소진 정도와 심각성의 평가와 예측에 있어서 하나의 중요 요인으로 계속해서 사용된 사실에도 불구하고 Maslach(2003)는 소진현상의 영향을 가장 많이 받는 사람들의 집단과 유형은 매우 다양하다고 주장하였다.

소진과 감정이입 피로 사이에는 다소 유사성이 존재하는 것 같다. 첫째, 소진은 신체적, 정서적, 정신적 소모를 야기시키는 누적된 하나의 조건으로 인식된다. 그 결과 소진되었다고 생각하는 사람들은 자신의 직업에 정서적으로 과도하게 임하고, 한꺼번에 지나치게 많은 일들을 처리하려는 혼신의 노력을 행하며, 자신의 직장 환경 속의 다른 사람들이 부과한 정서적 요구로 압도당했다고 느낀다. 감정이입 피로 경험은 본질상 역시 축적된다. 이 경우 전문상담사는 내담자 문제에 능동적으로 정서상 관여를 하도록 요구된다. 달리 표현하자면, 다른 사람들과 치료적 관계를 조성하고 상담관계를 달성하기 위해 상담사는 진지성, 타인에 대한 무조건적 긍정적 간여, 그리고 내담자의 정서적 경청에 반응하고 강렬한 언어적 비언어적 주의집중과 경청을 보여야 한다. 결과적으로 상담사들은 해결중심 방식으로 다양한 생애 이슈들의 해결을 원조하도록 요구받을 때 자기 내담자의 정서적 스토리로부터 압도당할 수 있다. 그러나 복합적 내담자 이슈들과 전문적 요구조건들 속에서 소진으로 관찰된 정서적 고갈이 감정이입 피로 경험에서 핵심 사항이라는 점은 놀랍지 않다.

열정피로

열정피로(compassion fatigure: CF)는 외상학(traumatology) 분야에서 진화한 개념이며 필연적으로 외상후 스트레스장애(posttraumatic stress disorder: PTSD)와 이차 외상성 스트레스(secondary traumatic stress: STS)와 연결된다. CF, PTSD, 열정스트레스(compassion stress: CS) 그리고 STS는 유사한 경험으로 구성되기 때문에 동의어로 사용된다. 열정피로라는 용어는 최초로 문헌에서 소개될 때 외상성 환자들을 돌보는 고도의 스트레스에 노출된 간호사들이 경험하는 소진과 관련되었다. Charles Figley(1995, 2002b)가 이와 관련된 주제에 관해 많은 글을 썼다. 그는 위기 상황에서 다른 사람들을 상담하는 전문가들 역시 외상성 경험에 관한 내담자의 강렬한 스토리에 노출될 때 손상을 받을 수 있다고 주장한다. 주된 차이점은 내담자(일차 생존자로 알려진)는 외상성 사건에 노출된 개인이라는 것이다. 그러나 Figley의 모형에 따르면, 전문상담사(이차 생존자로 언급되는)가 내담자의 외상후 스트레스 경험과 매우 유사한 반응을 흡수할 때는 '보호비용' 이 따른다. Figley(1995)는 "감정이입 상태를 느끼고 표현하는 엄청난 능력을 지닌 사람들은 열정스트레스나 열정피로의 위험에 빠지기 쉬운 경향이 있다." (p. 1)고 주장하였다.

열정피로 연구는 최초로 어떤 치명적 생활 사건으로 외상을 받은 사람들을 상담하였던 치료사들에 대한 수백 건의 사례연구들을 통해 발전되었다. 이 치료사들은 빈번한 슬픔, 우울, 불면, 일반화된 불안 증후군 그리고 외상성 상담장면에 직접 관련된 다른 형태의 정서적 고통이나 아픔을 겪는 사람들을 통해 나타나는 독특한 종류의 스트레스원을 일화적으로 서술하였다. 많은 전문상담사들은 이런 열정피로 증상들, 그들이 상담하는 다른 사람들에 대한 감정이입과 열정 능력을 감소시키는 것을 피하는 경향이 있다. 열정피로는 전문상담사들에게 영향을 미칠 뿐만 아니라 또한 그 조력자의 가족, 친구 그리고 역시 주요 사건의 이차 생존자들이 될 수 있는 동료들에게 영향을 미친다. 그 결과에 따라 다시 전문가의 지지체계로 전이되는 하나의 '감염 효과' 가 있는 것이다(Figley, 1993).

열정피로 경험은 전형적으로 기관소진과 관련된 누적된 정서적, 정신적, 신체적 소모를 뛰어넘는 것으로 생각된다. CF는 본질상 보다 급성인 반면, 소진은 그 효과가 누적성이다. 나아가 소진은 복합적 이슈들을 지닌 난해한 내담자를 상담하는 것과 관련된 일반적 심리스트레스원으로 잘 표현된다(Trippany, White Kress, & Allen Wilcoxon, 2004).

보다 최근에 Figley(2002b)는 CF가 단지 소진의 한 형태라고 주장하였다. 그러나 여기에 모두가 동의하지는 않는다. 다른 연구자들(Jenkins & Baird, 2002; Schauben & Frazier, 1995)은 소진이 외상성 내담자들을 상담하는 것보다는 오히려 '직장의 만성적 권태' 와 관련된다고 주장하였다. 따라서 EF의 구성은 CF나 소진과 다르기도 하며 동일하기도 하다. 그러나 EF의 이론적 구성들 속에서 어떤 전문직의 성격 특성들로 인해 그 개인은 상담전문직 진로 개척에 필요한 정신적, 신체적, 영적 에너지의 고갈에 이르게 될 수 있다. 뿐만 아니라 EF를 경험한다고 보고한 전문상담사들과 외상성 이슈들을 지닌 내담자들이 반드시 일치하지는 않는다고 가정된다. 오히려 젊은 상담사들은 일상의 괴로움(즉, 학교나 인간관계 문제들), 주요 생활 스트레스원들(즉, 이혼 혹은 법률적 이슈들) 그리고 생활적응 문제들(즉, 실직, 이사)을 극복하려고 애쓰는 사람들을 상담한다.

이차 외상성 스트레스

주요 사건의 핵심에 가장 근접한 위치에 놓인 내담자들을 상담하는 전문가들은 그 외상성 사건의 이차 생존자들인 셈이다. 많은 전문상담사들에게 신체적, 심리적, 정서적 그리고 심리사회적 증상들은 매우 실제적이고 외상받은 사람(일차 생존자)의 증상들을 여실히 반영하는 경향이 있다. Figley(1993, 1995)와 그의 동료들은 이 분야에서 광범위한 연구를 수행하였고 이 현상을 이차 외상성 스트레스(STS)로 언급하였다. Figley는 STS의 증상들은 PTSD 증상들과 거의 동일하다고 주장하였다. STS 경험은 외상성 사건에 관해 알게 되는 자연적인 결과로서 원조전문가들이 획득하게 된다. 이 노출은 외상성 환자들을 원조하도록 압력을 받기 때문에 전문가들이 경험하는 하나의 특수한 열정형태의 스트레스를 유발시킨다.

Figley(1995)는 STS를 DSM-IV-TR(2000, American Psychiatric Association)의 진단범주 속에 넣도록 촉구하였다. 따라서 외상성 환자들을 진지하게 상담하는 전문상담 조력자들은 급성 스트레스 장애와 PTSD(증상 발현으로부터 30일 경과 후)를 진단하는 대부분의 일차 생존자들과 유사한 경험을 습득하는 경향을 보인다. Figley의 모형에서 '이차 외상성 스트레스장애(STSD)' 라고 하는 용어는 이 경험을 특징짓는 데 사용된다. PTSD와 STSD 사이의 유일한 차이는 내담자가 먼저 일차적으로 외상성 사건을 경험하는 반면, 전문조력자는 외상성 내담자와의 치료적 상호작용들을 통해 그 사건을 이차적으로 경험한다는 점이다. Figley는 이런 형태의 외상-특수 역전이 경험에 이르는 외상들과 외상 희생자의 스트레스를 상담사들이 무의식적으로 흡수 적응한다고 믿는다. 또한 Figley(2002b)는 최근 자신의 PTSD와 STSD 개념을 더욱 정교화시켰다. "열정피로는 또 다른 사람(흔히 내담자 혹은 가족구성원)으로부터 정서적으로 영향을 받는 경우를 제외하고는 거의 PTSD와 동일한 이차 외상성 스트레스장애의 보다 사용자 친화적 용어다. 열정피로는 치료사의 인지스키마(사회적 대인관계 지각 혹은 사기)와 관련된다." (p. 3)

열정피로와 감정이입 피로의 비교와 대조

Figley가 감정이입을 전문상담사들의 주요 외상 원천으로 인식한 사실에도 불구하고, 감정이입과 열정피로를 기본적으로 구별해야 할 것이다. 먼저, 감정이입 피로는 감정이입적 방식으로 치료적 상호작용을 촉진시키는 동안 자신 혹은 그리고 다른 사람들을 통해 먼저 지각하는 상담사들이 획득하는 하나의 조건으로 고려한다. 둘째, 이런 상담사들은 상담해야 할 극도의 스트레스적인 혹은 외상성 문제들을 지닌 내담자들에게 노출될 수도 있고 노출되지 않을 수도 있다. 오히려 감정이입 피로는 자신의 상담을 감정이입적이게 하고 일상의 괴로움(학교, 직장, 대인관계 문제)과 생활적응(이혼, 실직, 비애)으로부터 외상성 스트레스 관련 문제들(사망, 강간, 대량 학살에의 노출)에 이르기까지 모든 것에 노출되어 온 여러 내담자들을 상담하는 원조전문가들이 갖게 될 수 있다.

정규 상담사 훈련 프로그램(상담과 관련 교육프로그램 인가위원회; Council for Accreditation of Counseling and Related Educational

Programs: CACREP)과 재활교육협의회(Council on Rehabilitation Education: CORE)의 인가된 상담사 훈련 프로그램들로부터 대학원 수준의 교육을 받은 원조전문가들은 감정이입의 개념과 실천이 본질적으로 교과과정의 여러 부분 속에 나타나기 때문에 감정이입 위기에 빠지기가 더 쉽다. 이것은 전형적으로 슈퍼바이저들이 먼저 주의집중, 경청, 재언어화, 질문, 요약 그리고 내담자 스토리에 감정이입적으로 반응하는 기본적이고 발전된 기술들을 습득하는 시점이다. 이런 스토리들은 극도의 스트레스성 및 외상성 사건들의 내용을 담고 있을 수도 있고 그렇지 않을 수도 있다. 특히 슈퍼바이저들의 최초 임상 경험들, 실습과 인턴십 동안에 열정적으로 임하는 상담사들은 감정이입 기술들을 내담자 라포와 치료적 상담관계를 설정하는 하나의 도구 혹은 자원으로 사용한다. 더욱 중요한 점은 이것이 많은 예비 전문가들이 자신의 감정이입 피로 개시상황을 알아차리기 시작하는 시기에 있다는 점이다. 슈퍼바이지의 임상 슈퍼바이저 역량에 따라 슈퍼바이지는 이것을 하나의 역전이 경험으로 이해할 수도 있고 이해하지 못할 수도 있다.

열정피로 개념화 노력 속에서 Figley(2002b)는 "감정이입은 원조전문가들이 외상성 정보의 습득에서 스스로 개방적으로 변화되는 기제다."라고 주장하였다(p. 20). 재차 언급하고 싶은 점은 감정이입 피로는 외상성 상담 이외의 다른 분야에서 일하는 전문가들도 갖게 될 수 있다는 것이다. 열정적 방식과 감정이입 기술들을 모두 사용하는 것은 그 치료사가 내담자 스트레스원들을 흡수하는 경향처럼 보인다. 만약 어떤 상담사가 열정적으로 행동하고 감정이입 기술들을 매일/주간 단위로 사용한다면, 그 상담사는 과도한 스트레스성과 외상성 사건들의 주요 내용을 담고 있다거나 혹은 담고 있지 않을 수 있는 복합성 내담자 스토리들의 누적된 효과로 피로해질 수 있다. 따라서 어떤 상담사들에게 감정이입 피로는 누적된 과정인 반면, 다른 상담사들은 CF에서처럼 더욱 빠르게 경험할 수 있다.

저자는 또한 고도의 감정이입적이고 직관적인 상태로 치료적 상호작용을 촉진시키는 상담사들은 감정이입 피로를 보다 쉽게 경험할 수 있다고 본다. 이처럼 자기 자신과 다른 사람들을 매우 감정이입적으로 지각하는 사람들은 감정이입 피로 반응에 크게 기울어질 수 있다. 따라서 감정이 어떤 전문상담사에게는 성격적 상태나 특성이 될 수 있으며, 감정이입이 그들의 성격구조의 일부이기 때문에 보다 많은 영향을 받을 수 있다.

많은 상담사들은 자신의 내담자 문제들에 대해 지나치게 민감한 성격을 지녀 역전이의 부적응 상태에 빠지기 쉽다. 그 결과 이런 부적응 반응의 감시 능력과 인식을 가지지 못하거나 좋은 임상 슈퍼비전을 받지 못하는 전문가들은 감정이입 피로 유발 경향을 반복해서 경험할 수 있다. 이런 전문가들은 매일 혹은 매주 감정이입 피로를 경험할 수 있으며, 따라서 그들의 영혼, 신체, 정서적 사고, 스키마, 인지 상태나 특성에 감정이입 피로가 더욱 깊숙이 자리잡게 된다.

전반적으로 CF는 본질상 매우 급성의 성격을 띠고 대부분 외상성 스트레스 문제들을 지닌 내담자들을 상담하는 상담사들의 경험에서 기인된다. 다른 한편, EF는 다양한 비외상성 문제들을 지닌 내담자들을 상담할 때 유발된다. 상담사의 정신, 신체, 영혼과 상호작용하는 누적 효과들과 치료적 상호작용 동안의 보다 높은 수준의 감정이입을 노출시키는 원조전문가들은 이런 독특한 감정이입 경험에 보다 쉽게 노출되는 경향을 보인다. 이 과정은 연민과 감정이입의 보다 높은 수준을 견지하는 성격구조와 더불어 시작될 수 있다. 그러나 매일 혹은 매주 간격으로 내담자를 감정이입적으로 상담하는 일은 정서적, 신체적, 영적 비용을 초래한다. 감정이입의 이론적 준거에 대해서는 이 책의 여러 부분에서 매우 상세하게 다루어 명료도를 높일 것이다.

대리 외상화

대리 외상화(vicarious traumatization, VT; McCann Pearlman, 1989, Pearlman & Saakvitne, 1995)는 일차 생존자의 외상 사건들에 누적적으로 노출된 결과 야기된 전문상담사들의 복합적 외상 반응들을 기술하기 위해 광범위하게 사용되었다. 대리 외상화(McCann & Pearlman, 1990b)와 관계 희생화(Courtois, 1988)는 비슷한 반응들을 기술하기 위해 문헌에서 사용되었다. 그러나 대리 외상화는 그 의미와 관계가 인간 경험(Pearlman & Saakvitne, 1995)에 국한되는 발달적 구성주의 성격 모형을 전제하기 때문에 하나의 독특한 개념이다. 발달적 구성주의 성격 모형은 상담사의 심리적 발달, 적응 그리고 정체성에 영향을 미치는 외상 충격을 성명하는 대인관계 이론이다. 이런 외상의 노출로 인해 상담사의 정체성, 기억 그리고 신념체계의 인지스키마들에게 큰 변화를 초래하는 것으로 보인다. 치료사의 정신내적 경험을 전이시키고 대리 외상화 경험을 야기시키는 것은 이런 내담자의 외상문제와 더불어 나타나는 강력한 감정이입적 관여다. 이런 심리적 증상들에는 냉소주의, 절망, 우울 등이 포함되는 것으로 보고되었다. 또 가족, 동료, 친구들로부터의 소외, 조기 직업전환, 그리고 일차 생존자의 증상들과 유사한 기타 심리적 및 신체적 복합문제들이 여기에 포함된다(Pearlman & Saakvitne, 1995).

대리 외상화와 앞서 언급한 다른 피로 증후군들의 차이점은 문헌(Figley, 1995; Trippany et al., 2004)에서 항상 명료하지는 않다. 예를 들면, 대리 외상화가 상담사 자신의 관계 외상성 경험에 대한 반응에 항상 관련되지는 않는다. 대리 외상화 경험은 환자를 상담할 때 상담사의 '지금-여기(here and now)'의 경험과 대부분 관련되는 것으로 보인다. 대리 외상화 경험은 정서적으로, 대인관계상으로 그리고 신체적으로 원조전문가를 쇠약하게 만들 수 있기 때문에 STS와는 다소 중첩되는 것으로 보인다. 전체적으로 대리 외상화와 같은 상담, 평가, 치료전문가의 피로 증후군의 틀 속에서 외상받은 사람들을 감정이입적으로 상담하는 치료사에게는 큰 개인적 비용이 따른다는 점을 알 수 있다.

과부하

과부하(loading) 현상을 다루는 문헌은 매우 드물다. 이 경험을 기술한 Eisner(1995)는, 과부하는 전문가가 엄청난 에너지 소모에 이르는 다른 사람의 심리적 고통을 떠맡을 때 발생한다고 주장하였다. 오히려 이런 경험은 두 개인이 배우자, 가족, 친구 등 상대방에게 정서적으로 이어져 있을 때 발견된다. 나아가 과부하는 상대방의 스트레스성, 외상성 혹은 치명적 생명위협 사건에 놓일 때 경험할 수 있다. 과부하는 '환자' 가 자신의 고통, 괴로움 그리고 부정적 정서들을 치료자나 혹은 다른 사람에게 전이시키거나 투사할 때 발생할 수 있다. 과부하는 특히 상실, 비애, 사망 그리고 임종에 직면한 문제들을 경험하는 사람들을 상담하는 원조전문가들에게 익숙하다.

결론

복합 내담자의 스트레스, 불안, 우울, 외상, 비애 그리고 상실에 대한 스토리를 경청하는 전반적인 효과는 그 상담사의 대인관계 효과성을 고갈시켜 정신적, 신체적, 인지적 그리고 영적 피로를 초래하는 것으로 보인다. 상담사의 직장 종류와 상담 내담자 유형에 따라 이런 경험은 급성과 누진성 결과 모두를 초래할 수 있다.

EF 구성에서 가장 중요한 핵심은 이 경험이 다양한 상담 상호작용 장면에서 나타나는 만성 혹은 부정적 반응 중 하나일 수 있다는 것이다. 몇몇 전문가들에게 EF 반응은 '상담사의 상태'와는 대조되는 '상담사의 특성' 이라는 가능성에 대해 심사숙고해야만 한다. 따라서 전문상담사에게 EF 경험의 누적 효과는 사실 내담자의 상태에 수반되는 만성 불안 혹은 일시적 불안 상태를 초래할 수 있는 만성 및 지속성 정신건강 조건에 이르게 할 수 있다. 일반적으로 상담사의 만성 우울 정서 반응들로서 이것은 자신이나 혹은 다른 사람들이 인식하지 못하고 지나칠 수 있다. 전체적으로는 전문상담사 개인이 상이한 피로 수준에서 반응할 수 있다. EF사례에서 이 반응은 고도, 중간 그리고 낮은 수준의 피로라고 하는 연속선상에서 나타난다.

상담사 손상과 전문 피로를 측정하는 도구로는 여러 가지가 있다. 그러나 어떤 연구자들은 자기-보고된 상담사 손상과 전문 피로를 본질상 주관적이고 인위적인 것으로 간주하였다. 자기-보고식 도구들은 그 개인의 독특한 정서와 감정 경험을 질적으로 평가하는 경향이 있다. 뿐만 아니라 이런 유형의 측정은 내담자의 개인디스트레스, 불안, 우울감을 질적으로 평가하는 전문상담사의 개인적이고 주관적인 경험에 의존한다.

전문 피로 증후군들이 어떻게 상이하게 평가되느냐와 관계없이, 하루의 끝 무렵 전문상담사는 선택된 자신의 전문직 내에서 윤리적이고 유능한 상담사로서 일을 지속시킬 수 있는 자기-보호 전략들이 필요할 것이다. 강도와는 상관없이 다중 내담자 스토리에 누적적으로 노출되는 상담사는 분리되거나, 자신으로부터 어떤 유형의 상실 혹은 격리를 초래하는 정신, 신체 그리고 영적인 부분과 상호작용을 일으키는 것처럼 보인다. 제4장에서 살펴보겠지만 감정이입의 의미는 이런 특성이나 혹은 상태를 관찰하는 사람에 따라 변화한다.

제3장

존재 방식으로서의 감정이입

감정이입의 개괄적 역사

감정이입의 개념적 기초는 현대 임상과 연구의 적용에 앞서 오래 전인 1951년 『내담자 중심 치료(Client-Centered Theraphy)』라는 저서를 집필한 칼 로저스(Carl Rogers, 1902～1987)가 사용한 시기로 거슬러 올라간다. Barrett-Lennard(1981)에 따르면, 감정이입이라는 용어와 그 개념의 현대적 사용 기원은 R. L. Katz(1963)가 발견하였는데 감정이입은 Theodore Lipps(1851～1941)가 1897년 최초로 개념화한 것으로서 비임상적으로 사용되었다고 지적하였다.

감정이입의 이론과 임상의 기초 특성들에 대한 Jackson(1992)의 연구는 Theodore Lipps가 말한 Einfühlung이라는 개념에서 찾을 수 있다고 파악하였다. Lipps는 독일어 'Einfühlung' 을 어떤 형태의 예술 작품과 같은 심미적 대상 속에 자기 자신을 투사하거나 외적 대상물에 완전히 흡수되는 과정을 언급하는 데 사용하였다. 그 이후 Lipps와 그 동료, Robert Vischer(1847~1933)는 Einfühlung이란 다른 사람에 대한 감정들과 태도를 한 개인이 깊이 평가하는 것으로 정의할 수 있다고 주장하였다. 지그문트 프로이트는 1905년 발간된 『무의식에서 농담의 의미(Jokes and Their Relation to the Unconscious)』라고 하는 저서에서 Lipps의 Einfühlung 개념을 다시 언급하였다. 프로이트는 비록 이 개념의 임상 적용을 확신하지 않았지만 이 정서는 어떤 개인이 다른 사람의 심리적 상태 속에 투사하는 감정을 야기시킨다고 주장하였다.

1909년에 이르러 '감정이입'의 표현은 Edward B. Titchener(1867~1927)의 제안처럼 서구의 심리역동이론에서 Einfühlung의 번역 내용을 수용하게 되었다. Barrett-Lennard(1981)는 이것을 empathy라는 영어 표기로 소개하고 이론에서 발전한 의미와 사용을 제안하였다. 감정이입의 개념은 1940년대와 1950년대 임상과 실험장면 속에서 종종 Roy Schafer(1922~), Heinz Kohut(1913~1981) 그리고 Ralph Greenson(1911~1979)의 알려지지 않은 개별적 학술연구를 통해 발전하였다.

감정이입의 다른 초기 개척자들 중에는 Alfred Adler(1981)가 있다. 그는 전문가들이 다른 사람에 관해 진정으로 관심을 가질 때에만이 그 사람의 내면을 들여다보고 귀 기울일 수 있게 된다고 말하였다(p. 172). Barrett-Lennard(1981)는 로저스나 Katz와 같은 사상가들의 저술 이전에는 감정이입이 상담이론과 임상에서 크게 드러나지 않았다고 지적한다. 이런 학자들은 감정이입이 다른 사람의

'감정 속으로' 깊숙이 들어가는 반응 양식 속에서 일어나는 과정이며, 이런 인식을 경험해야 한다는 것을 핵심 개념으로 삼았다. 오늘날 감정이입의 임상 적용에 관련된 대부분의 연구결과들은 칼 로저스의 내담자 중심 치료, 즉 감정이입적 주의집중, 경청, 이해, 그리고 적절한 반응을 수용하고 인용하고 중요시하며, 이 치료적 촉진 방법을 20세기와 21세기의 주요 공헌자로 간주한다.

메타커뮤니케이션으로서의 감정이입

원조전문직의 역사를 살펴보면, 다른 사람들과 의사소통하는 가장 기본적인 접근은 애정이나 감정이입에 뿌리를 두고 있다. 감정이입은 상담과 심리학 문헌 속에서 유능한 전문가가 촉진시킨다면 개발되고 학습될 수 있는 하나의 기술로 다루어졌다(Barone, Hutchings, Kimmel, Traub, Cooper, & Marshall, 2005). 실존 방식(Rogers, 1980)으로서 감정이입은 또한 주의집중, 경청, 이해, 관찰 그리고 다른 사람들의 근심에 깊은 존경과 진정성으로 반응하는 하나의 의사소통 양식이다. 사실 사람들이 서로 의사소통하는 많은 부분은 비언어적으로 이루어진다. 감정이입은 시선접촉, 신체 언어, 침묵, 음성통화, 제스처, 얼굴표정, 물리적 공간 그리고 다른 많은 방식들을 통한 다른 사람의 메타커뮤니케이션의 인식에 관련된다. 감정이입적 의사소통은 상담전문직에서 결코 소홀히 다루어질 수 없다. 그것은 신뢰, 진정성 그리고 치료관계의 기초를 다지는 하나의 도구다. 감정이입의 목적은 다른 사람들과의 강한 상담관계를 형성하는 것이다.

[그림 3-1] 메타커뮤니케이션의 다양한 방식

감정이입의 개념은 종종 잘못 이해되어 동정과 혼돈하게 된다. 동정은 다른 사람의 삶에 대한 하나의 정서반응으로서 다음과 같이 표현된다. “이런 일이 너에게 일어나게 되어 참으로 유감스럽다.” 반대로 감정이입은 다른 사람에게 언어적 및 비언어적으로 확신을 주는 의사소통이다. “이런 일이 너에게 일어나다니 참으로 유감스러워. 너무 고통스럽지. 내가 무얼 도와주어야 할까?” 따라서 감정이입은 전문조력자가 치료적 상호작용 동안 적극적으로 간여하며, 강렬한 형태로 다른 사람들과 깊이 관계될 수 있도록 요구한다.

우리 내담자가 자신의 문제들을 이해하고, 자신의 생각들을 정직하고 직접적이며 개방적으로 나타내는 능력과 생애과정에서 훌륭한 의사결정을 내릴 수 있는 잠재력을 개발하도록 기대한다면 고도 수준의 감정이입적 의사소통이 상담관계의 기초로 확립되어야 한다. 전문가들이 인간중심 상호작용 동안 이런 수준의 인식, 이해 그리고 반응을 모델로 삼는 것이 매우 중요하다. 따라서 효과적이고 유능한 의사소통자가 되기 위해서 원조전문가들에게 다음과 같은 것이 필수적이다. ① 자신의 내담자들뿐만 아니라 스스로에 대한 긍정적 신념의 소유, ② 건강한 자아개념의 소유, ③ 다른 사람들과 문화에 대해 존경하는 가치의 소유와 표현, ④ 다른 사람들을 이해하고 완전 경청할 수 있는 능력, 그리고 ⑤ 감정이입 기술들의 소유다. 감정이입의 기술들이 인간중심 상호작용들 내에서 나타나지 않는다면 원조하려고 하는 내담자들에게 존경, 이해 혹은 애정 어린 의사소통이 부족하기 쉬울 것이다. 그렇지 않으면 치료사가 무관심, 무감동 그리고 다른 사람들에 대한 전반적인 근심 부족의 태도로 반응할 위험이 있다.

치료적 수단으로서의 감정이입

감정이입 연구에서 노출되는 많은 연구설계상 문제에도 불구하고 긍정적 치료성과에 관련되듯이 감정이입의 핵심조건들은 1960년과 1989년 사이에 수행된 대부분의 연구에서 적극 지지되었다(Duan & Hill, 1996; Patterson, 1984). 다른 사람의 욕구와 필요에 민감하고 주의를 기울이는 것은 어떤 형태의 내담자 중심 관계에서도 중핵을 이룬다. 사람들이 주목받고 이해된다는 방식의 주의집중, 경청 그리고 다른 사람에 대한 반응은 아마 인간 경험과 다른 사람들의 세계관(Corey & Corey, 2003; Egan, 2002; Young, 1998)을 이해하는 가장 전통적이고 강력한 도구들 중 하나일 것이다. 전문상담사들과 같은 노련한 원조전문가들은 다른 사람들과의 효과적인 상담관계를 설정하려는 목적을 가진 신뢰관계의 기초를 다지기 위해 감정이입을 사용한다. 따라서 감정이입은 치료적 수단으로 사용될 수 있다.

심리학자이면서 인간중심 치료운동의 창시자인 칼 로저스(Carl Rogers, 1957)는 감정이입의 개념을 치료적 변화를 일으키기 위한 필요충분 조건으로 소개하였다. 그는 모든 심리치료에 적용될 수 있는 다음과 같은 핵심 조건들을 전제하였다. ① 치료관계 내에서 진정성 혹은 상담사 일치, ② 내담자에 대한 무조건적 및 긍정적 고려, ③ 이런 관계에서 내담자에 대해 감정이입하는 상담사의 능력, ④ 감정이입적 의사소통, 그리고 ⑤ 내담자에 대한 무조건적 및 긍정적 고려의 표현이다. 로저스(1980)는 감정이입과 감정이입적 경청은 "실존하는 방식"이라며 열정적으로 소개하였다. 또한 그는 매우 직관적인 사람으로 알려져 있는데, 감정이입을 다음과 같이 진술하였다.

> 그것은 다른 사람의 사적인 지각 영역에 진입하는 것을 의미하며, 완전히 익숙해지는 것이다. 민감해지고 즉각적이며, 그 개인의 내면 속에 있는 변화한다고 느끼는 의미들과 관계하고 느껴지는 그대로 혹은 혼란, 부드러움, 근심, 격분에 간여한다. 감정이입은 다른 사람의 삶 속에 일시적으로 내재하며, 어떠한 판단도 내리지 않고 섬세하게 그 속으로 들어간다는 것을 의미한다(p. 142).

기본적이고 진정한 수준의 감정이입을 풍부하게 사용한다면 개방적이고 정직한 관계를 설정할 수 있다. 적절히 촉진된다면 감정이입은 내담자의 자기-인식을 확립하고 개인적 성장과 변화의 자극제가 되며, 새로운 사고방식과 학습의 길을 열게 한다. 전문가들이 내담자들에 대한 스스로의 정서에 더욱 개방적이고 정직한 모델을 제공할 때 전문가들 역시 사람에 지나지 않는다는 점을 효과적으로 보여 주고 전달할 수 있다는 사실 또한 중요하다. 내담자-상담사가 회기 동안 감정이입을 현명하고 사려 깊게 사용하는 것이 내담자와 원조전문가의 언어적 및 비언어적 실존 방식에 필수적인 일로 보인다.

감정이입은 무조건적 고려와 긍정적 고려를 기반으로 다른 사람을 관찰하고 주의집중하며, 경청하고 반응하는 것 이상의 관계를 의미한다. Egan(1998)은 "많은 경우 다른 사람들에 대해 감정이입적으로 느낄 수 있지만, 어떻게 그것을 말로 표현하는지 알고 있는 사람은 드물다. 다른 사람을 이해하고 교통하는 수단으로서 감정이입은 일상의 삶 속에서 하나의 비현실적 사건으로 남는다."라고 지적하였다(p. 83). 상담 분야의 많은 사람들은 감정이입 기술의 보유는 유능한 원조전문가가 되기 위한 하나의 전제조건이라고 말한다. 감정이입의 사용은 임상가들의 대인관계기술을 높이고 내담자들과의 치료 성과를 강화시키는 하나의 수단으로 채택하는 인간중심 접근방법이다(Corey & Corey, 1998; Egan, 1998, 2002; Ivey & Ivey, 1999; Traux & Carkhuff, 1967). 그러나 이런 내담자들과 가지는 개인적 정서와 감정들의 대인관계 교류에서 진정하게 감정이입적으로 되는 데는 비용이 따른다.

감정이입의 어두운 단면

원조전문가가 극도의 스트레스성 및 외상성 사건들에 관련되었을 문제들을 이해하기 위해 내담자 세계로 깊숙이 진입할 때 나타나는 감정이입의 '단면' 이 있을 것 같다(Egan, 1998). 상담사의 스키마와 세계관 속으로 편입될 때 내담자 경험, 의도 그리고 정서의 일부가 왜곡될 수 있다. 기본적이고 진전된 감정이입 기술의 교육과 상담에서 발생할 수 있는 지나친 의존 때문에 숙련된 원조전문가들이 감정이입 의사소통의 실천과 적용을 문화적으로 유효한 방식으로 성취할 수 있도록 육성하는 일이 필요하다.

사람들은 결코 다른 사람의 고통과 괴로움을 완전히 지각하고 이해할 수 없기 때문에 감정이입이란 단순히 다른 사람의 감정에 반응하는 것이 아니다. 감정이입적으로 행동한다고 하는 배후의 전제는 다른 인간에 대한 사람들의 애정이 본능적으로 원조를 깊이 갈망하게 만든다는 점이다. 그러나 감정이입적으로 의사소통한다는 것은 어떤 사람과 장면에서는 분명히 한계를 지닌다. 이것은 특히 그 개인이 부정적이고 고도의 위험(risk-taking) 행동들(즉, 청소년 약물남용, 행동장애, 경계선급 인격장애)에 직면해야만 할 때 그러하다. 감정이입의 단면에도 불구하고 전문가들은 애정 어린 방식으로 치료적 상호작용들을 촉진시킬 수 있다. 그 개인의 성격과 행동 특성들의 이해, 그 개인이 처한 사회문화적 환경의 이해, 그리고 그 개인이 직면하는 장벽들(중증 신체적/정신적 장애, 인종적/민족적 편견, 직업차별 등)과 외적 고군분투 노력들에 대한 현실을 이해할 때 감정이입적 의사소통이 가능하다. 이런 열정이 다른 사람들을 원조하려는 진정한 동기를 이룰 때 전문가들은 감정이입 기술을 사용하는 애정 어린 행동에 전념할 수 있다. 사람들은 결코 다른 사람의 고통, 비애 혹은 상실을 완전히 경험할 수 없지만, 그 사람의 생애와 관련된 개인의 독특한 정서적 경험에 대한 이해와 이에 대한 효과적인 정의를 내리는 것이 필수적이다.

감정이입의 문화적 측면

지난 125년 동안 감정이입은 상담과 심리학 문헌에서 논의되어 왔으며 적절히 촉진될 때 개발과 습득이 가능한 하나의 상담기술로 개념화되었다(Barone et al., 2005). 감정이입은 풍부한 역사를 가지고 상담교육 프로그램들 안에서 대다수 이론적 지향의 기초로 다루어졌다. 그러나 다문화적 상담장면에서는 감정이입의 개념이 이론과 임상적 사용에 새로운 의미를 부여하였다. 예를 들면, 문화적 감정이입(Ivey & Ivey, 1999; Ridley & Lingle, 1995), 감정이입적 다문화적 인식(Junn, Morton, & Yee, 1995), 문화적 역할 부여(Scott & Borodovsky, 1990), 자민족 중심 감정이입(Parson, 1993)은 모두 문화적 감정이입의 다양한 구성들을 표현하기 위해 구분 없이 사용되었다. 지난 10년 동안 다문화적 상담 이슈들이 빈번하게 상담전문직내에서 다루어졌다. 바로 2015년에 이르러 미국인구의 1/3이 소수인종과 민족집단으로 구성될 것이라는 인구 통계적 변화 때문이다(U. S. Census Bureau, 2007). 따라서 대략 2030년부터 2050년 사이에 소수인종과 민족집단은 미국인구의 다수집단으로 변화될 것이다(Sue, 1996).

몇몇 다문화 상담이론가들(Ponterotto & Bensesch, 1988; Ridley, 1995; Ridley, Mendoza, & Kanitz, 1994)이 사용하는 '문화적 특수 감정이입'이라는 용어와 관련하여서 감정이입은 보편적 혹은 범문화적 기술로 간주된다. 만약 감정이입이 민감한 문화적 방식으로 촉진된다면, 치료관계를 증진시키는 데 도움이 될 것이다(Ibrahim, 1991). Ridley(1995)는 문화적 감정이입이 ① 이해와 ② 의사소통의 두 가지 영역으로 구성된다고 주장하였다. 이해는 상담사가 내담자 스토리들의 독특한 개별 의미를 알고 조합하며, 내담자가 상담사에게 의사소통하려는 내용에 대해 정확한 의미로 반응하는 것을 요한다. 따라서 모든 치료는 문화적인 맥락을 지니며, 긍정적 치료성과는 문화적으로 유능한 상담사의 기술들을 통해 강화될 수 있다.

몇몇 학자들은 문화적으로 민감하지 못한 감정이입적 의사소통에 지나치게 의존하는 전통적 상담접근방법들에 대해 비판하였다(Freeman, 1993; Hamilton Usher, 1989; Pedersen, 2000; Sue & Sue, 1990). 치료에 대한 기대가 상담회기 동안 깊숙한 수준의 내담자 정서 노출에 있다면 문화적으로 상이한 내담자의 사적 세계 속에 진입하는 일은 지나치게 주제넘거나 공격적으로 보일 수 있다. Lee와 Richardson(1991)은 다문화적 상담 영역이 상담관계에서 어떠한 치료적 가치를 지니는 것이라면 전문가는 상담사들에게 문화적 인식과 지식을 넘어서 보다 포괄적 개념들을 훈련시키고 개발해야 한다고 주장하였다. 상이한 문화들에 대한 이해 그 자체로서 문화적 감정이입 기술들을 적용할 수 있는 유능한 임상가들을 배출하는 것이 아니다. 여기서는 강한 신뢰관계와 상담 협력을 구축하도록 하는 문화적으로 구체적이고 적절한 전략들과 접근방법들을 요구한다.

Ridley와 Lingle(1996)의 1996년 문화적 감정이입 모형은 이러한 구성을 대인관계에 초점을 둔 다면적 '학습된 능력' 으로 정의

하였다. 이 모형은 문화적 감정이입에 세 가지 과정이 있다고 전제한다. ① 인지과정(문화적 관점 채택과 타인으로부터 자신을 구분하는), ② 정서과정(타인들에 대한 대리감정)들과 감정이입적 근심표명, ③ 의사소통 과정(통찰력, 정확한 이해의 표현)이다.

Corey와 Corey(1998)는 열정과 감정이입 모두에 대한 탐색과 자기-평가는 초보 수준의 상담사들이 내담자 욕구를 상이한 문화적 배경들로 인식하고 근심과 보호 그리고 이해로써 반응할 수 있도록 만들기 때문에 중요하다고 보았다. 그러나 Lazarus(1999)는 감정이입을 양날의 검으로 이해하고 있다. 그는 다른 사람에 대한 지나친 열정은 타인들을 도우는 전문가의 능력을 손상시킬 수 있다고 보았다. 나아가 "전문가들은 스스로 고통의 정서적 중요성을 이해하고 이로부터 정서적 거리를 유지하는 법을 배워 압도되지 않도록 해야 한다."(p. 246)고 주장하였다. 이 열정이 서구의 심리학, 상담 그리고 의학교육에서 훈련 프로그램의 일부가 되지 않고 있다고 생각하는 학자들도 있다(Goleman, 2003). 이것은 상이한 이념과 단어의 의미에 내재된 종교적 신념들 때문일 수도 있다. 그러나 유능하고 윤리적인 상담사들은 지속적으로 내담자-상담사 회기상, 그리고 그들 내담자들이 지각할 수 있는 감정이입과 열정의 사용을 통한 중재 방식에 있어 신념체계가 미치는 영향을 평가해야 한다(Corey & Corey, 1998; Egan, 1998; Ivey & Ivey, 1999).

달라이 라마(Dalai Lama; Goleman, 2003 참조)가 표현한 감정이입이나 동정과 반대되는 열정은 "사람의 내적 자원들 속에서 자연적으로 노출될 필요가 있는 어떤 특성이다."(p. 245). 달라이 라마의 위대성은 열정의 가치, 사랑이 담긴 친절, 그리고 생애 초기에 육성되는 중요한 인간 특성으로서의 이타주의를 촉진시키는 것에 매우 큰 강조점을 둔다. 열정이 하나의 고도로 바람직스럽고 건강한 인간 정서라는 사실에도 불구하고 상담사들에게 감정이입 기술들을 훈련하는 것과 동일한 방식으로 전통적 상담교육 프로그램들 속에서 가르칠 수 있는 기술 같지는 않다. 열정이 내재된 의도적 행동들은 의심할 여지없이 문화적으로 민감한 방식으로 사용될 때 내담자-상담사 치료관계를 잠재적으로 강화시킬 수 있는 바람직한 인간 특성들임에 틀림이 없다.

결론

원조전문직의 역사를 통해 열정과 감정이입은 라포를 형성하고 관계를 구축하며 내담자/소비자들과 최적의 치료적 기능 수준을 성취하는 자원들이었다. 만약 열정과 감정이입이 고도로 훈련된 전문가들을 통해 촉진되었는지 측정한다면, 아마 상담교육자들과 슈퍼바이저들은 내담자/소비자들과 그러한 치료적 상호작용을 어떻게 모델로 삼을 수 있는지를 가르쳐야 할 것이다. 그러나 감정이입과 열정을 종속변수로 사용하여 치료적 상호작용을 측정한다는 것은 연구자들에게 매우 어려운 도전이 될 수 있다. 치료적 상호작용들 속에서 표현된 감정이입의 양과 수준, 그 정도 그리고 질은 관찰자, 전문가 그리고 내담자/소비자에 따라 다양할 것이다. 치료적 상호작용들 동안 생기는 정서들을 서로 교류시키기 원한다면 상담사, 내담자, 그리고 외부 관찰자가 어떻게 감정이입과 열정을 경험하는지 살펴보는 일이 도움이 된다. 따라서 제4장은 이러한 상호작용들을 살펴보고 상담교육자들, 슈퍼바이저들, 연구자들 그리고 원조전문가들에게 ① 개인 특성, ② 상황-특수 사건, ③ 인지적-정서적 상태, ④ 고도의 감정이입과 열정을 촉진시키는 목적을 띤 치료사의 일반 도구로서 감정이입을 측정하는 이론들과 개념적 모형들을 다루고자 한다.

제4장

이론적 감정이입 피로

—정신, 신체 그리고 영적 피로 반응들의 측정—

| 포괄적 정신-신체-영적 관점에서 상담사의 피로 경험을 측정하는 것은 상담과 심리학 문헌에서 잘 다루어지지 않는다. 소진(MBI; Maslach & Jackson, 1981, 1986)과 열정피로(CFST or CSF; Figley, 1995; Figley & Stamm, 1996)를 측정하는 자기-보고식 도구들과 개정판 열정피로 척도인 전문가 삶의 질 척도(Professional Quality of Life Scale: ProQOL; Stamm, 2005)에는 주요 일차적 하위척도들이 제시되어 있다. 즉, ① 열정만족도, ② 소진, ③ 열정피로도 혹은 이차 외상성 스트레스다. 그러나 감정이입 피로의 다면성은 문화적 맥락 속에서 정신, 신체 그리고 영적 관점에서 감정이입과 피로 모두를 측정하는 다양한 다른 심리 측정도구들에 대한 논의를 필요로 한다. 포괄적 의미로 전문 피로 증후군들의 소재 파악에는 복합적 이슈들의 이해를 필요로 한다. 피로 측정은 상담사의 문화

[그림 4-1] 감정이입

적 세계관, 성격 특성들, 연령과 능력의 개발 정도, 신체건강과 상태, 환경이나 고용장면, 외적 지지체계, 대처와 탄력적 기술들, 그리고 기타 적절한 요인들이 관련된다.

감정이입은 ① 내담자들과 관계를 형성하는 치료적 수단으로서, ② 내담자-상담사 관계의 강화를 위해, 그리고 ③ 내담자 성과 증대를 위해 사용되기 때문에 이런 변수들을 치료장면에서 측정하는 것에 연구자들이 관심을 갖게 된다. 감정이입 구성 측정은 다른 연구자들이 전문 피로 증후군들의 소재를 파악하고 상담사 손상 관련 문제들을 다루는 데 도움이 될 수 있다는 것이 가장 중요한 점이다. 궁극적으로, 그 목적은 예방 전략들과 자기-보호 접근방법들을 개발하는 것이어야 한다.

감정이입의 측정

감정이입은 상담과 심리학에서 확장되는 분야 내의 독특하고 복합적인 영역이다. 즉, 문헌 속에서 조작적으로 정의되는 방식과 전문직 그 자체 내에서 위치한 철학적 이론적 상이점들 때문에 다면적 구성으로 볼 수 있다. 따라서 감정이입과 감정이입 피로의 측정은 몇몇 연구자들에게 많은 도전이 된다. 많은 사람들은 감정이입을 치료사에 의해 표현되고 경험되는 다른 정서들(즉, 열정, 동정)과는 질적으로 다른 것으로 구분한다. 감정이입을 주고 받는 사람들 사이에 치료적 관계를 중재하는 복합 변수들이 있기 때문이다. 내담자-상담사 회기 중 표현되는 감정이입의 수준, 양, 정도 그리고 질 측면에서 지각적 상이점들 역시 다양한 것으로 보인다. 따라서 감정이입에 대한 지각은 누가 측정하느냐, 혹은 경험의 측정 방식이 어떤 것이냐에 달려 있다. 전문상담사(감정이입적 능력에 대한 자기-평가), 혹은 내담자/소비자(상담사에 대한 내담자 평가), 혹은 상담교육자/임상 슈퍼바이저(전문 관찰자 평가) 등에 따라 다양한 것이다.

치료 동안 발생하는 정서들의 상호 변화를 고려할 때 상담사, 내담자 그리고 외부 관찰자(들)이 감정이입을 어떻게 경험하는지를 조사하는 일이 필요하다. 연구자에게 부족한 점은 감정이입 피로를 느끼게 되는 경험 속에 있다. 상담에서 감정이입적으로 변화되는 정서적, 신체적 그리고 영적 비용에 관한 지식은 왜 어떤 상담사들이 스트레스, 외상, 비애 그리고 상실 스토리들을 지닌 내담자들을 의도적으로 피하거나 살피는 일에 무의식적으로 반응하는가에 관한 이해를 제공할 수 있다.

감정이입 현상의 규정

1960년대 상담과 심리치료 문헌 대부분은 로저스의 관점들과 감정이입의 정서를 치료적으로 상호작용에서 촉진되어야 할 필요충분조건으로 확신하였다(Carkhuff, 1969 참조; Traux, 1963). Greenberg, Watson, Elliott 그리고 Bohart(2001)는 로저스식 감정이입의 가장 명확한 조작적 정의에서 Barrett-Lennard(1981)의 감정이입 측정에 따른 세 가지 요소들과 관점들을 구분하도록 제안하였다. ① 치료사의 경험(감정이입적 공명), ② 관찰자 관점(표현적 감정이입), 그리고 ③ 내담자 경험(수용된 감정이입)이다. 이 세 관점에서 접근한 감정이입 연구결과를 통해 도구들이 개발되었기 때문에 이런 촉진적 접근방법은 관찰되고 측정될 수 있다.

측정의 목적으로 개념화된 감정이입에 관한 다른 이론과 모형들은 문헌에서 감정이입을 다음과 같이 특성화하였다. ① 성격 특성, ② 상황-특수 사건, ③ 인지-정서 상태, 혹은 ④ 원조자의 일반 도구다. 감정이입은 또한 자극에 대한 대리반응이나 혹은 관계의 정서적 측면들에 대한 강조, 개별 원조자의 동기화 상태, 그리고 다른 사람들의 정확한 지각을 형성하는 지적 과정들에 초점을 둔 인지적 현상으로 일반적인 규정이 이루어졌다(Dymond, 1949; Kerr & Speroff, 1954, Davis, 1983).

감정이입의 정의와 경험에 대한 문헌상의 불일치에도 불구하고 Davis, Mitchell, Hall, Lothert, Snapp 그리고 Meyer(1999)는 두 영역에서 일반적 동의가 이루어졌다고 주장하였다. ① 감정이입 영역은 인지적, 정의적 두 영역이 존재한다는 것과 ② 정의적 영역은 주요 생활사건으로부터 디스트레스를 받은 개인(내담자/소비자)

에 대한 원조전문가의 여러 가지 주요 정서 반응들을 내포한다는 것이다. 치료장면에서 감정이입의 역할과 가치에 관련된 연구 증거들은 풍부하다. 그러나 대부분의 연구들은 상담사와 내담자 사이에 치료관계의 요소들이나, 혹은 상담관계 속에서 상담사가 촉진시킨 핵심 조건들에 초점을 두었다(Feller & Cottone, 2003).

하나의 특성 혹은 상태로서의 감정이입

성격이론에서 감정이입의 구성은 특성과 상태 수준에서 광범위하게 연구되었다. 의사소통의 감정이입 스타일에서 개인차에 관한 많은 연구들은 감정이입이 성격 특성이라고 제안한다. 그러나 보다 많은 최근 연구들은 감정이입을 일상 기능상, 무드 그리고 특수한 일상 사건들의 심리적 상태 사이에 존재하는 상호작용 효과들을 측정하는 특성과 상태 수준 모두의 양쪽에서 분석하였다. Nezlek, Feist, Wilson 그리고 Plesko(2001)는 매일매일 그 개인(전문가가 아니라)이 표현하는 감정이입의 변동성을 측정하는 연구는 거의 없다고 지적하였다. 이 연구자 집단은 잘 계획된 연구에서 일련의 심리학 초년생들의 감정이입에 관한 일상의 심리적 상태와 그것이 그 개인의 감정이입 상태와 동시에 발생한 긍정적인 사건들과 부정적 사건들 및 상태 무드와 가지는 공변량에 관해 조사하였다.

연구자료에 따르면, 학생들은 매일매일의 감정이입 반응을 부정적 상호작용들보다는 긍정적 상호작용들에 기초하여 조절하는 것으로 나타난다. 특정한 날에 자기 자신이 얼마나 감정이입적이었나 하는 지각은 개인의 성격 특성들과 상태들의 한 가지 기능이다. 일반적으로 사람들은 다른 사람들이 경험하고 표현하는 것과 동일한 정의적 상태를 느끼고 표현하는 경향이 있다. 달리 말하면, 사람 대 사람으로 감정이입이 표현되는 방식에 영향을 미치는 정서적 감염이 일어난다. 이것은 사람들은 주위에 다른 사람들이 느끼는 대로 느끼기 쉬우며, 따라서 그것에 보다 강조점을 둔다는 다른 연구결과들을 통해 확인할 수 있다.

내담자-상담사 관계 속에서 표현된 감정이입의 정도, 수준 혹은 질을 실질적으로 측정하였다고 볼 수 있는 연구들은 거의 없다. 이것은 일차적으로 감정이입이 다른 접근방법들과는 질과 양적으로 상이할 수 있기 때문이다. 따라서 감정이입의 상호관계들에 대한 이해에는 감정이입 피로의 이론적 측면들에 대한 다면적 특성에 관련된 통찰력을 제공할 수 있다. 궁극적으로 이것은 손상된 상담사들을 위한 예방적 접근방법들의 개발에 관심을 가지는 사람들에게 필요한 연구주제로 삼아야 할 것이다.

감정이입 피로의 함의점

이전 연구결과들은 원조전문가의 치료적 상호작용 동안에 일어나는 감정이입 반응과 경험의 설명에 도움이 될 것이다. 예를 들면, 만약 전문상담사가 상담회기 동안 감정이입적 상태나 특성(외부 관찰자와 자기-보고에 따라)을 지녔고 내담자는 부정적 감정 혹은 무드를 표현하였다고 지각되면, 아마 감소된 감정이입 수준들을 표현하는 전문가의 대리경험으로 충분할 것이다. 이것은 사람들(비전문가들)이 부정적 사건들보다는 긍정적 사건들에 대한 반응에서 보다 큰 수준의 감정이입 경험에 이른다는 다른 연구결과들을 통해 확인되었다. 아마 감정이입 피로에 관한 연구의 함의점들은 ① 일반적으로 사람들은 직업에 상관없이 일상에서 광범위한 정서들과 무드들을 지니고 표현하며, ② 감정이입은 대부분의 사람들이 소유한 성격 특성과 상태 모두를 나타내고, ③ 상담과 심리학 관련 직업에 막 첫발을 내딛는 사람들은 적절한 감정이입 수준을 촉진시키는 방법을 배우고 감정이입 상태와 특성들 사이에 어떻게 자신들이 전이되는지 자기-모니터링 할 필요가 있으며, ④ 모든 전문가들이 언제 자신의 감정이입적 상태와 특성들이 치료적 상호작용 동안에 피로해지고 소모되며, 혹은 지치게 될 수 있는가에 관해 인식할 필요가 있다.

감정이입 정서 측정도구

수년 동안의 감정이입을 측정하기 위한 목적을 지닌 상이한 척도들에 대한 분석은 다면적 구조를 띠고 있다는 것을 지속적으로 가리킨다(Batson, Fultz, & Schoenrade, 1987; Davis et al., 1999; Greenberg et al., 2001). 개별 척도의 신뢰도와 타당도를 조사하고 알고 싶은 사람들은 다음 문헌들을 살펴보는 것이 좋다. 이런 논의의 감정이입 측정에는 세 가지 주된 도구들이 나타난다. ① 관찰자-평정 감정이입 혹은 상담교육자들이나 임상 슈퍼바이저들과 같은 전문판정가들의 평정(즉, Hogan Empathy Scale, Accurate Empathy Scale), ② 상담사를 통해 표현되는 감정이입의 내담자 척도들(Helpee Stimulus Expression, Barrett-Lennard Relationship Inventory), 그리고 ③ 감정이입의 치료사 혹은 자기-보고 척도들(Empathy Construct Rating Scale, Barrett-Lennard Relationship Inventory).

현재 다문화 상담문헌에서 제안되고 있는 네 번째 집단 혹은 '제4의 움직임' 은 the Scale of Ethnocultural Empathy(SEE)이다. Wang과 그 동료들에 따르면, SEE는 민족문화적 감정이입 측정을 위해 개발된 유일한 도구다. SEE는 감정이입의 일반 서구 이론들과 원칙들, 다문화주의, 그리고 문화 특수적 감정이입을 이용하여 개발되었다. 문화 특수적 감정이입의 측정과 관련하여 Wang과 그 동료들은 민족문화적 감정이입은 다음과 같은 상담사들의 특성들로 구성된다고 가정하였다. ① 지적 감정이입(즉, 문화적으로 상이한 사람의 사고와 감정이해 능력), ② 감정이입적 정서들(즉, 한 사람이 다른 사람의 정서들과 감정들에 보내는 주의), 그리고 ③ 문화적으로 상이한 사람들과 집단들에 대한 민족문화적 감정이입 사고와 감정들의 표현이나 전달이다. 나아가 이런 특성들은 시간경과에 따라 발전될 수 있으며, 상담사는 다른 사람의 내적 및 문화적 경험과 정서들을 파악하고 이해하는 능력을 가지고 있다고 가정된다. 이런 가정은 감정이입을 '학습된 능력'이라고 제안하는 Ridley와 Lingle (1996)의 문화적 감정이입 모형으로 확인된다(Wang et al., 2003).

전문관찰자, 내담자 그리고 치료사 척도들에 따른 감정이입 측정

치료 동안 상담사가 표현한 감정이입의 수준, 질 그리고 정도에 관한 보다 정확한 묘사들은 평정자 구성, 일차적 내담자, 상담사 그리고 전문평정자가 관계하는 관찰로 이루어진다. 그러나 이런 연구 설계에서 관찰자-평정된 감정이입 구성을 활용하는 연구는 거의 없다. 뿐만 아니라 측정된 상이한 감정이입 요소들 사이의 상관은 약하다(Greenberg et al., 2001). 감정이입 연구의 성과측정에 있어 일관성 부족에도 불구하고 핵심 연구결과들(Patterson, 1984)에 대한 하나의 논점이 세 가지 보편적 측정 유형들(전문가 관찰-평정, 내담자-평정 그리고 치료사-평정 감정이입)에 따라 별도로 논의되고 강조될 것이다. 이런 연구결과들에 대한 논의는 이 주제(Batson et al., 1987; Batson et al., 1996; Davis, 1983; Davis et al., 1999; Duan, 2000; Gould, 1990; Greenberg et al., 2001; Wang et al., 2003)와 관련된 여러 저자들의 메타분석에 기초하여 이루어진다. 이런 연구들은 감정이입과 긍정적 치료성과들 사이의 인과관계를 밝히지 못하고 있다는 점에 주목할 필요가 있다. 그러나 전문상담사들이 어떻게 이 과정에서 정서적 피로를 느끼게 되는지에 관한 가설과 이해에 기여할 수 있는, 감정이입을 사용하는 치료적 관계 속에서 고려해야 할 중요한 변수들이 있다.

전문가 관찰-평정 감정이입

전문가 관찰-평정 척도들은, 예를 들면 Truax(1967)는 일차적으로 치료사들이 자신의 내담자들에 대해 가지는 주의집중, 경청 그리고 모델 반응들이 손상받을 수 있는 치료적 상호작용들의 반응 수준에 대한 평가와 분석을 하기 위해 사용하였다. Truax와 Carkhuff (1967)는 무엇보다 감정이입이 치료사에 따라 결정된다고 주장했음에도 불구하고 다른 연구들은 치료사들의 감정이입 수준은 내담자 특성들에 따라 다양해진다고 보았다. 이것은 다문화적 상담 문헌의 내용들과 일치되는 경향을 보인다.

훈련을 받는 상담사들의 발달적 측면들 또한 전문가나 예비 전문 상담사가 표현하는 감정이입 수준, 질 그리고 정도의 평가와 관련된 적절한 경험 수준 사이에 부정적 상관을 보였다고 밝힌 점은 흥미롭다. 달리 표현하면, 상담사의 경험 수준(즉, 전문직의 경력 연한)과 상담에서 촉진된 이론적 지향성은 상담사의 감정이입 표현 능력과 높은 상관을 보이지 않는다는 것이다. 최초의 몇몇 상담회기 동안 설정된 내담자-상담사 관계는 전문가의 경험 수준이나 이론적 지향성이 아니라, 강한 치료관계의 최고 예측변수들이나 독립변수들 중 하나인 것으로 보인다.

전문관찰자-평정에 대한 논의에서 이런 점을 더욱 강조시키기 위해 문헌이 보여 주는 것은 상담사가 자신을 이해하고 있다고 느끼는 내담자들은 매우 긍정적인 치료 경험(즉, 제공된 상담서비스들에 대해 보다 크게 만족하는)을 보고하였다는 점이다. 이 척도들은 상담사의 연령이나 경험 수준과는 서로 독립적이다. 외부 전문가가 관찰한 높은 감정이입 평가를 받은 상담사들은 그들 내담자들과 보다 강렬한 상담관계를 구축하는 경향을 보였다. 결국 전문평정가들은 감정이입에서 높게 평가된 상담사들이 치료할 때 내담자들과 보다 장기적 관계를 가졌고, 그 내담자들은 치료를 불완전하게 종료하지 않았다.

내담자/소비자-평정 감정이입

상담사 감정이입에서 내담자-평정 척도들 중에 가장 광범위하게 사용되는 것은 Barrett-Lennard Relationship Inventory(BLRI; Barrett-Lennard, 1962; Greenberg et al., 2001)다. 로저스의 가정처

럼 상담사들이 상담회기 동안 일치와 감정이입 그리고 긍정적 고려를 촉진시킨다고 믿는 내담자들은 보다 긍정적인 결과를 나타내었다. 사실 Barrett-Lennard(1981)와 Gurman(1977)은 자신의 상담사 감정이입 수준에 대하여 내담자들의 지각은 상담회기 동안 표현된 전문관찰자나 혹은 상담사의 감정이입 수준에 대한 평가보다 더 훌륭한 성과 예측지표라고 결론내렸다. 따라서 이런 평정은 내담자들의 감정이 잘 이해될 때, 상담사들이 표현한 감정이입 수준의 측정에 있어 중요한 비중을 차지하는 것으로 보인다. 감정이입은 내담자 이해, 간여 그리고 개방성을 촉진시키는 데 기여하기 때문에 내담자가 상담회기에서 심도 있는 정서로 더욱 자기-노출하게 될 가능성 또한 높아진다. 전체로서 내담자-평정 감정이입은 치료성과를 가장 잘 예측하였고, 그 뒤를 이어 관찰자-평정 그리고 치료사-평정 감정이입의 순서로 나타난다.

치료사-평정 감정이입

흥미롭게도 치료사-평정 감정이입은 치료성과를 예측하지도 않을 뿐더러 상담회기에서 표현된 감정이입 수준을 내담자들이 어떻게 지각하는지와도 상관을 보이지 않는다. 상담사는 어떤 특별한 중재 혹은 다른 치료적 접근방법이 적용되었기 때문에 상담 후에 내담자 회기에 관해 만족할 수 있다. 그러나 이것은 상담회기 동안 상담사가 표현한 전반적인 감정이입 수준을 내담자/소비자가 지각하는 방식과는 별로 상관이 없다. Greenberg 등(2001)은 "진정으로 감정이입적인 치료사들은 내담자의 말들을 되풀이하거나 언어의 내용들만 반영하지 않는다. 그 대신 전반적인 상담목적들과 순간순간의 경험들을 명시적으로 그리고 묵시적으로 이해한다."(p. 383)라고 하였다.

심리적 및 심리사회적 관점으로부터의 감정이입 피로

피로는 의료임상 장면에서 두통 다음으로 가장 일상적인 증상(Gentile, Delaroziere, Favre, Sambuc, & San Marco, 2003; Knobel et al., 2003; Prince & Jones, 2001)들 중 하나이며, 만성 정신적 및 신체적 보건 조건들 중 두드러지는 역할을 내재한다. 분명히 만성적 신체 조건[즉, 복합 경화증(multiple sclerosis: MS), 류머티스성 관절 동통 유발 조건], 정신보건 조건(즉, 우울, 일반 불안장애)을 촉발시킬 수 있는 신체적 피로(기능 제한을 초래하는 신체 상태)와 감정이입(정서적 및 심리적 기반의 경험 사이에 정신-신체 교섭)이 있는 것으로 보인다.

생리심리사회적 관점에서 피로 경험의 측정은 지난 수십 년 동안 많은 지지를 받았다(Michielsen, DeVries, Van Heck, Van de Vijver, & Sijtsma, 2004). 역사적으로 피로에 관한 논의는 그 이면의 생리학적 및 심리학적 과정들에 대한 이해를 요하였다(Hueting & Sarphati, 1966). 그러나 이런 구성의 측정은 '다루기 어렵고', 피로는 단지 신체 경험으로 문헌에서 주로 나타났다. 따라서 1990년대 이전에는 피로가 단면성 구성으로 간주되었다. 1990년대 이후 피로를 측정하는 연구들이 많이 나타났다(Michielsen et al., 2004). 이것은 만성 피로 증후군과 같은 만성 보건 조건들에 관한 점증되는 연구 관심으로부터 기인한 것 같다(CFS; Alberts, Vercoulen, & Bleijenberg, 2001).

오늘날 피로는 다면성 구성으로 간주되며, 소진 질문지들 중

Emotional Exhausion 하위 척도와 WHO의 삶의 질 측정도구인 Energy and Fatigue와 같은 하위 척도에 포함되며, 사람들의 수면 패턴, 신체피로 그리고 신체기능 수행능력에 관한 질문들을 담고 있는 우울척도들(즉, Beck 우울척도: BDI; Beck, Ward, Mendelson, Mock, & Erbaugh, 1961)의 상이한 하위 척도들 속에 내재되었다.

일반적인 정신과 신체피로의 결과로서 과제수행 시의 동기화, 일반 활동의 감소, 그리고 피로 경험들의 상황-특수적 피로 유형들의 감소가 나타난다(Gentile et al., 2003; Knobel et al., 2003; Schwid, Covington, Segal, & Goodman, 2002). 피로에 대한 연구가 보다 적극적인 규정과 향상된 연구설계를 통해 강화될 수 있다는 사실에도 불구하고, 피로를 촉발하고 개인의 생물학적, 신체적 그리고 심리사회적 피로 경험과 상호작용하는 전형적인 특수 행동과 그 이면의 질병과정, 만성적 신체와 정신보건 상태가 존재한다.

생물학적, 신체적 그리고 심리사회적 경험으로서 이런 현상의 측정과 관련하여 환자 인구나 보건 시설 외에 만성 피로를 호소하는 사람들에 대해 개발된 몇몇 질문지가 있다. 이 분야에서 많은 연구는 암환자들과 만성 질병으로 고통받는 사람들을 대상으로 행해졌다. 병원 환자들과 지역사회 보건 인구들을 대상으로 하는 병원이 아닌 장면들 속에서 사용하도록 특별히 개발된 도구가 Fatigue Scale(FS; Chalder et al., 1993)이다.

보다 최근에 개발된 10문항 피로 측정도구인 Fatigue Assessment Scale(FAS; Michielsen et al., 2004)은 심리측정적 요소들을 재는 것으로 알려져 있다. FAS에서 네 개로 구분되는 피로 영역은 환자가 아닌 건강한 네덜란드 인구를 대상으로 측정되었다. ① 피로의 객관적 경험, ② 주의집중력의 감소, ③ 동기화의 감소, ④ 신체활동의 감소다. 관심 있는 사람들은 FAS의 연구설계와 심리측정상의 특성들과 일반 피로를 측정하는 동일하고 유사한 하위 척도들을 사용하는 다른 도구들을 심리측정상의 특성들과 견주어 살펴보아야 할 것이다. 이런 몇몇 도구들과 거기에 수반되는 척도들의 분석과 타당도 연구로는 ① 네덜란드 과학자 E.M.A. Smets가 개발하고 영어로 번역된 다면 피로척도(Miltidimensional Fatigue Inventory: MFI 20; Gentile et al., 2003 참조), ② 유럽식 삶의 질 질문지(European Organization for Research and Treatment of Cancer Quality of Life Core Questionnaire: EORTCQLQ-C30; Knobel et al., 2003 참조), ③ 건강상 삶의 질 척도(Health-Related Quality of Life: HRQL; Prince & Jones, 2001 참조), ④ 피로손상 척도(Fatigue Severity Scale: FSS; Schwid et al., 2002 참조), 혹은 다면 피로증상 척도(Multidimensional Fatigue Symptom Inventory: MFSI) 등이 있다. 전반적으로 현재는 개인 피로 경험의 신체-정신의 본질과 다면적 관계를 이해하기 시작한 시기라고 볼 수 있다.

영적 피로의 측정

영성과 '영적 피로' 경험을 측정하기 위한 포괄적 조사는 본 장의 범위를 넘어선다. 본 절은 영적 영역의 측정과 감정이입 피로가 정신, 신체 그리고 영적 피로와 관련되는, 상담사의 감정이입 피로 경험을 다룰 때의 중요성에 관해 초점을 두고 있다. 영적 피로 개념을 최초로 사용한 문헌은 R. Holt Hutton이 저술하고 그의 조카 Elizabeth M.

Roscoe가 편집한 종교적이고 과학적인 논문(1889)이다. Hutton과 Roscoe는 이 논문을 1901년에 발간하였고 영적 피로에 대하여 "가장 독특한 특성이 되는 그 에너지를 잘 관리하지 않고서는 결코 진정한 기독교인이 될 수 없을 것이다."(p. 19)라고 주장하였다. 이 문장에 대한 분석은 이런 진술의 의미가 기독교인의 보수성에 기초하고 있으며, 표현된 내용들은 도덕적 결함과 19세기 말엽의 여러 종교적 행위들에 대한 회의론에 기초하고 있다는 것을 가리킨다.

이 시기 문헌들의 많은 부분은 종교적 혹은 신앙 기반의 영적 실천에 구체적 초점을 두고 있다. 20세기 중반 일부에서는 신앙 기반의 영적 피로 표현 범위를 초월하고 실존적 현상과 관련시켜, 그 철학적 기초를 심리학, 신학에 두고 인간의 영적 신념으로 발전시켰다. 이 시기 동안 심리학자들, 철학자들 그리고 실학자들은 신앙의 의미와 불안, 절망, 죄책감, 신경증 그리고 의미상실과 관련된 인간 정서들에 의문을 던지는 일이 중요하다고 느꼈다. 따라서 1970년대 이전에 내담자-상담사 관계 내의 이론, 연구 그리고 영적 상호작용에 대한 논의는 거의 이루어지지 않았다.

신앙 기반 대 세속의 상담사 피로

영적 피로에 관한 오늘날의 문헌은 일차적으로 신앙 기반이다. 흥미롭게도, 신앙 기반의 목회자들과 그들이 대하는 여러 집단들에 대한 영적 피로 경험들과 근심들은 세속의 전문상담사들의 것과 유사하기도 하고 상이하기도 하다. 일반적 상이점들은 각 분야가 그 자체의 철학, 이론들, 전략들 그리고 대인관계상 인간중심 상호작용들 동안(즉, 기독 상담사들이나 세속의 전문 임상상담사들) 촉진된 기법들을 보유하기 때문에 용이하게 구분할 수 있다. 세속의 전문 상담사들과 신앙 기반 상담사들 모두에게 공통되는 특징은 두 영역 모두 내담자들이 사망, 상실, 비애, 남용 그리고 신체적, 심리적, 실존적 그리고 영적 실존의 의미와 관련된 정신보건 문제들을 극복하도록 원조하는 부분이다. 따라서 소진, 열정, 감정이입 그리고 영적 피로 경험에는 공통 부분이 있는 것 같다. 따라서 손상된 혹은 피로에 지친 전문가들과 그들이 상담하는 사람들을 대하는 역량과 효과의 정도에는 공통된 부분이 있다.

목회자들과 다른 영적 지도자들에게 특수한 열정, 감정이입 피로, 소진 그리고 전문가 피로에 관한 구글(http://www.google.com) 검색은 수천 개의 부흥회, 기도원, 세미나, 워크숍 그리고 종교전문가들에게 적합한 다양한 유형의 교육자료들을 연결시켜 줄 것이다. 그 진술된 목적, 프로그램 목적들 그리고 이런 부흥 활동들의 내용은 대부분 다른 원조전문가들에게 새로운 활력을 주는 것과 같이 개인의 정신, 육체, 영을 부흥시키는 방향으로 나타나 있다.

영적 안녕의 측정

내담자의 영적 신념, 가치들 그리고 실천을 통합시키는 일은 지난 25년 동안 상담과 심리학 분야에서 충분히 성숙되었다. 오늘날 비신앙적 영성의 논의는 하위 전문 분야들, 내담자의 핵심 영적 신념들과 가치들, 영적 실천, 그리고 영적 경험들의 이해를 조직하도록 만드는 경향을 띤다. 영성과 종교성 모두는 그 정의와 적용에 있어서 항상 명료성이 부족했다는 사실에도 불구하고, 많은 초기 연구자들(Bergin, 1988; Worthington, 1988)과 심리치료사들(Assagioli,

1965; Jung, 1973)은 영성이 인간의 본질적 부분이라는 데 공감했다. 감정이입 피로에 대한 상담사의 경험에서 영적 건강의 중요한 역할을 이해하는 것은 매우 중요하다. 어떤 개인의 영적 건강은 신체 면역계에 매우 긍정적인 영향을 미치고, 스트레스, 만성 질병 그리고 생명위협적 장애를 극복하는 능력에 영향을 미칠 수 있다는 주장이 심리학과 보건 관련 과학 분야의 점증하는 문헌을 통해 확인된다(Cousins, 1979; Goleman, 2003; Peck, 1993; Schwartz, 1994; Siegel, 1990; Simonton, 1978; Weil, 1995). 영성은 또한 긍정적 대처와 탄력성의 원천으로 알려져 있다. 따라서 영적인 피로에 젖어드는 상담사는 정신-신체 보건과 전반적 안녕에 관련된 부정적 결과들을 경험하는 것으로 보인다. 감정이입 연구들이 이론적으로 진보하고 적절한 자기-보호 전략들을 개발하기 위해 상담전문직은 예방적 실천 영역들에서 이런 경험을 평가할 수 있는 방법을 이해해야 한다.

영성 기반의 실천, 연구, 안녕 그리고 이론적 측정에 대한 상담과 심리학에서의 가장 포괄적인 설명들 중에 몇몇은 웰니스 모형의 얼레와 영적 안녕이 한 개인의 전반적 안녕에 지극히 중요한 다면적 구성이라는 점을 가리킨다(Myers & Sweeney, 2005; Myers, Sweeney, & Witmer, 2000; Witmer & Sweeney, 1992). 이 문제의 핵심은 사람들이 영적 성장과 발달을 자신의 삶 속으로 통합하는 방식이다.

안녕의 얼레는 인간 안녕의 가장 포괄적 설명 중 하나를 제공하는 삼차원 모형이다. 여기에는 삶의 다섯 가지 주요 과제가 포함된다. ① 영성(초월적 존재에 대한 인식, 우주의 연결, 전체성에 대한 고도의 민감성), ② 자기-지향(그 개인이 규제하고 훈육하고 일상의 목표에서 자기를 이끄는), ③ 직업과 여가(본질적으로 만족과 성취감에 이르는 즐거운 경험들을 제공하는), ④ 우정(다른 사람들과 연결하는 일에 관련된 개인의 모든 사회적 관계들) 그리고 ⑤ 사랑(장기적 상호 헌신과 친밀한 간여에 기초하여 형성되는 관계들)이다. 단순하게 진술할 때, 안녕의 얼레는 한 개인의 정서들 그리고 그 개인의 개별복지를 증대시키고 건강한 영적 발달기회를 제공하도록 고안된 전체적 틀 속으로 인도하는 자기-보호에 통합된다.

감정이입 피로 측정에서의 결론

'피로를 느낀' 사람들은 자신들에게 무언가 생리적으로 잘못된 것이 있다고 느낄 뿐만 아니라 또한 자신의 일반 안녕감에서 정서적, 행동적 그리고 인지적 요소를 경험한다. 감정이입 피로 측정은 피로에 젖은 사람의 전체적, 심리사회적, 신체적, 정서적, 인지적, 행동적 그리고 생리적 증상들을 실제 평가하도록 요구한다. 전문상담사의 정신-신체-영적 건강에 관련될 때 감정이입 측정은, 경험되는 전문가 손상 정도를 결정하는 기능적 평가도구나 스크리닝 방법으로 사용될 수 있다. 명예롭지만 종종 위험한 전문직에서 얼마나 오랫동안 활동적으로 종사할 것인가 하는 결정은 전문상담사의 책무가 되어야 한다. 전문직의 정신, 신체 그리고 영적 안녕의 유지에 책임 있는 기타 파트너들로는 상담사 고용주들, 전문상담기구들, 상담교육/훈련 프로그램들과 임상 슈퍼바이저들이 포함된다. 이 책의 제3부는 이런 주제들을 손상된 전문가 원조에 필요한 복합다면적 전문 분야의 성취목록표에서 다루고 있다.

요점의 핵심은 감정이입 피로 측정은 손상된 전문가들이 강렬한 서비스 수준에서 다른 사람들을 원조하는 데 따르는 부정적인 정서적 결과들을 더욱 더 많이 경험한다는 생각에 개방하도록 요한다. 이런 치료적 상호작용들을 제공하는 데에는 일반 안녕에 관련된 비용이 따른다. 일반 피로의 신체, 정신 그리고 다른 요소들을 측정하는 분석방법들의 개발을 위한 여러 연구자들의 노력에도 불구하고 피로에 관한 최근의 연구에서 종종 대부분 개별 면담, 질문지 그리고 척도 활용과 같은 객관적 척도들을 통해 피로 경험을 평가한다. 몇몇 연구자들은 일차적으로 피로의 심리요소에 강조를 적게 두는 대신에 생리적 경험을 고려한다. 그러나 정신적 혹은 정서적 피로는 감정이입 피로를 측정하는 중요한 변수를 반영하며, 똑같이 사람을 약화시킬 수 있다. 정신적 혹은 정서적 피로는 개인의 심리적 능력과 직무상의 정서적, 정신적 측면들의 잠재력을 축소시켜 감정이입 표현 능력을 감소시킨다.

제5장

조력자의 영성과 영혼 손상

—감정이입 피로—

Ⅰ한 개인의 만성 질병, 장애 혹은 외상성 경험에 대한 개인적 의미 탐구는 명백하게 실존적 영적 추구의 한 형태다(Stebnicki, 2006). 따라서 '어떤 신이 나에게(내 세계 속에) 그런 괴로움, 고통을 초래하는가?' 하는 질문은 기본 감정이입 반응을 사용해서는 답할 수 없다. 많은 문화들 속에서 생애의 가장 중요하고 의미 있는 질문들은 사람들이 어디에서부터 오고 사망 후 어디로 갈 것인가에 관련되어 있다(Pedersen, 2000). Pearlman과 Saakvitne(1995)은 외상성 사건 이후에 의미, 관계 그리고 희망의 상실은 내담자들과 상담사들 모두의 영적 존재감을 극도로 파괴할 수 있다고 보았다. 상담사의 대리 외상화는 그들의 영적 건강에 매우 깊은 영향을 미치게 된다. '만약 내가 하나님을 저주한다면 어떤 일이 발생할까?' (Arokiasamy, 1994) 혹은 '왜 선한 사람들에게 불행이 초래되는

가?'(Kushner, 1980)라고 은유적으로 질문을 던지는 어떤 사람에 대해 우리가 모든 정서를 수반해서 주목하는 일은 본질상 하나의 실존적이고 영적인 열정적 혹은 감정이입적 반응을 요한다. 따라서 상담사들의 영적 건강에 의식을 기울이거나 영에 관해 주목하는 일은 생존과 개인적 및 전문적 성장에 필수적이다.

영적 관계는 문화적 성격을 지니고 만성 질병과 장애를 지닌 사람들이 환경에 대처하도록 만드는 역량을 강화시키는 사회적 지지의 한 형태일 수 있다(Harley, Stebnicki, & Rollins, 2000). 영성은 상이한 문화적 및 인종적 배경을 지닌 많은 사람들의 삶 속에서 중요한 역할을 수행한다. 몇몇 저자(Pargament & Zinnbauer, 2000; Shafranske & Malony, 1996)들은 상담사들에게 전체적이고 다문화적인 특징 속에서 상담기술들을 촉진시키는 일과 관련성이 있으므로 그들에게는 내담자 삶의 영적 측면을 탐구할 윤리적 의무가 있다고 주장하였다. 따라서 그 개인의 영적 정체성과 세계관을 효과적으로 다루기 위해서 상담교육자들과 슈퍼바이저들은 슈퍼비전 기간 동안 내담자의 영적 건강에 관해 의도적으로 살펴볼 필요가 있다는 것이 여러 문헌에서 밝혀졌다(Bishop, Avila-Juarbe, & Thumme, 2003; Cashwell & Young, 2004; Polanski, 2003; Stebniki, 2007b).

이처럼 내담자의 비애와 상실에 대한 실존적/영적 경험에 대처하고 감정이입적으로 되기 위해서는 우리 자신의 영적 건강을 우선 챙겨 영적 손상을 피하고 먼저 거기에 익숙해져야 한다. 또한 영적 지침, 신령한 존재 혹은 우리를 가르치는 우주의 모든 것을 알아야 할 의무감을 지지 않도록 하는 일이 필요하다. 몇몇 전문상담사들에게 이런 모호성과 영적 혼란 및 실존적 모든 질문과 병행하는 경험은 일상의 인간 경험과 의식 수준의 범위를 넘어선다. 따라서 내담자의 실존적인 그리고/또는 영적인 위기는 상담사에게도 위기가 될 수 있고 감정이입 피로 반응을 야기시킬 수 있다.

원조전문가에 관해 생각할 때, 전문가는 모든 것을 알고 있고 상담사-내담자 관계 속에서 모든 치료 자원들을 보유하도록 역량강화된 유일한 사람처럼 생각하는 경우가 흔하다. 이 관계의 본질속에 원조전문가가 내담자의 손상된 영혼을 치료하기 위한 열정과 감정이입에 이르도록 하는 윤리적 의무와 전제가 있다. 이처럼 상담사들은 내담자 스토리들과 관련된 비밀 보장을 유지할 윤리적 의무를 지닌다. 많은 상담사들이 치료적 환경의 바깥에서 다른 어떤 사람과도 윤리적으로 내담자 스토리를 나눌 수 없다는 사실 때문에 가정으로 담아 가는 비밀의 창고를 만든다. 결과적으로 열정 어린 혹은 감정이입적인 원조전문가는 일과 후 강렬한 대인관계 본질의 내용들을 담고 있는 내담자 스토리들로부터 분리되거나 이탈되려고 애쓰면서 귀가할 수 있다.

상처받고 손상된 치료사 경험

'상처받은 치료사'란 끊임없이 자신의 정서적 및 심리적 상처를 건드리게 될 때 내담자와 치료사 사이에 발생하는 역동성을 나타내기 위해 심리학자 칼 융(Carl Jung)이 사용한 원형적 표현이다. 이 현상의 기초는 치료사가 경험하는 부정적 역전이로 설명되어 왔다. 융은 상처받은 치료사 경험은 치료사가 자신의 문제에 취약할 뿐만 아니라 내담자들의 문제에도 취약성을 남기기 때문에 내담자-상담사 관계 속에서 치료 협력을 방해할 수도 있다고 생각하였다. 용어 그 자체는 사실상 고대 그리스의 전설적 의사이며, 자신의 상처를 치유시키고 다른 사람들을 치료하는 성소를 만든, 신비의 치유력을 지닌 아스클레피완의 전설에서 나왔다. 사실상 현대 의학은 의료전문직의 친숙한 상징인 커두시어스(지팡이에 두 마리의 뱀이 감긴)로 드러나는 이 고대 철학의 일부를 상징적으로 채택하였다.

사실 극도의 스트레스를 담고 있는 외상성 사건들에 대한 복합적 내담자 스토리들과 만성 질병과 생명위협 장애를 지닌 내담자들에 대한 노출은 종종 원조전문가를 무용감과 절망감에 빠트리기도 한다. 따라서 문제는 상처받은 치료사를 돌보고 주의를 기울이는 사람이 된다. Nouwen(1972)은 이런 유형의 상담사 경험을 '상처받은 치료사'라는 자신의 경험에 비추어 다음과 같이 진술한다.

> 우리 영혼이 쉬지 못하고 수천 개의 상이한, 종종 갈등을 내포한 자극들에 둘러싸였을 때, 우리가 항상 사람, 사상 그리고 이 세계의 근심 걱정들 사이에 놓여 있을 때 자기 자신을 불법 침투자로 생각하지 않으면서 누군가 자유롭게 들어올 수 있는 공간과 영역을 과연 만들어 낼 수 있을 것인가? 역설적으로 자기연민이 아니라 겸손에서 우리 스스로를 돌아봄으로써 우리는 다른 사람이 본질을 찾고 자기 자신의 주장대로 우리에게 다가올 수 있는 공간을 창조한다(p. 91).

G. Miller(2003)는 '상처받은 치료사' 준거틀 속에서 상담사들은 내담자-상담사 관계에 열정 어린 영혼을 수반한다고 지적하였다. 나아가 그 내담자의 기대는 상담사들이 어떠한 심리적, 정서적 혹은 영적 취약점을 가지고 있지 않기를 요청한다. 따라서 상담사는

스스로 상처받았다고 생각하는 내담자에게 정서적 및 영적 안녕상태의 역할 모델로 여겨진다. 그러나 역할 모델로서 행동하려고 시도하는 상담사는 그 내담자를 공개적이고 정직하게 다루지 못할 수 있다. 치료사 취약성을 드러내고 감정이입적 이해를 촉진시키는 것은 내담자들에게 전문가들이 내담자들과 함께 스스로의 상처들을 노출시키고 책임감 있게 공유한다는 점을 가리킨다(G. D. Miller & Baldwin, 1987). 따라서 상담사 노출은 치료적 수단으로 적절하게 사용할 수 있다.

약물탐닉, 신체적/성적 학대 그리고 심리사회적 외상과 같은 내용을 담은 내담자 스토리들은 치료사나 상담사의 신체, 정신 그리고 영적 상태에 부정적 영향을 미칠 수 있다. 고통스러운 사건들과 관련된 정서들의 기억과 정서적 내부 기억의 재회상은 내담자/상담사들 모두에게 극도로 고통스럽고 난해하며, 원조전문직의 초입 상담사들에게 특히 그러하다.

스토리 과정을 통해 고통스럽고 외상성 있는 기억들을 회상시키는 것은 그 목적이 외상성 사건의 이해를 돕고 신체, 정신 그리고 영혼의 조화를 가져오기 위한 목적을 띠는 나바호(Navajo) 인디언 의술에서는 중요한 부분이다. 나바호 문화에서 치료를 요하는 사람은 찬양, 춤 그리고 기도들을 포함한 의식에 참여하는 가족과 친구들에게 종교의식의 일부가 되어야 한다. 치료의 책임은 치료를 요하는 사람과 치료사뿐만 아니라 대부분의 지역사회 주민들과 분담한다. 스토리 말하기는 종교의식적 찬양으로 행해지며, 일반적으로 나바조 문화 속에서 개인의 정체성, 목적, 연고 그리고 영적 세계와의 조화를 밝혀 주는 힘이 있기 때문에 치료의학(Tafoya &

Kouris, 2003)으로 간주된다.

어떤 스토리들은 치료적이지만 다른 스토리들은 몇몇 사람들에게 신화로 간주되거나, 그 개인과 사회의 영을 약화시키는 해독으로 지각되고 해석될 수 있는 몇 겹의 복합적 의미를 띨 가능성이 있다(Coulehan, 1980). Nouwen(1972)은 '상처받은 치료사'의 개념을 정의하면서 다음과 같이 말했다.

> 많은 사람들은 자신의 삶에 기초한 그릇된 가정으로 고통을 겪는다. 이 가정은 근심, 외로움, 의심 혹은 혼란은 존재하지 않는다는 것이다. 그러나 이런 고통들은 우리 인간 조건의 일부가 되는 상처들로 이해될 때만이 창조적으로 해결될 수 있다(p. 93).

상담관계에서 감정이입적 방식을 촉진시키는 일은 내담자들의 스트레스, 비애, 상실 혹은 외상성 경험들을 자신의 정서적 앨범에서 찾고 벗겨 내도록 돕는 것을 요한다. 내담자가 겪는 고통의 개인적 의미와 목적 탐색은 상담사 영적 피로 경험에 기여할 수 있다. 상담사들이 이 경험을 염두에 두고 개인적 성장과 발전의 소중한 기회로 간주한다면, 자신의 상처받은 영혼들을 보충하도록 도울 수 있는 탄력적 전략들을 학습할 것이다.

상담사 영혼으로서 감정이입: 토착문화적 세계관

많은 문화들 속에서 영혼은 개인의 정서, 감정 그리고 영적 경험들의 기반으로 간주된다. 융의 상징주의에서 개인 정신의 중심은

'자아 혹은 영혼'으로 언급된다. 많은 전문상담사들은 엄청난 분량의 정신에너지를 감정이입과 근친상간, 신체남용, 중독, 사랑하는 사람의 상실, 만성 질병 혹은 심리적 및 신체적 외상으로 인해 상실된 내담자 영혼의 정서적 부분을 탐구하기 위해 소모할 것이다. 상담사 영혼으로서 감정이입은 '피로해진' 전문가의 전인적 경험을 이해하는 객관적 경험 속에서 뚜렷이 드러난다. 이것은 원조전문가와 궁극적으로 신체, 정신, 영혼과 기백에 영향을 미치는 피로 증후군들(소진, 열정, 감정이입 피로)과 병행하는 경험 때문에 중요한 부분이다.

서구의 전문 훈련을 받은 상담사가 문화적으로 효과적인 치료사로 거듭나기 위해서는 토착 보건과 치료실천들에 대해 개방적인 태도를 취할 필요가 있다. West(2005)는 만약 우리가 진실로 개별 내담자의 문화적 치료체계의 풍부성을 경험하기를 원한다면 내담자의 신념체계를 존중할 필요가 있다고 하였다. 따라서 전통적 치료방법들(스트레스 완화, 이완, 비주얼리제이션)을 상이한 내담자/소비자들에게 보다 토착적 방법으로 통합시키는 일에서는 치료적 방식들을 촉진시키는 또다른 영역을 전문치료사들에게 부가할 수 있다. 이런 이해와 성과를 발전시키는 일은 임상실천에 있어 매우 큰 함의점을 지닌다. 많은 토착적 치료행위들 또한 전문가의 자기-보호실천 전문 프로그램에 도움을 줄 수 있다. 따라서 문화적 방식들의 활용은 상담사 감정이입 치료에서 매우 중요하다.

전문상담사들 사이에 감정이입 피로의 치유는 본질상 전체적인 예방과 중재 전략들에 있어서 사고와 다양성을 요한다. 이 책의 2부에서는 특수 문화 집단들의 고유한 보충적이면서 대안적인 자기-보호 실천방법들을 통합시키는 지침들을 담고 있다. 이것은 전문상담사들에게 상담사 피로 증후군(소진, 열정 혹은 감정이입 피로)을 다루는 전통적 자기-보호 실천 메뉴의 확장과 풍부한 자료를 제공한다.

토착적 세계관으로부터 정신, 신체 그리고 영적인 부분에서 질병은 '좋은' 에너지의 흐름에 막힘이 있다는 것을 의미한다. 중앙아프리카 문화(Graham, 2005)에서는 다른 사람들의 고통과 괴로움에 무관심한 경우 '영혼의 수면성 질환'이 생긴다는 믿음이 있다. 중독 증상들은 에너지 흐름이 어떻게 막히고 사람들의 일상 활동(즉, 직업, 가족, 관계, 체육)에 종사하는 것을 가로막는지를 보여 주는 좋은 사례가 된다. 신념체계와는 상관없이 어떤 형태의 에너지 흐름의 중단은 삶에 관한 사람들의 지각과 태도를 왜곡시킬 수 있다. 이것은 궁극적으로 우리 정신, 신체 그리고 영혼을 손상시킨다. 다른 사람들을 위해 선한 일을 하려는 우리의 열정과 정서들을 감소시킬 수 있으며, 생활상의 균형을 쉽게 상실하게 만든다. 따라서 우리의 영적 원조자들에게 개방적이 되고 보편적 삶의 에너지 흐름을 유지하도록 만드는 일이 영혼의 피로나 손상을 받게 되는 가능성을 낮출 수 있다. 이것은 다른 사람에게 서비스를 제공하는 기회를 가지는 누구에게나 지속적 도전이 된다.

초보 수준이지만 관련된 치료사들은 토착식 보건과 치료방법들에 대해 주의를 기울임으로써 문화적 상이성을 내포한 생각들에 대해 개방적이어야 한다. 이것은 문화적으로 상이한 내담자들의 치료수단으로 사용될 수 있다. 원조전문가가 되는 과정은 상담사 소진에 관한 전형적 워크숍을 통해 제공될 수 없는 개인적 및 전문적 성장 경험을 요한다. 따라서 개인의 신체, 정신 그리고 영혼의 개발을 위해서는, 상담사들이 대하는 내담자들과 함께 성장해야 한다는 사고에 열려 있어야 한다.

양미간 차크라와 감정이입

전문상담사의 특성 혹은 상태로서의 감정이입은 상담사가 내담자 문제의 의미를 파악하고 나서(상실로부터의 전이) 이것을 특수한 감정(즉, 스트레스, 우울, 불안)과 연결시키고 내담자의 경험(전반적 상실감과 비애감)에 관련을 짓는 단순한 상담 전략이나 접근방법이 아니다. 오히려 그것은 보다 단련된 상담사들이 내담자의 언어적, 비언어적 의사소통을 경험하기 위해 감정이입적-직관적 연상을 사용하는 것으로 생각된다. 달리 말하면, 보다 능숙하고 단련된 치료사는 직관력을 위한 제6의 감각 혹은 '차크라(chakra)'를 개발하였다. 수년 동안 복합적 상담회기에 종사하였던 전문상담사들은 자신의 내담자 구두 정서 표현이 내담자의 비언어적 행동들과 사고들에 일치되는지의 여부와 혹은 자신의 내담자가 자기 자신이나 다른 사람들을 잠재력으로 해롭게 할 수 있는지의 여부를 파악하는 데 초보 수준의 치료사들에 비해 훨씬 탁월하다. 따라서 보다 단련된 상담사들은 수년 동안 자기 내담자의 사고, 병적 조건들과 실존적 의미와 목적을 어떻게 통합시키는지를 익힌 것으로 여겨진다. 단련된 치료사는 보다 구체적으로 정신, 신체 그리고 영을 사용하고 서구의 전통적 치료 방식들을 내담자의 독특한 문화적 신념체계에 통합시켜 상담 방식을 향상시킨다.

유일 영혼

세계의 많은 문화들은 태초로부터 우주에 질서를 부여한 신성한 영적 에너지나 생명력이 존재한다고 믿는다. 예를 들면, 아프리카인의 세계관(Graham, 2005)에서 보면 영성은 ① 창조적 생명력, ② 인간들을 다른 사람들과 연결짓는 모든 것들의 핵심, 그리고 ③ 우주의 모든 요소들을 서로 묶는 힘, 즉 사람, 동물 그리고 식물과 같은 따위의 물체들이다. 흥미롭게도, 아프리카 대륙 반대편 북미 대륙의 원주민 혹은 토착민인 인디언 종족들은 신성한 영적 에너지에 대해 이와 매우 유사한 신념을 지니고 있다. 대부분의 북미 원주민들이 말하는 '주신(위대한 영혼, Great Spirit)'은 모든 사물의 창조주다. 이런 관점과 마찬가지로 모든 사물들은 위대한 영혼과 서로 연결되고 관계되어 있다. 특히 신체, 정신 그리고 영혼이 연결되어 있다. 만약 한 사람의 정신이 영혼과 불균형하게 되면, 모든 인체 체계에서 불균형이 초래된다. 따라서 어떤 문화적 의미에서 '단신(유일 영혼, One Spirit)' 개념에 따르면 자신의 신체 치료를 위해 환자가 의사를 방문할 필요가 없으며, 마음을 치유하기 위해 상담사를 만나거나 기도원에 영혼 치유를 위해 찾아갈 필요가 없다. 유일 영혼의 방식은 최선의 전인적 치유를 위해 사랑하고, 열정을 보이고, 애절하며 전지한(noetic) 점을 드러내는 것이다.

많은 탁월한 치유자들과 고대의 현인들은 치유의식을 거행할 때 영적 에너지의 오로라가 자신과 다른 사람들에게 흐르는 것을 볼 수 있다고 주장하였다. Seaward(1997)가 설명하였듯이 이 영적 에너지는 항상 신의 근원에 우리를 속박시킨다. 이 연결은 결코 단절되지 않는다. 왜냐하면 생명이 있는 모든 존재들은 이 신성한 근원으로부터 발산되기 때문이다. 즉, 이 우주의 영이 사람의 영을 풍성하게 하고 소통한다는 의미다. 신에 대한 개인의 믿음과는 상관없이 우주의 영이나 고차원의 힘인 지(chi), 혹은 기(ki)는 심지어 손상된 영에도 흐르는 것이다. 정신, 신체 그리고 영의 스트레스는 많은 사람들, 원조전문직에서 특히 고통받고 괴로움을 당한 내담자들과 대면할 때 발생한다. 그러나 손상된 영의 경험은 우리 영과 영혼이 성장할 수 있는 커다란 기회를 제공한다.

문화적으로 효과적인 상담

전문상담사들, 특히 다문화 상담중재 기술을 지닌 상담사들은 문화적으로 상이한 내담자와 가지는 라포가 좋은 상담관계 확립에 매우 중요하다는 점을 이해한다. 즉, 내담자의 비언어적, 또는 내담자의 정신, 신체 그리고 영적 부조화의 은밀한 요소에 조심스런 주의를 기울이는 것을 의미할 수 있다. 다문화적 상담에 익숙한 상담사들은 자신의 문화적 지성(즉, 그 내담자의 문화적 신념체계)을 사용하며, 내담자 세계관을 이해하기 위해 직관력을 활용한다. 그 상담사는 문화적 관점에서 내담자를 전인적으로 이해하고 또 그렇게 하기 위해 노력해야 한다. 여기에는 내담자의 ① 훌륭한 정신건강과 안녕에 대한 신념, ② 심리사회적 영적 복지, ③ 표현되거나 표현되지 않은 정서 스타일, ④ 표현된 정서 기반의 특수한 의미와 언어적 정서들, 그리고 ⑤ 문화적으로 습득된 가치들의 전반적인 경험이 포함될 뿐만 아니라 여기에 제한되지 않는다. 문화적 상이점들을 이해하기 위해서 상담사와 내담자 모두는 문화적 정체성을 다루어야 한다. 누구나 문화적 정체성을 지니고 있으며, 성별(남/여), 지리적 위치(시골/도시), 연령(청/장년), 언어(영어/중국어, 다언어), 종교적/영적 신앙(가톨릭/개신교), 다른 많은 특성들을 지닌 문화적 하위 집단의 성원에 속하게 된다. 원조전문가에게 탁월한 출발점은 자기 자신의 문화적 신념들과 정체성의 이해를 위한 탐구를 시작하는 것이다. 자기 자신의 문화적 신념들과 정체성을 이해하지 못하면 정신, 신체 그리고 영의 부조화를 야기시킬 수 있다. 이러한 상호 연결성을 이해하지 못한 결과 사람들에게 주어진 삶의 의미와 목적을 깨닫지 못하고 영적 경험을 손상시킬 수 있다.

문화적으로 역량 있는 원조전문가들은 상담관계를 설정하고 익숙하게 라포를 형성하는 방법을 배우기 위해 자신이 접촉하는 문화적으로 상이한 사람들의 객관적인 경험을 사용할 줄 안다. 과학적 패러다임에서와 마찬가지로 그 상담사는 내담자에 관한 가설을 설정하고 내담자 행동들을 측정/평가하며, 규준집단에 비교하고 특별한 행동들, 정서들 그리고 신념과 관련된 주요 사건들에 초점을 맞추고 따라서 내담자/소비자에 관한 가설이나 혹은 어떤 해석에 도달할 수 있다. 이런 전문가의 임상 판단은 내담자의 역기능적 생활 패턴들에 관해 설정된 이론을 지지하거나 혹은 지지하지 않을 수 있다. 그러나 문화적으로 역량 있는 전문가는 내담자의 문화적 세계관에 관한 객관적 경험들에 익숙해질 것이다. 요점은 상담사들은 종종 내담자를 전인적으로 이해하려는 목적에서 그들 내담자의 정신, 신체 그리고 영의 본질을 탐구할 수 있는 제6의 감각을 발전시켜야 한다는 것이다. 내담자/소비자의 문화적 정체성과 신념체계의 의미에 대한 탐구는 우리 자신의 문화적 정체감의 탐색을 시작하기 위한 하나의 기회다.

결론

오늘날 세계적으로 상담과 심리의 여러 실천 영역에서 통합된 여러 가지 문화적 토착 치료 전통들은 매우 많다. 최근에 이런 실천을 보충적, 대안적 혹은 새로운 세대의 의학이라고 부른다. 원조전문가들은 또한 이 책의 제3부에서 제시된 프로그램들 속에서 찾아볼 수 있듯이 그들의 자기-보호 프로그램을 풍부하게 만들기 위해 이런 실천 방식들로부터 이익을 얻을 수 있을 것이다. 다양한 문화적 치료실천에서 얻어진 고대의 지혜들을 현대의 상담과 심리학이 통합시키느냐에 관계없이 영혼이나 영의 치료조건들은 치료사가 사실상 다른 사람들(Moodley, 2005)의 고통과 괴로움을 느낄 수 있다는 사상에 초점을 둔다. 따라서 손상받은 영이나 감정이입 피로에 관련된 많은 특징들을 살핀다.

치료예술에 임하는 현대의 임상실천가들은 내담자와 치료사 모두가 최고 수준의 정신, 신체 그리고 영적 안녕에 이를 수 있도록 역량강화될 수 있는 감정이입과 열정의 균형을 유지하고 영을 회복하기 위해 힘써야 한다. 어떠한 치료접근에서와 마찬가지로 보다 높은 상태의 의식과 최적의 복지로부터 충분한 이익을 얻기 위해서는 원조전문가로부터 훌륭한 헌신과 의도를 필요로 한다.

이 책의 6장은 감정이입이 단지 성격 상태, 특성 혹은 존재의 문화적 실존 방식이 아니라는 점을 보여 준다. 오히려 감정이입의 정서는 표현될 때 두뇌의 역동적 신경구조를 통해 소통되고 통합된다.

제6장

감정이입의 신경과학

ǀ 두뇌의 역동적 신경구조와 기능은 인간 정서와 관련되어 있으므로 이 책의 범위와 저술 의도를 뛰어넘는 복합적인 주제다. 그러나 두뇌의 정서기제들에 관한 새로운 연구는 치료적 상호작용 동안에 정서들의 표현과 수용에 대한 정신-신체 영향들을 이해하는 데 가장 중요한 정보를 제공한다. 또한 이 새로운 연구 패러다임 내에 두뇌의 비상한 지각력과 직관력에 관한 시사점들이 존재한다. 다른 사람들의 정서에 대한 직관력과 지각은 원조전문가들이 다양하게 개발하는 특별한 재능들이다. 따라서 상담사들의 감정이입 지각 수준과 자기 및 타인들에 대한 감정 수준을 높이는 능력은 감정이입 피로의 신체적, 영적 그리고 정신적 특성들을 평가하는 보다 큰 기회들을 제공한다.

사람들이 어떻게 사고하고, 느끼고, 행동하는지에 대한 이해와 특별한 의식 이상의 노력은 정서와 자아 발달의 다음 단계로 이끄는 인간의 자연적 진화 단계인 것 같다. 인간의 두뇌가 정서들을 어떻게 처리하는가에 관한 연구는 이 책에서 논의된 것과 같이 상이한 토착 및 문화적 실천의 초개인적, 형이상학적 치료 경험들에 대한 확실성을 제공할 것이다. 상담과 심리치료에 토착적 치료실천 방식들을 통합하는 일은 과학적 패러다임과 전통적 임상심리의 범주를 뛰어넘는다. 따라서 상담과 심리치료에 관련된 인도주의적 및 초개인적 경험들을 깊이 평가하는 일은 커다란 비교문화적 중요성을 지닌다(Walsh & Vaughn, 1993).

과거 20년 동안 과학, 종교 그리고 영성 분야들은 새로운 교차-학문적 협동연구 영역으로 통합되었다. 양자물리학, 생화학, 초개인적 심리학 그리고 보완의학의 고도로 전문화된 분야들은 이제 인간의식이 신성한 의식세계에서 하나의 통합적 부분이라는 점을 보여 주었다(Seaward, 1997). Ader(1990)가 1981년에 새로 만든 단어인 심리신경면역학(psychoneuroimmunology: PNI) 분야의 새로운 출현은 인간 사고, 정서 그리고 신체적 안위에 관한 신선한 통찰력을 제공하였다. 이 고도로 복잡한 전공 분야에서 활동하는 대가들의 능력에 의거하여, Wilber는 1996년 개인의 생물학적, 심리적, 인지적 그리고 영적 발달을 이론적으로 해석하여 『사물의 개략사(Brief History of Everything)』라는 포괄적 저술을 이루어 내었다. 이 철학적 순례는 어떻게 교차 학문들이 사람의 신체, 정신 그리고 영 사이의 복잡한 상호작용을 보다 명료하게 설명할 수 있는지에 관한 독특한 사례를 제공한다.

정신, 신체 그리고 영적 의식에 관한 보다 새로운 통합적 연구들은 자신과 다른 사람들의 직관과 지각을 발전시키는 우리 인간의 능력을 확장하는 데 도움이 된다. 즉, 인지적/신체적 영역 이상으로 심도 있는 새로운 의식의 정서 상태를 제공한다. Huther가 2006년에 제안하였듯이 감정이입적 직관과 지각은 그 개인의 생애에서 누적적인 심리사회적 발달과 객관적인 경험들의 결과이고, 따라서 인간 애정과 의식의 중간 경로들을 이해하도록 돕는다. 이 새로운 패러다임은 그 개인의 독특한 정서 발달을 복합적이고 포용성 있는 이론 속으로 동화시키는 보다 새로운 연구 모형을 고전적 신경과학 연구들 속으로 통합시키는 가능성을 제공한다.

정서와 두뇌

정서와 두뇌에 관한 연구에서는 사람들의 정신, 신체 그리고 영적 영역에 반응하는 기본적이고 고유한 보편적인 정서들이 있다고 가정한다(Bar-On & Parker, 2000; Mayne & Bonanno, 2001). 대부분의 사람들은 보편적 정서들(즉, 분노, 사랑, 행복, 슬픔)을 다양한 정도와 다양한 강도로 표현할 수 있는 능력을 지닌다. 그러나 Mayne과 Ramsey(2001)는 정서표현이 단지 자기-보고, 개인 혹은 개별화된 경험의 수단을 나타낼 뿐이기 때문에 빙산의 일각에 지나지 않는다고 시사하였다.

새로운 연구 보고서들은 내담자와 상담사 사이에 경험되는 공유 정서들과 생리적 각성은 감정이입적 연접이 심리치료 동안 어떻게 발전되는지에 관한 지식에 공헌한다는 점을 보여 준다. 예를 들면, Marci, Ham, Moran 그리고 Orr(2007)는 불안과 우울장애로 치료를 받고 있는 20쌍의 내담자-상담사들을 관찰하였다. 이 연구자들은 특히 심리치료 회기들 동안 조성된 치료관계에 초점을 두었다. 그러고 나서 내담자와 치료사 모두의 생리적 반응들과 치료사가 밝힌 내담자의 지각된 감정이입 수준을 측정하였다. 그 결과 치료사가 긍정적 정서들과 감정이입을 많이 표현하였을 때 이와 유사한 생리적 반응들이 내담자와 치료사 모두로부터 나타났으며, 이것은 전기 피부전도 기록들, 심장박동률, 음성강도 그리고 신체 움직임을 통해 측정되었다. 따라서 보다 강력한 상담관계나 사회-정서적 밀착은 내담자들이 자신의 치료사가 고도의 감정이입으로 소통한다고 지각할 때 형성되었다.

신경과학자들과 임상/실험 심리학자들이 감정이입을 상이한 관점들부터 측정한다는 사실은 명백하다. 정서의 표현은 순수하게 역동적인 생리학 관점에서 치료적 상호작용 동안 상이한 신체체계에 관여하는 것으로 나타났다. 상이한 정서들을 개인이 어떻게 경험하는가에 대한 정신, 신체 그리고 영적 측면에서의 통합적 연구들은 이러한 복합연구 영역에 대한 보다 포괄적 이해를 제공한다. 두뇌 구조의 정신-신체 신경 연접은 감정이입 피로에서 경험되는 신체적, 정서적, 심리적 그리고 영적 연결의 이해에 중요하다. 더욱 정교한 실험설계가 개인의 주요사건 지각(즉, 허리케인, 장마, 화재, 신체적 외상 경험)과 개인의 자율신경계(즉, 교감신경계)와 부교감신경계가 실제 혹은 예기되는 스트레스 사건 발생 시 활성화되는 방식들을 측정하는 데 필요할 것이다.

감정이입 연결은 내담자와 치료사 사이에 이루어지기 때문에 치료적 상호작용 시 경험하는 어느 정도의 정서적 및 신체적 소모의 가능성은 지속적으로 나타날 수 있다. 예를 들면, 치료사가 강렬한 치료적 상호작용 동안 어떤 형태의 생리적-정서적 스트레스를 경험하면, 이것은 잠재적으로 급성 감정이입 피로 반응을 야기시킬 수 있다. 이처럼 원조전문가는 정규, 장기적 및 생리적, 정서적 각성 상태에 노출된 이후 만성 감정이입 피로 상태에 빠질 수 있다. 그 결과 스트레스 반응의 만성 활성화 상태는 불안과 우울장애를 포함하여 생리적 및 정서적 비용 모두 치르게 만들 수 있다(Kabat-Zinn, 1990; Sapolsky, 1998). 스트레스 반응은 지각, 대처기술, 탄력적 능력 그리고 다른 요인들에 따라 고도로 개별화되기 때문에 이론적으로는 이것이 감정이입 피로의 급성 및 만성 본질임을 설명해야 한다. 따라서 모든 신체 질병의 80% 이상이 생리적 및 정서적 스트레스원 때문에 발생된다고 많은 스트레스 연구자들이 믿는 점은 그렇게 놀랍지 않다(Kabat-Zinn, 1990, 1994; Sapolsky, 1998; Selye, 1976; Weil, 1995).

정서의 신경 경로들에 대한 발견

Kabat-Zinn은 감정이입적 반응들에 따른 특수한 신경학적 경로들이 있기 때문에 감정이입 피로가 두뇌에서 과학적으로 측정될 수 있다고 주장하였다(Berger, 2006 참조). 정서가 어떻게 인간의 신체, 정신 그리고 영에 영향을 미치는지에 대한 연구의 복합성은 그런 문제들을 심리학, 신경학, 면역학 그리고 생물학 분야들을 포함하는 학제적 관점으로부터 구명하도록 연구자들에게 요구한다.

심리신경면역학(psychoneuroimmunology) 분야는 연구자들이 두뇌와 정서들에 관해 연구할 수 있는 모델을 제공하였다. PNI연구자들의 과제는 어려운데, 특히 Sapolsky(1998)는 인간 정서, 특히 스트레스 반응은 그 자체의 독특한 크기, 빈도 그리고 강도로 생리적 각성 패턴을 보인다고 지적하였다. 이것은 부분적으로 자기 스트레스기제와 다른 정서 반응들이 결정되는 두뇌의 방식이 사람마다 다르기 때문에 그러하다. 따라서 정서적 반응은 상이한 성격 특성들, 행동 반응 패턴 그리고 동기화 상태들을 지니기 때문에 인간 신경학 체계 내에서 복합적인 방식들로 발현된다(Mayne & Ramsey, 2001).

Sapolsky(1998)는 우리 신체를 피곤하게 만들 수 있는 이런 급성 생리적 스트레스 반응을 실감나게 묘사하였다. 사람들이 어떤 사건 초기에 스트레스로 지각할 때 신체는 교감신경계를 활성화시키는 전투태세나 전투모드에 들어간다. 사람들의 자율신경계는 두뇌에서 기원하여 신체의 모든 기관, 혈관, 호르몬 그리고 흉선에 이른다. 심지어 사람들이 무언가 나쁜 일이 발생할 것이라고 믿거나 기대할 때에도 이와 동일한 생리적 반응이 나타난다. 그다음 에피네프린 호르몬과 노르에피네프린 호르몬(아드레날린과 노르아드레날린으로 표현되는)이 신체 속에 분비되고 사람들이 에너지를 신속히 방출하여 스트레스나 주요 생활 사건에 반응할 수 있다. 자율신경계의 다른 절반은 이와 상반되는 역할을 수행하며 안정을 유도하는 부교감신경계에 관여한다. 교감신경계는 혈류와 심장박동률을 증가시키는 반면, 부교감신경계는 이완시켜 사람들이 항상 위기 상태나 긴급 상태에 놓여 있지 않도록 만든다.

Kabat-Zinn(1990)은 임상연구결과들이 어떤 사람들은 항상 과활동 상태에 놓인다는 것을 보여 주었다고 지적하였다. 이것은 몇몇 사람들에게는 영구적인 삶의 방식이 될 수 있으며, 만성 및 지속성 불안 관련 장애들[즉, 급성 스트레스, PTSD, 일반화된 불안장애(Generalized Anxiety Disorder: GAD)]을 지닌 사람들에게서 관찰된다. 많은 사람들은 이런 생리적 스트레스 반응을 내면화시키고 따라서 세포질 수준에서 긍정적 이익을 얻기 위해 필요한 에너지 저장기회를 거의 얻지 못한다. 달리 말하면, 사람들이 끊임없이 에너지를 유통시키려고 애쓰면서 저장기회를 갖지 못해 이를 의식 상태의 집중과 안정을 돕는 데 사용할 수 없다. 전반적으로 신체에 방출된 고수준의 코티졸(glucocorticoids) 때문에 교감신경계 각성 상태를 지속시키기 위한 신체적 및 정서적 비용이 초래된다. 고수준의 코티졸은 우울과 불안장애의 특징들 중 하나다(Sapolsky, 1998).

Brothers(1989)는 두뇌 속의 편도-피질성(amygdala-cortical) 경로를 감정이입 반응과 관련된 정서들의 기초를 이루는 핵심 신경전기 회로부분으로 이해하였다. 이 경로는 우리들이 다른 사람들의 정서를 이해하려고 노력하거나 읽고 해석할 때 가장 강렬한 전기활성 상태를 조성하는 두뇌의 특수 구조로 생각된다. 사실 편도는 부정적 정서의 증대와 정적 상관을 보이고 강렬한 정서 경험과 두뇌 상상 연구들의 활성화에 기여하는 것으로 지속해서 나타난다(Feldman Barrett, Bliss Moreau, Duncan, Rauch, & Wright, 2007). 따라서 내담자의 스트레스, 비애 혹은 외상표현에 기초를 둔 건강한 촉진적 정서 반응(감정이입과 같이)을 표현할 수 없는 상태는 상담사에게 생리적, 생물학적, 정서적, 심리적, 사회적 그리고 영적 비용을 초래하는 것으로 보인다. 달리 말하면, 만성 누적적 두뇌의 정서활성 상태와 습관적 정서억제는 인간 면역체계를 손상시킬 수 있다(Pert, Dreher, & Ruff, 2005; Sapolsky, 1998; Weil, 1995).

정서적으로 뛰어난 두뇌

개인의 정서들에 대한 인식이 감정이입의 전제 조건으로 고려되며, 아동, 청소년 그리고 성인들의 정서적 우수성 측정에 매우 밀접하게 관련되어 있다(Bar-On & Parker, 2000; Goleman, 1995). 이것은 감정이입 치유에 매우 중요한 출발점이 된다. 그러나 다른 사람들에게 감정이입하는 능력은 우리 자신의 정서 상태(Lane, 2000)를 모니터하는 능력을 초월할 수 없으며, 정신적, 신체적, 영적 건강을 해칠 수 있는 어느 정도의 감정이입 피로를 초래한다. 상담사로서 우리는 육체의 신체적 측면들에 긍정적 영향을 미치는, 비범한 우리의 징신 능력의 사용을 가능하도록 만드는 엄청난 정신 신체 전략들을 지녀야 한다. 즉, 호흡운동, 이완, 명상 활동들, 상상, 최면 그리고 라이프스타일의 변화 등이다. 비록 우리가 자율신경계를 조절할 수는 없더라도 수의적 신경계는 어느 정도 조절할 수 있으며, 바이오 피드백 회기 동안에 이를 관찰할 수 있다. 따라서 우리는 생애과정상 통제 가능한 사고, 정서, 감정 그리고 행동들에 순응해야 한다. 이것이 우리의 자기-보호와 내담자들에게 제공하는 보호의 핵심이다.

의식 상태로서의 직관력과 지각

Huther(2006)는 어떤 형태의 비언어적 정서와 감정적 표현을 지각하고 처리할 때에 감정이입은 상당한 수준의 직관력을 요한다고 지적한다. 감정이입 능력은 일차적으로 두뇌의 정서 부분 내에 이런 고도의 복잡한 기제를 지닌 사람들에게서 발견된다. 그러나 원조 및 인간서비스 전문가들만이 감정이입에 필요한 고도로 발전된 능력을 지닌다는 사고가 반드시 정확하다고 볼 수 없다는 점을 지적해야 한다. 우리는 모든 직업들을 고려할 때, 상담과 심리전문가들이 항상 최고 수준의 감정이입 태도를 지니는 것은 아닐 수도 있다는 점을 알고 있다. 연구자, 설계엔지니어 혹은 전문도서 편집자들과 같은 다양한 직업에 종사하는 사람들이 감정이입 표현능력을 지닐 수 있다는 것이 발견되었다.

한때 NASA과학자였던 Brennan(1987)은 현재 치료사, 치유사 그리고 저술가로서 고감도 지각(high sense perception: HSP)과 인간 에너지 장(human energy field)을 통해 사람들을 치유하고 건강을 증진시키기 위한 연구에 일평생을 소모하였다. 그녀의 저술 속에는 상담과 심리학 이외의 분야에서 처음 직업을 시작한 자신과 유사한 사람들이나 그녀 자신도 다른 사람들에 대한 깊은 감정이입과 애정감을 지닌다는 점이 확연히 나타난다. 그녀는 두뇌의 심층구조들 내에 공간, 의식, 정서 그리고 시간에 대한 신체감각은 현실의 복합영역들을 지닌 분리할 수 없는 에너지 패턴들을 형성한다고 설명한다. 이 패턴들은 이런 감정이입적 직관 능력을 개발한 사람들이 드러내는 신체 영기(아우라)로 관찰될 수 있다.

Brennan(1987)은 개인의 정신, 신체 그리고 영 사이의 관계에 대한 신경 과학자들의 새로운 관점이 1905년에 발간된 아인슈타인의 특수 상대성이론이라고 언급하였다. 그녀는 아인슈타인이 뉴턴식

물리학과 관련한 당시의 우세한 사고에 어떻게 도전하였고 공간이 삼차원이 아니라는 점을 언명하였는지를 설명하였다. 시간과 공간은 함께 제4의 차원을 구성한다. 따라서 이는 공간-시간의 연속체다. 달리 말하면, 시간은 선형이거나 절대 개념이 아니다. 시간은 관찰자에게는 상대적이다. 그래서 동일한 일반 물리 공간에서 동일한 시간에 발생한 동일 사건을 두 명이 각각 관찰하면 그것이 실제로 일어난 것과는 상이하게 사건을 처리할 것이다. 이것은 각 개인의 관찰된 사건에 대해 상대적인 상이한 속도로 이동할 때 특히 그러하다. Hawking(1988)은 이 현상을 간결하게 표현하였다. "빛의 속도는 여행하는 시간에 따라 분할된 이동 거리에 지나지 않기 때문에 상이한 관찰자들은 빛의 속도를 다르게 측정할 수 있다." (p. 21) 따라서 상대성이론에서 모든 관찰자들은 빛이 얼마나 빨리 이동하는지에 관해 동의해야 한다. 그러나 이 경우에도 관찰자들은 여전히 빛이 이동한 거리와 이 거리의 이동에 소요되는 시간에 관해 동의하지 않을 수 있다.

여기서 핵심은 아인슈타인의 상대성이론이 기본적으로 시간이 절대적이라는 개념을 전제로 하는 이전의 사고들을 종식시켰다는 점이다. 따라서 궁극적으로 누가 우리의 창조자인가, 초월적 존재인가, 어디에서 인간이 오는가, 그리고 사후에 어디로 가는가에 관한 우리들의 사고와 철학에서 주요 의식 변화가 일어난다. 이처럼 실험실에서 행해지는 두뇌세포의 절개와 측정으로는 더 이상 신경과학자들에게 정서(즉, 사랑, 근심, 열정), 무드(즉, 슬픔, 흥분), 지력 혹은 행동(즉, 게으름, 분노)과 관련된 인간 두뇌의 기능에 대한 해답을 제공할 수 없다. 또한 인간이 단지 신체적 혹은 생물학적 존재라는 관점에 동의할 수 없다. 사건의 지평에서 의식 변화는 자기-치유 목적으로 신체, 정신 그리고 영을 발전시킬 우리의 능력은 무한하다는 점이다. 이 통합적 연결은 마치 중력과 같다. 중력은 우리들을 지구라는 테두리 안에 묶어 두는 눈에 보이지 않는 형태의 에너지다. 하늘을 여행하다가 지면에 떨어지기 전까지는 중력을 거의 느낄 수 없다. 양자물리학자들이 "중력은 신비하다. 우주의 생명을 꿰뚫는 웅대한 힘이지만, 정의하기 어려우며, 영묘하다."고 말한다(Greene, 1999, p. 61). 따라서 우리에게 인간존재의 실존적 영적 측면들에 대한 고려와 더불어 정신-신체 연구에서 통합적 접근방법들이 요구될 것이다.

이것은 바로 우주에 대한 간략한 논의이며, 양자물리학은 의식, 초성격과 두뇌 연구에서 새로운 패러다임을 가리키는 하나의 은유다. 20세기 후반에 역사적으로 서구 심리학은 정상적인 수면과 보행 상태와 같은 약간의 의식 상태들만 인식하였기 때문에, 이런 논의가 오늘날 요구된다(Walsh & Vaughn, 1993). 의식의 대부분은 병리학적으로 고려되었고, 그런 조건들은 중독, 정신병적 혹은 살인적인 상태와 관련지어졌다. 오늘날 많은 치료사들은 내담자들에 대해 어떤 특수한 형태의 감정이입적 인식과 직관력을 경험한다(Sollod, 2005). 비록 보수적인 정신치료 접근 방식 또한 내담자의 사고와 정서의 이해에 초점을 두고 감정이입적으로 반응하는 중요성을 강조하지만, 감정이입적 직관력은 보다 깊은 의식 수준에서 작용하고 따라서 정신-신체 연구자들 사이에 관심을 촉발시켰다. 우리는 인간 정서들이 의도적이고 직관적인 신체, 정신 그리고 영적인 활동을 통해 어떻게 교류되는지를 이해하는 지평에 놓였을 수 있다. 보다 깊은 수준의 개인 정서들을 이해하는 것에는 많은 긍정적 측면들이 있다. 그러나 보다 깊은 수준에서 치료사가 열정과 감정이입을 경험하고 교류시킬 때 감정이입 피로 반응을 초래하는 전문가 비용이 따를 수 있다.

결론

초성격 심리학과 다른 형이상학적 사건들의 과학적 패러다임과 발현은 독립적으로 존재하는 분야의 주제로 삼지 않아야 한다. 오히려 과학적 패러다임(즉, 신경과학)을 초성격 심리학과 신비주의에 혼합시키는 것은 과거 20년 동안 심리학, 신학, 철학 그리고 다른 전문 분야 내에서 발전하는 연구 분야로 확대되었다. 우리가 어떤 유서 깊은 치료 전통들(즉, 주술적 드럼 연주, 토속 영창, 춤, 명상, 요가)을 연구한다면 인간의식의 일상적인 상태와 비일상적인 상태 모두를 이해하는 데 있어 완전한 탐색에 이를 수 있을 것이다. 주술자들, 치유자들 그리고 토착 의료자들에 의해 촉진된 토착 실천사례들은 보다 높은 직관 수준의 성취 모델을 제공할 수 있으며, 전문상담사들의 의식적 감정이입 상태들의 달성에 필요한 모델을 제공할 수 있다. 토착 치료 방식들과 함께 이루어지는 전통적 상담과 심리치료의 조합은 열정과 감정이입을 보다 깊은 수준에 이르게 하는 두뇌의 심층 능력에 대한 이해를 풍부하게 만들 수 있다.

제2부

감정이입 피로 치유의 통합적 접근

도입

상담과 심리학은 사람들이 개인적으로 충만하고 사회적으로 의미 있으며 정서적으로 건강한 생활을 영위할 수 있도록 조력하는 데 있어 인간중심 접근 방식들을 촉진시키는 풍부한 역사를 지닌 도전적 분야다. 전문상담사들이 제공하는 서비스들과 상담받는 사람들과 집단 유형에는 눈에 띄는 변화가 있다. 오늘날 여러 문화집단들과 일상의 문제들로부터 극도로 스트레스를 수반하는 외상성 사건들에 이르기까지 문제를 호소하는 사람들에 대해 상담을 제공할 수 있는 유자격 정신보건 전문가들은 엄청나게 많이 필요하다. 그 결과 전문상담사는 불안, 우울, 적응장애, 물질남용과 여러 가지 제조 물질들을 포함하는 광범위한 조건들을 치유하고 진단해야 한다.

학교 폭력, 직장 폭력 그리고 지구상의 복합적 자연재해들을 포함하는 상황들에 대한 주요 사건의 중재서비스를 제공할 수 있는 전문상담사에 대한 많은 수요가 존재한다. 위기 반응은 난해하게 되는데, 특히 독립적으로 일하지만 지역, 주 혹은 지방 수준의 위기 상담과 재난 시 정신건강팀에 소속되지 않고 그들의 자원과 지지체계를 사용할 수 있는 민간 영역의 상담사들에게 그러하다. 전문상담사들이 임상 슈퍼바이저들, 전문 개발이나 혹은 연수교육/훈련들, 그리고 전문상담협회들과 같은 여러 자원들로부터 개인적 및 전문적 지지를 받는 것이 필수적이다. 정서적, 정신적, 신체적, 영적 그리고 직업적 소모와 관련한 상담을 제공하는, 상처받은 원조 전문가를 보조하는 일은 개인적, 관계적, 가족, 가정, 진로 그리고 복지 활동을 포함시킬 수 있는 여러 책무들의 균형 유지에 필수적이다.

전통적 심리치료, 행복상담, 인지행동치료 그리고 스트레스 완화기술들은 소진이나 감정이입 피로를 지닌 사람들을 위한 자기-보호 접근 방식들이었다. 몇몇 새로운 사상들은 손상받은 전문가의 정신, 신체 그리고 영의 치유에 있어 통합 방식을 지지한다. 서구와 아시아 문화에서 사용된 비전통적 방식들은 개인 성장과 전문상담사들의 발달기회를 위해 잘 활용되지 못했다. 토착 문화적 실천에서 발전된 선별적 지혜는 우리 자신의 보호를 강화시키도록 무언가 가르치고 있다.

이 책의 제2부는 원조전문가들에게 다음과 같이 제안한다. ① 개인적/문화적 신념체계 속으로 통합시킬 수 있는 잠재력을 지닌, 상이한 서구와 아시아의 토착적 자기-보호 민속 치유체계에 관한 정보, ② 개인 행복과 탄력적 방식들을 육성하기 위한 다양한 문화적 지침들과 권고들, 그리고 ③ 임상 슈퍼바이저들, 상담교육자들 그리고 전문상담협회들이 이용할 수 있는 임상실천과 원칙들이다.

전문상담사들은 여러 현장에서 보다 만성적이고 지속적인 사례들을 상담하고 있기 때문에 자기-보호 실천의 필요는 증가된다. 일반 정신건강 상담에서 고도로 전문화된 상담 분야의 변화 역시 도래하고 있다. 예를 들면, 약물남용 상담, 부부/가족치료, 학교상담, 재활상담, 놀이/미술치료는 모두 전문 훈련, 자격과정 그리고 임상상담면허를 요구한다.

또한 상담사들은 사례보호, 제삼자 비용 지불 그리고 변화되는 사회문화적 및 정치적 환경과 관련된 문제들을 다룬다. 상이한 국가 자격증들과 주 정부 전문 자격위원회들의 인증과정은 내담자/소비자들 사이에 약간의 혼란을 초래하였다. 또한 주 정부 입법가들 사이에 여러 전문적 역할들, 정체성, 책무 그리고 상담 분야 내에서 요구되는 역량들에 관한 오해들이 존재한다. 이 때문에 어떤 전문가 집단들은 냉혹한 업종 보호태도를 취하였다. 흥미롭게도 갈등과 위기 해결에 필요한 훈련과 개발을 제공하는 몇몇 개인, 집단, 기관들은 먼저 스스로의 갈등과 위기를 다루어야 할 것으로 보인다. 몇몇 장면에서 이 해로운 에너지는 체계적인 상태로 나타나 전문가의 신체, 정신 그리고 영의 면역체계를 손상시킨다.

정신건강 보호체계 내에서도 변화하는 환경상의 다른 신호들이 나타난다. 우리는 전통적 심리치료 접근 방식들(즉, 대화치료)을 10~15회기까지 제공하거나 단기 문제해결 중심 그리고 동기부여적 면접치료 모형들(즉, 3~6회기)을 수행하였다. 근로자 보조 프로그램들은 이제 많은 기관들의 정신건강 치료와 약물남용 교정에서 주된 핵심을 이룬다. 또한 단기 평가, 동료집단들에 대한 지역사회 의뢰(즉, Alcoholics Anonymous: AA, Narcotics Anonymous: NA) 그리고 준전문가 집단들의 활용에 큰 강조점을 둔다. 나아가 민간 산업 영역과 주 정부 내에서 제공되는 예방적 행복 프로그램들에 대해서도 강조한다.

정신과 신체 건강보호체계 내에서 중요한 변화들을 살펴볼 때, 우리의 전반적 건강과 복지증진을 지향하는 새로운 사회-정서적 인식들이 나타난다. 많은 소비자들은 다이어트, 헬스, 영양관리 그리고 스트레스 관리와 같은 다양한 방식들을 사용하여 생활에 의미 있는 변화를 이끌어 내기를 원한다. 개인의 직업만족, 행복, 직업 관련 스트레스 그리고 전문가 소진 사이의 중요한 연결에 관해서는 논란이 있다.

행복의 목적들이 동료, 친구, 경영 조직 그리고 기관 전체를 통해 지지되고 강화될 때 보다 높은 성공률과 성취율을 보인다는 점을 여러 연구가 지지한다. 최근 20년간 나타난 행복추구 방식들은 부분적으로는 대규모 건강보험 산업의 연구로부터 기인하는데, 근로자 결근과 불만 그리고 빈약하거나 위험스러운 작업조건 때문에 매년 수십억 달러가 손실되거나 소모되었다. 따라서 작업의 질과 생산성 모두가 취약해지고 직업에 관련된 정신적 및 육체적 스트레스에 대한 보험금 청구는 증가되었다(즉, 약물남용과 기타 정신건강 장애, 만성 허리통증, 카펄터널 증후군 그리고 심혈관 장애들).

통계상 정신적/신체적으로 낮은 수준의 복지감을 느끼는 근로자들은 직업스트레스를 많이 받으며, 빈번히 산업재해를 일으키는 경향을 보여 준다. 만성 신체/정신건강 스트레스와 관련된 많은 보험금 청구에 장기간의 소송이 요구된다. 고용주와 근로자 사이에 형성되는 협오적 관계의 본질은 개인, 가족 성원들 그리고 기관 그 자체를 통해 경험되는 신체적, 정서적 그리고 심리적 스트레스와 치유를 복잡하게 만든다.

근무환경 내에서 여러 사람들의 행복을 증진시키려는 최선의 노력에도 불구하고 산업재해 보상과 사회보장 장애연금 신청건수는 크게 늘어났다. 근로자 이직과 직업적 소진을 크게 증가시키는 직업에는 구조요원들, 소방관들, 준의료 전문가들 그리고 경찰관들이 포함된다. 2001년 9월 11일에 발생한 뉴욕과 워싱턴 D.C.의 테러공격, 이라크와 아프가니스탄의 전쟁, 2005년 8월 허리케인 카트리나와 같은 수많은 자연재해, 그리고 2007년 가을 캘리포니아 남부의 산불들은 모두 고도 수준의 상담사 헌신을 요구한다. 한때 원조와 인간서비스 전문직에 종사하려고 생각했던 사람들은 분명히 다시 한 번 숙고해 보아야 할 것이다. 어떤 사람들은 원조전문가들에게는 무언가 계시록과 같은 것이 있다고 느낄 수 있다.

이런 전문직 내에서 재난을 당한 사람들의 정신건강 측면을 다루고 사회서비스, 직업재활 그리고 종합건강서비스를 제공하는 유자격 전문가들의 지속적 수요가 발생한다. 평가, 제삼자 비용지불에 필요한 진단서 발급, 치료의 제공 그리고 재활 및 정신건강 욕구를 지닌 많은 사람들에 대한 치료와 상담서비스를 수행하는 전문가들에게는 항상 그러하다. 원조전문직에 있어 성공적으로 상담하는 데 필요한 하나의 독특한 근로자 특성은 인도주의적 보호와 열정의 정신이다. 인간서비스 전달에는 역량 있고 윤리적으로 다듬어지는 일이 필수적이다. 심지어 원조전문가는 다른 인간에 대한 서비스에서 감정이입과 열정의 필수 역할을 충족시키는 계속적 헌신에 필요한 동기 부여와 자질의 소유가 더욱 중요하다.

상담과 심리학 분야는 지난 15년 동안 소진, 상담사 손상 그리고 전문 피로 증후군들을 연구해 왔고 사실상 이 조건들이 존재한다는 점을 확인하였다. 따라서 우리는 많은 정서적, 정신적, 육체적 그리고 영적 비용이 강렬한 열정과 감정이입 수준에서 다른 사람들에게 서비스들을 제공하는 데 소요된다는 사실을 상기할 필요가 있다. 예방, 안위 그리고 스트레스 관리 방식들을 촉진시키기 위한 최선의 노력에도 불구하고 더 많은 연구가 필요하다. 정신, 신체, 영을 통합시키는 접근 방식의 강조는 원조전문가들 사이에 자기-보호 전략들과 실천방법들을 증진시키기 위해 매우 중요하다. 다음 장을 통해 전문상담사들은 자기-보호 실천을 위한 지지와 자원들을 개념화시키고 발견하려는 여정을 시작하거나 지속시킬 수 있기를 바란다. 궁극적으로 원조전문가들은 보다 나은 평화, 열정 그리고 자신의 개인적 및 전문적 생애의 조화를 이루는 기회를 극대화시킬 수 있다.

제7장

감정이입 피로 치유의 통합적 방식들에 대한 주목

ㅣ다큐멘터리 영화 〈A Time of the Sixth Sun〉(Worldwide Production, 2007)에서 지구의 종족상 원로들, 지혜보존자들, 새로운 과학자들 그리고 영적 지도자들은 "우리 스스로가 지닌 정보보다 더 나은 것은 없다. 고대 종족들의 지혜, 종교문헌들, 신화, 예언, 새로운 과학, 영적 교훈들 그리고 신성한 지침들로부터 이 정보가 나오며, 결국에는 우리 모두가 각자 개별적인 진리라고 하는 것을 결정하고 그 범주 안에서 여정을 가져야 할 것이다."라고 지적하였다. 이 영화는 우리가 지구상의 중요 사건들이 겹치는 역사적으로 중요한 시기에 진입했다는 것을 가리킨다. 아마 그것은 개인적 및 문화적 변형의 영적 신호이거나 우리 생활의 모든 측면에 관련된 지구상의 의식 변화일 것이다. 지구의 영성, 종교적 신념들, 문화적 가치들, 지구 온난화, 정치이념 그리고 북미의 여러 문화적

및 인종적 집단의 이주, 지구 건강문제, 경제와 시장 붕괴, 그리고 외적 및 내적 환경 변화들과 함께 관련된 문화 변용이 일어난다고 할 때 우리는 아마 생애의 현 시점에 존재하는 기회들에 대해 주의를 기울이고 신경을 써야 할 것이다. 도교가 정반대의 통일성에 관해 가르치듯이(즉, 음양오행설; 위기는 기회를 가져온다), 서구와 아시아 방식들의 통합은 우리의 자기-보호 실천과 관련하여 많은 것을 가르칠 수 있다.

이 장은 감정이입 피로에서의 정신, 신체 그리고 영적 치유에 필요한 자기-보호 실천과 치유 전략들의 상이한 관리, 대처 그리고 예방의 여러 가지 전통적 및 비전통적 자기-보호 방식들에 대한 주의를 기울이도록 요한다. 뿐만 아니라, 이 장은 수많은 토착문화들 속에서 무당과 의료인들이 지난 수천 년 동안 정신, 신체 그리고 영의 치유에 사용한 손상된 영의 치유 전략들의 통합에 초점을 둔다. 이후의 제3편은 특히 토착 혹은 민속 의료 방식들을 통합하는 구체적 지침들과 권고들을 제시할 것이다.

감정이입과 같은 상담사 손상과 피로 증후군들의 가장 문제시되는 측면은 영적, 신체적, 정서적, 인지적 복지를 우리 스스로 전인적인 측면에서 단절하였고 따라서 정신, 신체 그리고 영에 부조화를 일으킨다는 것이다. 사실, 개인적 및 전문적 생활들의 균형을 잡으려고 노력할 때 우리의 개인적 영기(아우라)는 상이하게 보이고 느껴진다. 많은 원조전문가들은 자기 자신의 직업적, 소속조직 그리고 개인적 스트레스를 관리하고 대처하는 데 전통적이거나 관습적인 방식들에 크게 의존한다. 이것은 대다수의 상담훈련 프로그램들이 관습적인 심리치료, 인도주의적 인지행동치료 방식들을 정신건강 상태들의 진단과 치료에 필요한 전문상담사들을 훈련시키기 위해 사용하기 때문이다.

칼 융은 상담사 피로 증후군에 대한 이해를 지녔던 것으로 보인다. 그는 내담자들과 심리치료 회기과정에서 수많은 시간을 보낸 이후에 치료사들의 정신, 신체 그리고 영의 재균형을 확립하는 일이 매우 중요한 욕구라는 사실을 관찰하였다. 그는 사람들이 단지 생물학적, 본능적 혹은 행동상의 존재가 아니라 영적 존재들이라는 신념을 통해 고무되었다. 그는 영혼의 발현과 정신, 신체 그리고 영이 개인 삶의 목적을 증진시키기 위해 자신에 대한 보다 큰 인식에 이르도록 변환시키는 과정을 탐구하였다. 융은 분명히 분석적, 비판적, 합리적 그리고 선형적 인간 사유에 정통하였다. 나중에 그의 연구는 은유, 상징 그리고 무의식과 의식의 정신세계 사이를 관통하는 영역으로 발전되었다. 융의 세계관 속에서는 정신적 균형을 새로이 하는 것이 개인의 정신, 신체 그리고 영을 치유하는 데 매우 중요한 일로 보인다. 비록 융은 개인의 선별적 의식 경험에서 획기적 발견을 이루었고 깊은 개인적 통찰과 인식의 발전에 진보를 이루었지만, 영혼-탐구와 자기-발견에 대한 개인적 추구와 갈증은 심리치료 기술들의 발전에 앞서 수천 년 동안 나타났다.

지역치유자들, 신비주의자들 그리고 무당들은 수천 년 동안 연구와 자기-발견에 관해 이야기하였다. 그들은 영상, 배회, 드럼 두드리기, 정화움막(sweat lodge) 의식들, 그리고 수백 개의 다른 의식들을 통한 정신, 신체 그리고 영에 대한 초월적 접근 방식들을 촉진시켰다. 핵심적인 치료적 가치는 치유가 사회집단 내에서 일대일로 이루어진다는 점이다. 이런 실천의 촉진은 종족 내에 있는 모두의 책임이다. 각 사람은 다른 구성원들의 정신, 신체 그리고 영의 조화와 개인적 전체성에 기여했다. 서구 상담과 심리학에서 이런 경험들은 초개인적 혹은 형이상학적 존재들과 관련하여 논의되며, 개별 혹은 집단치료 회기들을 통해 촉진된다. 그러나 토착문화에서는 이런 치유실천들을 상이하게 간주한다. 정신, 신체 그리고 영의 치유는 또한 치유 의식과 형식들의 외부에서 일어난다. 이 경험은 생활의 모든 측면들, 조화로운 관계, 순간순간, 신성한 영을 통해 나타났다. 이와 대조적으로 서구 심리치료는 이와 같은 경험을 1시간의 내담자-상담사 혹은 집단 치료회기를 통해 성취하려고 노력한다. 비록 많은 치료 분야들이 건강과 복지추구 활동을 촉진시키려고 노력하지만 30일 간의 재활치료 후에 혹은 하루의 말미에 내담자/소비자들은 집으로 돌아간다.

서구 상담, 심리학, 신학 그리고 철학의 독특한 지혜가 토착 치유방식들을 선호함에 따라 포기되는 일은 없어야 한다. 이것은 오히려 이전 세상의 문화에 대한 주관적인 형이상학적 경험과 영적 경험, 서구 심리학과 민속 의료 방식들 사이의 간격을 좁히는 데 도움이 될 수 있다. 신구의 치유기술 모두로부터 누적된 통찰력은 이전 세대의 치유 지혜를 다시 연결하는 데 대해 개방적인 전문가들에게 보다 풍부한 안목을 제공할 것이다. 비록 어떤 자기-보호 실천 방식들은 수백 년 심지어 수천 년 동안 분리되어 이루어졌지만, 자기-치유를 위한 그 기반과 철학들을 각기 독립적인 것으로 간주해서는 안 된다. 모든 문화는 자기-보호와 자기-치유 실천에 기여할 수 있는 무언가를 담고 있다. 전인적이고 통합적 관점에서 치료의 핵심은 전문상담사들이 정신, 신체 그리고 영의 내적 지혜와 자기-

치유의 잠재력을 이해함으로써 획득할 수 있는 것이 많다는 점이다. 전문가들은 전통적 상담과 심리치료적 방식들을 신비주의와 치유자들 그리고 민속의료인들이 촉진시킨 오랜 치유 전통들과 어떻게 통합시킬 것인가를 배워야 한다.

차크라(chakra)를 통해 직관적으로 보았거나 신체적 정화를 경험한, 혹은 비범한 신의 존재를 느꼈던 현재와 과거의 치유자들은 세상의 다른 사람들과 스스로를 위한 압도적 평화감과 열정을 지닌 절대적 고요 속에 앉아 있을 수 있다. 이것이 '나의 내담자/소비자들의 삶 속에서 같은 날 일어난 영원한 사랑과 외상성 경험들, 삶과 죽음, 고통, 그리고 쾌락과 함께 어떻게 존재할 수 있는가?' 와 같은 난해한 질문들에 대해 상처받은 치유자가 해답을 추구하기 때문에 몇몇 전문가들에게는 하나의 모순처럼 보일 것이다. 이런 생각은 혼란스러운 직업적 소진과 스트레스 관리에 관한 또 다른 워크숍 이상의 다른 것으로부터 하나의 해답을 구하고 싶다는 표현이다. 우리의 신체-정신 건강과 영적 치유를 위해 신성한 토대를 요구하는 것이다. 20세기 위대한 영적 지도자들(즉, 빌리 그레이엄 목사, 마틴 루터 킹, 달라이 라마, 테레사 수녀)은 이런 실존적/영적 의문들을 위해 기도하고 명상하였으며 시름하였다. 이들은 부처, 예수 그리스도, 하나님, 위대한 영, 알라신 혹은 다른 위대한 권능을 통한 치유력에 관심을 기울임으로써 보다 심층의 이해를 지득하였다. 따라서 정신, 신체 그리고 영의 치유에서 여정을 지속하거나 시작을 하는 일에는 헌신과 용기를 필요로 한다.

전문상담사들이 자기 내담자/소비자들로 하여금 직업과 교육의 경로와 기회를 탐색하고 가족과 개인적 관계를 치유하며, 비탄적인 상실과 약물중독을 극복하거나 자신들의 고통과 괴로움의 의미를 발견하도록 도울 때 내담자들의 경험에 상응하는 경로를 따를 수 있도록 헌신과 용기를 지녀야 한다. 그러나 이런 경로탐구자들에게는 비용이 수반된다. 내담자들이 지니는 생활상의 불확실성과 복잡성 때문에 매일매일의 상담 상호작용은 상담사에게 급성 스트레스, 불안 그리고 우울과 유사한 경험을 촉발시킬 수 있다. 손상된 영이나 감정이입 피로 경험은 감정이입적이고 열정 있는 방식으로 상담 상호작용들을 촉진시키려는 전문가들에게 초래되기 쉬운 결과다.

역사적 관점에서는 치유자가 치유를 받는 사람과 같은 정도의 동일한 혹은 유사한 고통과 괴로움을 경험하는 것으로 알려져 있다. 무당과 기타 위대한 치유자들은 항상 육체적 세계와 영적 세계들 사이에 치유과정을 중재할 수 있었다. 그 목적은 치유의 제공자와 수용자 사이에 통합성을 창조하는 것이다. 치유자는 이런 치유장면들을 고통과 괴로움으로부터 완화 목적으로 영의 치유자들을 초청함으로써 촉진시킨다. 보다 문화지향적인 철학과 원조전문가들의 신체, 영 그리고 정신을 치유하는 신념체계들을 포함시키려는 노력들의 변화에 의해 사회는 충분히 호전될 수 있을 것이다.

보충적, 대안적, 통합적 접근 방식들

몇몇 전문상담과 심리학 기구들과 여러 심리지향적 비영리 조직, 그리고 연구소들이 보충적 대안 의학(complementary and alternative medicine: CAM) 혹은 상담사 피로 경험이나 손상을 겪게 되는 상담사들과 내담자들을 위한 통합 의학(integral medicine: IM)의 실천과 그 임상교육 및 훈련을 발전시키기 원한다는 점은 신체-영-정신 연구에서 하나의 획기적인 발전 지표다. 보건연구자들은 약 70%의 미국인들이 CAM 방식을 이용하였고, 만성 질병과 장애의 치유와 이 사람들의 전반적 복지 증진을 위해 매년 600억 달러 이상 소비하였다는 점을 지적한다. CAM와 IM이라는 용어는 적어도 지난 30년간 사용된 600개 이상의 치유 방식들을 나타내는 광의의 용어다. 대부분의 CAM과 IM 방식들은 고대 토착문화들 속에서 유래된 선별적 지혜로부터 발전되었다. 단전호흡, 명상, 비주얼리제이션, 동종요법(homeopathy) 그리고 신체 에너지 활동과 같은 건강과 치유 방식들은 수천 년 동안 시행되었다. 오늘날 수많은 연구자들, 기구들과 제품들은 이런 방식들에 대해 정신적, 신체적 질환을 치료하기 위한 '신세대' 발견들과 같이 부정확한 명칭을 붙였다. 아이러니컬하게도 상담과 심리전문직의 진입을 고려하는 많은 젊은이들은 대부분 CAM 방식들이 서구의 인본주의적, 심리 분석적 그리고 초개인적 심리운동 내에서 발전하였다고 믿는다.

단전호흡, 명상, 비주얼리제이션 혹은 기도와 같은 치유 방식들을 발전시킨 어떤 특수한 문화 집단 혹은 영적, 종교적 실천에 관심을 기울이기란 매우 어렵다. 이런 치유기술은 역사적으로 상이한 문화집단들 내에서 동시에 발생하였을 것이다. 영적 정체성과 극한의 영적 경험들은 어떠한 하나의 독특한 문화에 존재하는 특별한 속성이 아니다. 치유기술들은 모든 세계문화 속에서 실천되었으며, 보다 연로한 사람들로부터 젊은 종족 구성원들에게 전래되었고, 기록도 남아 있는 경우가 있다. 과학적으로 말하자면, CAM이나 IM의 긍정적 이익들은 완전히 타당화되었거나 인식되지 않았었다. 민속의료는 형이상학적 치유와 혹은 '플라시보 효과(placebo effect)'와 관련한 주관적 결과들의 영역으로 귀속되었다. 이런 비판에도 불구하고 많은 CAM과 IM 방식들의 한 요소는 공통적으로 안전하고 자연적이며, 약간의 부작용이 있더라도 그 개인을 전인적으로 정신, 신체 그리고 영적 관점에서 치유한다는 사실이다. 사람들이 CAM이나 IM방식들을 활용할 때 대다수는 스스로 자기-보호 건강과 치유실천들로 인해 역량강화된다.

자신의 정신적, 신체적 그리고 영적 복지를 증진시키기 원하는 사람들과 '안달하는 사람들' 은 특히 CAM과 IM 방식들에 매력을 느낀다. 불행스럽게도 몇몇 사람들에게 이런 일은 건강 속으로의 충동성 도피일 수 있으며, 자신의 불안, 우울 그리고 스트레스 관련 문제들에 대한 신속한 수선이나 해법을 찾기 위한 순환의 반복에 지나지 않는다. 많은 상담사들에게는 CAM과 IM 방식들이 매력적이며, 언어적 치료에서 도움받지 못하는 내담자들을 원조하기 위한 새로운 방식들이 된다. 그러나 한 번의 워크숍이나 한 권의 책이 특별한 대안적 방식의 효과적이고 윤리적인 실천을 보증할 수는 없다. 따라서 전통적 심리치료 방식들로부터 CAM과 IM으로의 전환은 몇몇 원조전문가들에게 오히려 혼돈을 줄 수 있다. 이것은 일차적으로 단전호흡, 초자연적 명상, 샤머니즘식 드럼, 여정 혹은 미로를 걷는 명상, 그리고 수백 가지의 다른 기술들처럼 실천상에서 상담사들을 훈련하고 슈퍼비전할 수 있는 상담교육 프로그램들이나 전문 워크숍들을 발견하기가 어렵기 때문이다.

오늘날 CAM 양식들은 의대, 상담훈련 그리고 심리학 프로그램들에서는 드물게 나타난다. 대부분의 교육 프로그램은 전통적 혹은 보수적 서구 상담 및 심리치료 모형들에 관한 전문 훈련을 제공한다. 그럼에도 불구하고 미국의 국립보건원(National Institutes of Health: NIH) 내에 국립 보충적 대안 의학센터(National Center for Complementary and Alternative Medicine: NCCAM)를 설립함으로써 상담과 심리학의 지평이 넓어진 것으로 보인다. NCCAM은 NIH가 설정한 엄격한 과학적 원칙들을 준수하는 사실에도 불구하고 신체에너지 대사, 박하치료, 복합 정신 · 신체와 같은 CAM 방식들과 영적 초점을 둔 다른 치료들에 관한 좋은 연구들이 지속적으로 수행되고 지지되도록 만든다. 분위기는 무르익어 고대 문화들이 이룩한 건강과 치유실천상의 진보와 공헌들을 존중함으로써 신체, 정신 그리고 영을 재연결할 수 있는 방식들을 배울 수 있는 것이다.

정신적, 신체적, 영적 측면들을 통합하려는 상담 노력에 대한 비의도적 저항

상담과 심리치료의 전통적 서구 모형들은 상담교육과 훈련 프로그램들의 핵심 교과과정 내에서 계속 우월성을 유지하였다. 정부가 지원하는 연구와 CAM/IM 치료들을 가능하게 하는 연구비 지원기관들로부터의 고무적인 신호에도 불구하고 인증된 상담교육과 심리학 프로그램들이 문화적 기반의 영적 실천과 핵심 교과과정 내의 여러 신체/정신 치료 방식들을 도입하고 교육인증기구를 통해 CAM와 IM 전공 영역을 개발하는 데는 저항이 존재한다. 이것은 면허와 자격 시험들이 서구 이론들과 상담 및 심리학 실천에 기초한 내용 영역들에 크게 의존한다는 데서 분명히 찾아볼 수 있다. 인간 성장과 발달, 심리검사 그리고 진로발달이론들과 같은 다른 핵심 내용 영역들은 다문화주의의 측면에서는 현저한 결함을 보인다. 다문화주의적 상담문헌은 하나의 단일 문화적 과학으로써 서구 심리학과 상담을 공격하였다. 보수적 서구 상담과 심리치료 방식들로 굳어진 사람들에게 이 분야는 하나의 신비스런 계시록상의 주변부에 놓여 있는 것처럼 느껴졌을 것이고 전문 정체성들이 손상되었다고 느낄 것이다. 이처럼 다문화 중심 상담과 심리치료 모형들의 완전한 의제를 향해 나아가고 싶어 하는 사람들에게는 틀림없이 위협적인 도전에 직면한 것처럼 느껴질 것이다.

서구의 정신분석, 행동주의, 인지행동주의, 인간중심, 해결중심 그리고 건강과 치유의 필수 전략과 방법들을 제공한 다른 치료 영역의 기여측면을 무시할 수 없다. 상담과 심리학의 기초 쌓기는 의도적 면접기술들(즉, 주의집중, 경청 그리고 적절한 시선 유지), 내담자 평가(즉, 심리측정검사 시행), 그리고 내담자/소비자들을 위한 개별화된 치료계획들을 통한 내담자 라포 설정에 필요한 기본 기술들을 계속 제공한다. 그러나 다른 사람들과 관계 형성을 위한 몇몇 보편적 방식들이 있지만, 문화적으로 상이한 사람들과 치료 혹은 상담관계를 구축하는 데는 여전히 장벽이 있다.

그 문제는 부분적으로 구체적 상담이론과 기술들을 지지하거나 승인하는 유사예술적(state-of-the-art) 경험중심 연구로 지각되고 싶어 하는 편견에서부터 기인될 수 있다. 따라서 몇몇 실천가들과 기관들은 제도화된 치료형태의 프로그램들, 접근 방식들, 상담이론들과 전략들이나 정신건강과 약물남용 치료, 진로상담, 혹은 직업서비스, 그리고 다른 많은 상담서비스 형태들을 요하는 어떤 연구집단들을 위한 주 정부 방식들에 고착되어 있다. 만약 치료사들이 AA/NA와 같은 치료집단들과 유럽의 다른 치료 방식들을 촉진시키고 인지행동치료들을 촉진시키도록 훈련을 받았다면, 비전통적인 상담과 심리학 모형들을 전이시키기 어렵다. 현실적으로 그 경계선들은 상담사의 직업현장, 기구의 정책, 인증기준, 문화적으로 민감한 치료접근 방식들, 종종 규례에 따르게 되는 서비스 전달체계나 혹은 보호의 전반적 연속성을 제공하기 위한 역량에 기초하여 기술되는 것으로 보인다. 결과적으로 많은 전문가들은 자신의 내담자/소비자들과 더불어 성취하고자 하는 것의 의미와 목적이 결핍된 점을 발견한다. 몇몇 사람들에게 이것은 직업적 소진과 감정이입 피로의 촉발요인이 되었다.

우리가 인증기관들, 제삼자 비용지불 그리고 면허와 자격증에 대한 부담을 지니는 성과지향 전문직이 되었다는 것은 불행한 일이다. 이런 사회정치적인 영향은 우리가 보다 토착적인 건강과 치유 방식들을 원하는 문화적으로 상이한 내담자/소비자들과 치유적 파트너십을 구축하려고 노력할 때 효과적이지 않을 것이다. 많은 상담사 윤리강령들은 전문상담사들이 문화적인 역량을 갖추고, 그들 내담자가 지지와 자원을 확보하도록 역량강화시키고, 내담자 자치성을 촉진시키도록 규정하고 있는 사실에도 불구하고, 서구의 상담과 심리학 이론들에 기초한 서술적 치료 방식들은 치료 목적과 중재에 필요한 기초를 제공하는 것으로 여겨진다. 구시대와 신시대 치료 방식들을 비교하고 대조해 보면 몇몇 토착민속 실천 방식들은 과학적 패러다임의 엄밀성을 충족시키지 못하기 때문에 비윤리적일 것이다. 사실 현대 상담과 심리학이 상이한 치유실천 패러다임을 지지한다고 할 때 우리는 또한 상담과 심리학에서 영적 부분을 어떻게 통합시킬 것인가, 혹은 의식과 치유 관례들을 거행할 수 있는 문화적 치유자들을 어떻게 파트너로 삼을 것인가에 관해 다른 사람들을 교육하고 훈련하지 않아야 할 것인가? 다음과 같은 경우에 내담자/소비자의 신념체계에 대한 일반적인 주의가 부족한 것처럼 보인다. ① 상담관계의 구조화, ② 좋은 상담관계에 필요한 문화적으로 적절한 기대의 개발, ③ 상담회기에서 소비된 시간의 빈도와 양에 관한 문화적 전제들의 이해, ④ 공간적 거리와 기타 비언어적 의사소통에 대한 인식, ⑤ 그 개인의 영적/종교적 신념들, ⑥ 치료상 가족 성원들의 관여와 제공될 서비스에 대한 기대, 그리고 ⑦ 내담자의 토착 신념체계의 많은 다른 문화적 측면들이다.

대부분의 치료사들이 자신의 상담과 심리치료 방식들이 절충형이라고 이야기함에도 불구하고, 자신의 학문적 훈련과 임상 슈퍼비전을 통해 습득할 때 거의 대다수가 유럽-절충식 상담 전략들과 기술들을 촉진시킨다. 사람들은 현실적으로 토착 치유 근원들의 가치를 존중하는 창조적인 방식들을 시도하거나 또는 지지하는 일에는 망설이는 것처럼 보인다. 샤머니즘식 드럼, 정화움막(sweat lodge) 의식들, 레이키, 명심성(mindfulness) 명상, 혹은 미로 걷기를 이용한 산책 명상과 같은 치료를 촉진시키는 문화적 역량을 지닌 비전통적 다른 치유자들을 파트너로 삼는 실천가들은 '절충식' 주류 상담실천의 개념에서 벗어나 있기 때문에 몇몇 상담사들과 상담교육자들로부터 낙인시되는 것처럼 보인다. 따라서 상담교재들 속에서 나타나는 '절충형' 이라는 용어는 서구의 상담과 심리학 모형들로 사용되는 하나의 독특한 방식을 서술할 때 효과가 있는 것 같다.

현실적으로 서구의 상담이론과 기술들로 훈련받은 대다수 상담사들은 토착적 민속 치유사들과 파트너 관계를 이루고 정신, 신체 그리고 영을 다루는 지식과 기술들을 습득할 기회를 가지지 못했다. 이런 시간-존중 전통들을 다소 실천하는 사람들은 종종 그들 동료들로부터 전문직의 보조역할로 간주될 수 있다. 따라서 우리 자신이 토착민속 방식들을 사용하는 것이나 내담자를 상담하는 전문성에 관심을 가지지 않는다면, 지역사회와 지역의 자원들에 관한 지식을 확장시키고 우리 스스로와 상담을 하는 내담자들에 대해 적절한 의뢰를 할 필요가 있는 것이다. 만약 민속 치유실천 방식들을 자기-보호 프로그램 속에 통합시키는 일에 불편해 한다면 우리는 신체, 정신 그리고 영의 조화를 이루려는 목적의 풍부한 치유자원으로부터 이익을 얻을 기회를 갖지 못하게 된다.

정신, 신체 그리고 영적 복지의 모순

최근 치료적 생활 스타일, 질병 예방 그리고 의료 뉴스미디어 내의 건강한 노년 활동들에 대한 강조는 우리의 정신적, 신체적 복지를 상당한 정도로 통제할 수 있다는 점을 가리킨다. 예를 들면, 약초보충제들, 식물원 치료 그리고 정신적/신체적 건강을 최적화시키기 위한 행동주의 건강 전략들을 촉진시키는 수천 개의 소비자 인터넷 웹 사이트들이 있다. 승인된 몇몇 인기 처방들로는 다이어트, 헬스, 음식섭취의 감시, 체중조절, 명상, 비주얼리제이션 그리고 스트레스 관리 등이 있다. 이것은 심각한 만성 질병/질환 혹은 장애를 지닌 많은 사람들을 매우 혼돈스럽게 만들 수 있다. 우리 스스로의 좋은 건강을 유지할 책임과 빈약한 영양섭취 습관, 비활동 그리고 많은 다른 부정적 생활 스타일 요인들의 부정적 효과들을 감소시키거나, 예방하고 통제할 수 있다는 함축된 의미들을 이해해야 한다. 이것은 최적의 신체기능 수준은 유지하지 못하지만 자신의 정신적, 신체적 그리고 영적 복지를 증진시키는 데 대해 강한 욕망을 지닌 많은 사람들에게 모순적이다. 사실 신뢰로운 의학 연구들은 인간 DNA, 생물학적 성분, 환경 그리고 어떠한 정신적/신체적 조건들에 대한 전제 사이에 관계가 있다는 점을 확인시켜 준다. 따라서 우리가 얼마나 통제할 수 있으며, 우리 생명의 어떤 측면들을 사실상 통제할 수 있는가? 만약 인간의 생물학적 성분이 사전에 결정되고 우리의 현재 환경에서 벗어날 수 없다면 어떻게 우리 내담자/소비자들이 자신의 정신적, 정서적, 신체적, 영적 건강에 대해 책임질 수 있도록 역량강화시킬 수 있는 전략들을 가능한 한 촉진시킬 수 있는가? 이런 질문들은 원조전문가들의 상담 목적과 의미에 직접 관계된다. 이런 질문들은 또한 대안적 자기-보호 방식들을 시도하려는 우리의 행동과 동기화에 영향을 미친다.

내적인 통제소재감은 사실 신체, 정신, 영적 안녕을 유지하는 우리 능력들을 향상시킨다. 전통적 예방 방식들(즉, 금연과 금주, 다이어트와 헬스)은 육체를 의도적으로 변화시키는 것과 우리의 인지행동상의 건강을 변환시키도록 초점을 두는 경향이 있다. 우리에게 주어진 생활 속에서 중요한 선택을 할 수 있다는 점을 아는 것이 어떻게 우리 신체, 정신 그리고 영적 건강을 증진시키는가를 이해하는 데 필수적이다. 우리의 건강관리는 여러 가지 체계들과 시설들에 따라 가능해질 수 있다. 그것은 ① 정신과 전문의 면담, 가정을 방문하거나 혹은 약물들을 섭취하는 것과 같은 의료적 치료모형; ② 단전호흡, 이완, 명상, 혹은 비주얼리제이션을 실행하게 만드는 CAM이나 혹은 IM 방식들; ③ 종교와 영적 서비스모임에의 참가, 의식과 종교행사들과 같은 영적 활동; 다이어트, 헬스, 영양, 혹은 보건위험 요인들의 감소를 포함하는 생활스타일과 복지 방식들; 혹은 ④ 건강과 치유에 관한 토착성 문화적 신념들의 하나인 다른 정신건강-영적 치유자들과 파트너십을 가지고 통합하고 조정하는 형태다. 통합적 방식들은 자기-보호 실천의 원천을 제공할 수 있다.

치유자의 가면

훌륭한 치료사가 되는 것이 내담자의 상태를 향상시키는 것은 아니다. 달리 말하면, 많은 치료사들은 CAM 방식들과 같이 자신의 내담자들에게 상담한 것과 동일하게 실천하지 않는다. 치료사들은 동기 부여와 헌신에 똑같이 어려움을 겪는다. 그러나 우리가 상담하는 사람들에게는 우리의 정신, 신체, 영적 건강과 대인 상호관계들이 충분히 균형 잡혀 있다는 잘못된 인상을 제공한다. 우리는 정서적, 신체적 그리고 영적 복지의 전적인 통제 아래 생활한다는 것을 다른 사람들에게 언어적으로나 비언어적으로 강하게 의사소통한다. 그러나 이것은 치유자의 가면이다. 일종의 방어기제이고 대처기제인 셈이다. 이런 일이 발생할 때 우리는 감정이입 피로 연속선상의 맨 끝에 위치해 있다. 따라서 상담과 원조전문가들로서의 존재감에 우리 자신의 동기들을 점검할 시기가 이때인 것이다.

내담자들에게 우리의 복지 역시 도전받을 수 있다는 점을 의사소통하는 일이 중요하다. 이를 위해서는 우리 스스로가 진실해야 하지만 치료적 관계는 내담자들과 함께하는 일이다. 우리는 내담자들에 비해서는 상대적으로 건강하고 기능적이며 탄력성을 지녔겠지만, 우리 역시 내담자/소비자들에 대해 감정이입적으로 유용할 수도 있는 그늘진 면을 경험하도록 마음을 열 필요가 있다. 일상의 토대 위에 매우 강렬한 서비스 수준들 속에 다른 사람들을 원조할 수 있는 재능, 기술, 능력, 지식에 역량강화되는 것만으로 감정이입 피로 경험으로부터 우리의 마음, 신체 그리고 영을 보호할 수는 없다. 우리 내담자들의 고통과 괴로움에 우리가 절연되거나 우리 정서들이 인식되지 않을 때 그 결과로 내담자들에 대해 나타난 감정이입 수준과 질은 침해될 수 있다. 일상의 토대 아래 다른 사람들을 상담하는 본질을 고려할 때 치료사는 부정적 역전이, 소진, 열정 혹은 감정이입 피로와 같은 어느 정도의 전문가 손상이나 피로를 경험하기 쉽다.

사회문화적 및 인구학적 변화

전통적 혹은 보수적인 상담과 심리치료에서 큰 변화가 있었다. 이 변화는 상이한 언어, 종교와 영적 신념, 가족의식, 정치이념들 그리고 사람들에게 문화적으로 중요한 다른 많은 토착전통들을 내재한 미국의 인구 통계적 변화로부터 촉발된다. 이것은 미국 대부분의 지역에서 뚜렷이 나타난다. 문화적 변화의 결과, 많은 원조전문가들은 다양성과 다문화적 훈련, 워크숍들에 참가하고 스페인어와 같은 언어의 핵심 단어와 구절들을 학습하거나 초기면접, 평가 그리고 전반적 상담과정을 원조하는 통역사의 도움을 요청하도록 요구받는다. 이런 문화적 변화에 관련된 적응은 대도시에서 성장한 사람들에게는 강하지 않을 수 있다. 시카고 지역병원들에 대한 조사연구 결과 매일매일 25개의 상이한 문화적-인종적 집단과 사용 언어들을 만났다고 보고하였다(Bauza, 2007; Business Wire, 2004). 이 몇몇 집단들은 미국에 들어온 초기 유럽이주자들이 사는 지역에 잘 정착하였다.

미국 시골지역의 사람들은 이주해 들어온 다양한 문화집단들에 적응하는 일이 매우 어려웠을 것이다. 이것은 아마 시골지역에 사는 사람들이 문화적으로 상이한 사람들과의 접촉과 경험이 부족한 탓일 수 있다. 그러나 인구상의 변화는 스페인어로 된 가게상호들이 나타나는 작은 마을 지역에서 특히 드러난다. 문화적으로 풍부한 이런 경험의 결과, 많은 정신보건 전문가들은 서비스 제공에서 임상 범위와 역할에 따른 변화를 만나게 된다. 여기서 핵심은 문화적 변화는 원조전문가들 측면만이 아니라, 기구와 체계를 강조하는 경향을 띤다는 것이다. 정신적, 신체적 보건 관리 전문직에 종사하는 사람들은 이미 실천상으로 확대되었을 것이다. 그 결과 문화적 변화란 그들의 전문적 피로 경험을 증대시킬 수 있다.

원조전문가들에 대한 함축적 의미는 매우 크다. 전통적 정신보건과 치료체계는 이미 긴장 상태를 보인다. 즉, 다른 인종적/민족적 집단들과의 관계의 기본 조직에 균열이 있다. 미국에서는 소수집단의 사회문화적 배경을 지닌 사람들이 전통적으로 정신적, 신체적 보건서비스에 접근하는 데 제한점이 크다는 것이 널리 알려져 있다. 연구결과에 따르면 소수집단의 내담자들은 전형적으로 적절한 정신적, 신체적 보건서비스를 제공받을 수 없었고 지역카운티, 지방 혹은 주 정부 인적서비스에 관한 지원에 의존해야 했다. 따라서 그들은 미국의 민간 영역의 정신, 신체 보건서비스 체계에서 이익을 누릴 수 없었다. 보건서비스 접근상의 제약에 따른 재정적 이유들과 더불어 소수집단의 사람들은 문화적으로 상이한 내담자/소비자들과의 치료적 관계들을 형성하는 데 곤란을 가지는 전통적 상담과 심리치료이론으로 훈련된 많은 전문가들을 만나게 된다. 그 결과 소수집단의 사람들은 빈번히 조기에 서비스를 종결하거나 다른 사람들에 비해 짧은 치료기간에 만족해야 한다.

다문화상담 문헌에서는 문화적으로 상이한 사람들의 집단은 주로 민속의료 전통과 자신의 토속문화적 건강과 치유 방식에 의존해야 했다는 점이 잘 나타나 있다. 이런 문화적 가치들과 신념들은 그들 자신의 원래 국가로부터 도래하며, 그들 자신의 집단 내에서 실천된다. 토착 실천 방식들을 전통적 상담과 심리학 방식들 속에 통합시키는 일은 매우 어렵다. 이것은 일차적으로 전통적 민속치유 방식들을 전통적 상담교육 프로그램들, 임상 슈퍼비전 경험들, 혹은 서구 상담과 심리서비스들 속으로 통합시키는 데 대한 고려가 거의 없었기 때문이다. 최근에 토착 치유 방식들을 전통적 상담과 심리치료에 통합시키려는 시도들이 많다는 증거가 있다. 즉, 언어적 방식들로부터 다양한 문화적 배경들을 지닌 사람들이 이끄는 의식과 의례적 치유력을 촉진시키는 쪽으로 이동하고 있는 것이다. 지평을 여는 문화적으로 적절한 이런 방식들의 통합이 치료사의 온화감, 열정 그리고 감정이입이다. 불행히도, 오늘날의 치료는 치료적 관계와 상담관계에 관해 보다 적게 비중을 둘수록 내담자 스토리의 내용과 상담관계에 관한 정보교환만이 더 많이 이루어지고 단기의 해결중심 치료에 몰두하는 경향이 있다. 이 논점의 요지는 우리 내담자의 철학이나 치유와 보건체계에 관심을 보이지 못하거나 혹은 이해를 하지 못하는 데서 기인한 비용의 발생이다. 본질적으로, 몇몇 토착 치유 전략들을 우리 자신과 다른 사람들을 위한 자기-보호 실천 방식들 속으로 통합시키기 위한 기회를 상실할 수 있다.

원조전문직들의 문화적 논쟁의 유용성에도 불구하고 전문가들은 고대 지혜의 통합, 토착민속 의료 그리고 토착 치유 방식들을 현대의 자기-보호 실천 프로그램 속으로 통합시키는 일에 관해 많은 것을 배울 수 있다. 이런 통합의 한 예가 광범위한 심리학과 행동의학 운동에 영향을 미친 여러 형태의 불교와 힌두교의 가르침들과 실천을 통해 제공된다. 지난 30년 이상, 마음에 호소하는 서구 의료에 호의적인 집단들이 있다. 신체 에너지와 신체중심 방식들, 즉 요가, 레이키, 태극권은 또한 전통적 상담과 심리치료 속으로 통합되었다.

우리 모두는 자신의 문화적 정체성을 구축할 가능성을 지닌다. 인구학적으로 미국에서의 생활은 변화되고 문화를 지닌 우리 각자는 그 문화의 어느 부분을 취할 것인지에 관한 사고에 열려 있으며, 우리 스스로의 문화적 정체성들(즉, 피부색, 장애, 성별, 종교, 영적 신념들)에 구속되지 않고 상이한 다른 문화 요소들을 표집함으로써 우리 삶을 풍부하게 만드는 기회를 지닌다는 점을 인식하여 우리들의 지식, 인식 그리고 다양한 자기-보호 실천 기술들을 심화시킬 수 있다.

결론

이 장에서 감정이입과 같은 전문 피로 증후군들을 예방, 대처, 관리하기 위해 통합적 치유와 상이한 자기-보호 실천에 관하여 살펴보았다. 우리 각자는 스스로의 독특한 개인적 및 문화적 정체성을 지니고 있기 때문에 자기-보호에 관한 우리의 접근 방식은 의미 있는 여러 전통적 및 비전통적 전략들을 요구한다. 이 장은 또한 수천년 동안 무당과 의료인들의 정신, 신체 그리고 영을 치유하기 위해 많은 토착문화들 속에서 사용되었던 손상된 영혼의 치유 전략들의 통합에 초점을 두었다. 제3부는 이런 토착 혹은 민속 의료 방식들의 통합에 필요한 구체적 가이드라인과 권고사항들을 제시한다. 개인이 탐구하는 창조적 자기-보호 방식들이 매우 중요하다. 복합적 정신, 신체, 영의 문제들에 대한 해법들을 창출하는 데는 창조적 해법들과 문제해결 전략들을 필요로 한다.

제8장

자기-보호의 근원

—감정이입 피로의 치유에 대한 서구와 비서구 방식의 개관—

이 장에서는 여러 전통적 및 비전통적 상담 방식들로부터 발전된 자기-보호 실천의 개관이 제시된다. 탄력적 상담사들을 육성하기 위한 파종의 의도인 것이다. 자신의 정신, 신체 그리고 영을 보호하기 위하여 긍정적인 새로운 미래를 구축한 여러 가지 발달 수준상에 있는 치료사들의 많은 개인 스토리들이 있다. 뿐만 아니라, 이 절은 사고를 촉발하고 해법을 제시하며, 상담교육자들, 임상 슈퍼바이저들, 전문 상담협회들이 자기-보호와 지지 모형들을 개발하도록 원조하는 데 필요한 가이드라인을 제시하도록 설계되었다. 이런 전통적 비전통적 자기-보호 방식들은 제3부 감정이입 피로에서 개괄적으로 다루어진다.

자기-보호의 근원: 미국 인디언 문화의 사례

인디언 의료는 북미대륙에서 1만년 이상 동안 행해졌다. 700개가 넘는 종족으로 이루어진 북미 인디언들은 여러 가지 치유전통을 가지고 있다(Native Languages of the Americas, 2007). 이런 대다수의 종족과 문화들 속에서 관찰되는 한 가지 공통적인 특징이 있다. 일차적으로 치유는 하나의 매우 강렬한 활동으로서 실천된다. 인디언 의료인이나 의사가 되는 길은, 어떤 시기에 그 치유자가 손상받고 난 이후에 치유를 필요로 할 것이라는 점에 대한 이해와 관련된다(Tafoya & Kouris, 2003). 도착의 인디언 문화 속에서처럼 서구의 많은 전문상담사들 역시 어떠한 손상된 치유자 형태의 경험에 직면한다.

어떤 북미 인디언의 교훈은 누군가를 치유할 때마다 자신의 정신, 신체 그리고 영의 일부를 나누어 주게 된다고 이야기한다. 궁극적으로 그 치유자에게 치유가 요구된다. 역사적으로 북미 인디언 의학 속에 그 개인의 정신, 신체 그리고 영의 균형과 조화를 회복하기 위해 일어나야 할 중요한 개인적/사회적 전환이 존재한다(Mehl-Madrona, 1997). 따라서 신체적, 정서적, 정신적 그리고 영적 질병이나 불편은 북미 인디언 의료 내에서는 별개의 현상으로 고려되지 않는다. 치유는 1시간짜리 언어적 치료회기에서, 혹은 의료적 진단을 받기 위해 의사의 진료실을 방문함으로써, 또는 무생물적 약물로써 이루어지지 않는다. 오히려 인디언 의료는 치유의식의 거행을 이용한다.

역사적으로 현대의학이나 정신보건 임상가들이 존재하지 않았던 시기에는 환자가 되는 그 사람이 인디언 무당을 찾아갔다. 이 치유자는 그 환자와 더불어 영적 치유자들이나 강한 동물들로부터 원조를 얻기 위한 절차를 밟았다. 이 치유의식은 필요로 하는 치료형태에 따라 한 시간 혹은 일주일간 지속되었을 것이다. 치료받는 사람은 이런 의식에 적극적으로 참여해야 하고 자신의 정신, 신체 그리고 영의 치유에 필요한 모든 책임을 감수하는 일이 필요했다. 인디언 무당은 그 사람이 치유되거나 촉진시킬 수 있는 다른 치유 방식들이 없을 때까지 환자를 다루었을 것이다. 대부분의 전통에서 만약 그 사람이 치유되었다면 이때가 무당이 환자나 그 가족으로부터 선물을 받을 유일한 시기인 것이다. 환자/내담자 상태가 호전되었을 경우에만 의사 혹은 치료사가 금전적 보상을 받는 치유체계가 오늘날 현대 문화 속에 있다고 상상해 보라.

인디언 치료사들은 공통적인 방법들을 사용하여 자신과 다른 사람들을 치유하는 풍부한 전통을 가지고 있다. 토착주민들 사이에서는 영적 인식을 유발하고 환자에게 특별한 의도를 달성하기 위한 치유 목적으로 의식들이 사용되었다(Mehl-Madrona, 1997). 북미 인디언 문화 속에서 특히 정신, 신체, 영 그리고 주민들 사이에 조화가 이루어졌을 때 정신적, 신체적 안녕이 가능했다. 치유의식 거행자와 수용자 모두의 헌신과 인내 그리고 치료 제공자들을 통해 영의 변환이 이루어진다. 이것은 서구 문화의 정신적, 신체적 보건체계에서 다소 결핍된 부분일 수 있다.

열정 혹은 감정이입 피로는 수천 년 전에 이미 관찰되었다는 점을 주목할 만하다. Tafoya와 Kouris(2003)는 미국의 태평양 북서 지역에 있는 종족들의 신념에 기초한 치유철학을 기술하였다. 인디언 의사는 치유가 필요한 사람 주변에 원을 그린 다음 가족, 친구들 그리고 다른 치유사들이 앉도록 할 것이다. 그러고 나서 "곧 일어나 스스로 의자에 앉게 될 것이다."라고 말한다. 이것을 전후가 없는 원을 그리고 앉은 모든 사람들에게 상기시키도록 한다.

다양한 토착 인디언 종족들은 건강과 치유를 위한 의식들과 제례들을 거행하였고, 이는 수천 년 동안의 기본적인 실천 방식들이었다. 전통적 북미 인디언 문화들 속에는 개인의 정신, 신체 그리고 영을 돌보는 일이 자신과 종족 사회 그리고 지구상의 모든 사물들과 조화롭게 살아가는 데 있어 극히 중요한 것이다. 그것은 전인적으로 살아가고 자신과 다른 사람들 사이에 균형을 유지하고 주신(Great Spirit)과 관련을 짓는 주된 방식인 것이다. 사실, 단순히 질병이나 혹은 육체적 문제들이 없다는 것만으로는 건강하다고 간주되지 않는다. 사람들은 여전히 생애에서 다루어야 할 만성 질환이나 건강조건을 지닐 수 있다. 따라서 균형의 유지는 개인의 정신, 신체 그리고 영과 조화롭게 살아가는 일상에 통합된 부분이다. 슬프지만 역사를 통해 이름을 드러낸 여러 학자들과 같이 북미 인디언의 문화적 건강과 치유 방식들은 모두 사라졌고, 여러 지역에 분포된 유럽 백인 이주자들의 팽창, 인종적으로 편협된 철학, 보수적이고 편협한 종교적/영적 신념, 정치이념, 유럽 의료의 실천, 그리고 파괴적 의도를 내재한 잔학한 동기에 따른 다른 많은 요인들 때문에 거의 소멸되었다. 북미의 토착 인종집단들은 사실상 1500년대 후반 이래 불법 이민 그리고 테러리즘과 전쟁을 치르고 있는 셈이다.

북미 역사상의 이런 길고 험난한 시간에도 불구하고 오늘날 많은 토착 인종집단들은 건강과 치유를 위해 구체적인 문화실천 방식들을 보유하고 있다. 많은 종족들은 의료용 식물과 약초들의 사용, 정화움막과 파이프 제전과 같은 여러 종족의식과 관습들을 유지하고 정신, 신체 그리고 영을 일상의 실천 속에 통합시키는 다른 전인적 실천 방식들을 계속해서 유지하고 있다. 북미 인디언들과 그들이 속한 종족들에 동화되고 문화 변용되는 정도와는 관계없이 대부분 그들의 전통은 서구 의학이나 행동주의적 및 심리학적 건강실천 방식들의 사용을 권장하지 않는다.

하나의 독특한 연구가 유방암의 만연을 걱정하여 주기적 유방 X선 촬영을 하도록 선별된 미국 인디언 집단을 다루고 있다. 이 연구는 대다수 인디언 여성들이 자신의 토착문화적 치유방법들을 정기적 유방암 검사의 목적으로 서구 의료 모형에 통합시킨다는 사실을 발견했다(Canales, 2004). 이와 유사한 연구들이 여러 미국 인디언 종족들의 당뇨병에 관해 이루어졌다. 특히, 현대 의학을 서서히 수용한 야퀴종족은 자신의 토착식 건강과 치유 방식들을 서구 의료보건 모형에 통합시키는 방법들을 발견하였다(De Vera, 2003). 애리조나 토착민들에게 당뇨병의 병리학적 현상은 명확히 알려지지 않았지만 이 종족이 생존하기 위해서 당뇨를 예방하고 치유방법을 찾는 일은 매우 중요하다. 전체로서 미국 인디언들은 미국의 다른 인종집단들과 비교할 때 당뇨 발병률이 2～5배 정도로 높다. 몇몇 인디언들은 여러 만성 질병과 질환들은 백인들이 아메리카 대륙에 가져온 역병이라고 믿는다. 인디언 의사, 의료인 혹은 무당은 몇몇 종족들 사이에 우월한 건강과 치유철학을 문화적으로 존속시키기 위해 매우 바쁘게 움직인다. 미국심리학회(APA)는 이런 건강과 치유

철학들을 인식하였고 대부분 정신, 신체 그리고 영의 질병으로 간주되는 다양한 정신건강 진단목록들 속에 수록하였다. 북미 인디언들의 자기-보호 실천 방식들을 조사한 복합연구 자료(Canales, 2004; De vera, 2003; Linehan & Osman, 2002; McCormick, 1997; Mehl-Madrona, 1997; Mijares, 2003; Moodley & West, 2005; Weil, 2005)에서 나타난 민속지학적 자료 분석결과로부터 다음과 같은 여섯 가지 주제가 도출되었다.

① 기독교 신과 주신(Great Spirit) 모두에 대한 신앙이 일반적으로 표현되었고, 토착민들은 치유와 건강을 위한 기도를 통해 이를 실천하였다.

② 개인의 정신적, 신체적 건강유지 방식은 서구 의료를 다양한 토착문화적 실천 방식, 의식들 그리고 제전들과 통합시키는 것이다.

③ 생존을 위해 다른 사람의 지지는 필수적이고, 깊은 상호의존과 연결감은 가족, 확대가족, 종족 그리고 지역사회의 일부가 되는 것으로 인식된다.

④ 개인의 정신적, 신체적, 영적 건강과 안녕의 목적과 의미에 대한 이해는 여정을 필요로 하고 이 과제를 수용해야 한다.

⑤ 의식층과 무의식에는 몇 개의 수준이 있고 정신, 신체 그리고 영을 통한 자기 자신의 표현은 개인의 조화, 균형 그리고 전반적 복지의 이행에 필요한 잠재력을 내재한다.

⑥ 하루 중 상당한 시간을 직업과 여가와 레크리에이션 활동, 그리고 짧은 휴식기를 통한 개인의 전체 건강관리의 균형유지

활동들을 위해 사용해야 한다.

많은 이주민들은 의식이나 제전의 수행방법을 배우기 위해 토착 치유자들에게 의도적으로 접근하였다. 몇몇 종족 지도자들이 이주해 온 서구 치료사들에게 의식과 제전들의 요소를 수행하는 일은 실제 치유과정의 아주 작은 부분일 뿐이라는 점을 명확하게 이해하지 못한다고 지적하였다. 어떤 활동은 단지 전체의 아주 작은 부분일 뿐이라는 사실의 예로서, 우리는 나바호 인디언을 이야기할 수 있는데, 장신구들을 단 양탄자 직공들로 뽑힌 매우 젊은 사람들을 훈련시키는 것을 들 수 있다. 훈련과 교육의 약 1/3만이 아름다운 담요생산에 필요한 것들이다. 나머지 2/3의 교육은 이 젊은이들이 어떻게 양들을 돌보고, 하늘을 존경하고, 물과 화초들을 포옹하고 지구를 찬미하는지 보여 주면서 진행된다(Tafoya & Kouris, 2003). 나바호 문화에서는 지구와 모든 생물들에 대해 존경을 보이는 일이 필수적이다.

많은 서구인들은 지구와 모든 생물들에 대한 존경으로 시간을 소비하는 것이 그 문화 속에서 아름다운 담요를 짜는 일보다 더 중요하다는 점을 전적으로 이해하지 못한다. 그 일의 전체와 요소들은 사물들이 어떻게 전체적으로 조화를 이루는지에 관한 이해를 위해서 필수적이다. 오히려 조화와 균형을 통한 생명과정의 이해는 북미 인디언의 많은 문화들 속에서 개인의 직업에 핵심이 된다. 직업, 놀이, 영적 생활, 관계 그리고 개인 시간 사이의 균형을 잡으려는 접근 철학은 서구 세계에는 잘 일반화되지 않았다.

자기-보호의 뿌리: 서구 상담과 심리학으로부터의 사례

치료사의 복지 전략들을 촉진시키는 데 관한 연구는 외상받은 내담자들을 상담할 때 경험하게 되는 개인적 성장보다는 오히려 상담 중재 시 발생하는 부정적 비용들에 관해 일차적인 초점이 모아졌다(Linley & Joseph, 2007). 개인의 신체, 정신 그리고 영적 복지에 영양을 공급하며 자기-보호 실천을 증진시키는 일은 극도의 변환적 형태를 띨 수 있다. 이런 자기-보호 실천 방식의 선택은 원조전문가 변환경로를 취하고 그 전문 직업을 통해 개인적, 전문적 성장을 지속히도록 요구한다. 전문 성장과 개발의 최적화는 길고 느리고 불규칙한 과정을 요한다(Skovholt & Ronnestad, 1995). 나바호 인디언의 세계관에서와 마찬가지로 독특한 직업 내에서 일하기 위한 도구, 기술 그리고 자격들을 습득하는 일이 단지 명칭만 부여받았다는 의미에 그칠 수 있다. 서구 문화들 속에서 학위를 취득하고 전문상담 혹은 심리학 자격증을 취득하는 일은 커다란 개인적 및 직업적 성취가 될 것이다. 그러나 전문자격의 취득 그 자체가 한 개인의 진로에서 최종 성과가 되어서는 안 된다.

실제적으로 무당이나 영치유자의 시작과 순응 단계는 선택된 진로에 한 개인이 여정을 가지는 출발로 간주된다. 이 여정을 음미하기 위해서는 그 자체의 경로에 대한 초점 유지가 필요하다. 따라서 내담자/소비자들과의 치유적 파트너십이 그 여정이 된다. 그러나 이 여정을 지속하는 것은 다른 사람들과 가지는 강렬한 치료적 상담관계의 본질상 어느 정도 지치게 만드는 일이 될 수 있다. 따라서 우리가 선택한 평생 직업의 의미와 목적 상실은 전문 피로 증후군들이나 손상의 위기에 노출시킨다.

정신보건 전문가들의 자기-보호 실천을 옹호하는 서구 상담과 심리학 분야에 관한 연구는 증대되고 있다(Baker, 2003; Dlugos & Friedlander, 2001; Lawson & Venart, 2005; Miller, 1998; Newsome, Chambers Christoper, Dahlen, & Christoper, 2006; O' Halloran & Linton, 2000; Shapiro, Warren Brown, & Biegel, 2007; Skovholt et al., 2001). 이런 문헌에 대한 양적, 질적 분석 연구결과 전문 피로 증후군들에 대한 주요 자기-보호 치료 대안들은 종종 다음과 같은 여섯 가지 주제와 방식들에 관련된다.

① 상담사 스트레스와 불안 수준의 대처, 감소, 관리 그리고 예방
② 자기-관리 기술들을 증대시키도록 하는 상담사의 정신, 신체, 행동상의 건강 강화
③ 스트레스와 불안 촉발, 역전이 그리고 내담자/소비자들과의 과도한 동일시 탐구 목적의 자기-인식과 염려에 따른 상담사 능력 증진
④ 그 개인의 신체, 정신, 영적 건강의 균형 유지와 모니터링을 위한 목적의 복지와 라이프스타일 방식들의 유용화
⑤ 동료지지 집단, 멘토링 관계, 임상 슈퍼비전 그리고 전문가 협회를 통한 연계 육성
⑥ 개인의 전문적 역할과 사생활 사이의 균형을 유지하는 방법

전반적으로 서구 상담과 심리학의 자기-보호 실천에 관한 문헌

들은 다음과 같이 제안한다. ① 전문가들은 먼저 전문가 피로와 관련된 이슈들에 대한 인식과 개인 통찰력을 조성해야 하고, ② 선택한 직업에서 최적의 기능 수행을 위해 전문가들은 사회적, 정서적, 인지적, 신체적, 영적 그리고 직업적 복지에 대한 균형 잡힌 창조적 방법을 습득해야 하며, ③ 다른 관계자들과 자연적 지지체계와 질적인 연계를 증대시켜야 한다.

전통적 서구 방식들과 비서구 자기-보호 방식들의 통합

오늘날 증가하는 전문상담사들과 심리치료사들은 여러 가지 보충적/대체적 혹은 통합적 의료 모형들 속에서 훈련을 받고 자격이나 면허를 취득한다. 훈련과 자격 프로그램들은 약초학, 침, 요가, 애완동물치료, 소리치료 그리고 레이키(reiki)나 마사지와 같은 신체 에너지 사용을 전문화시키기를 원하는 사람들에게 점차 유용해지고 있다. Moodley와 West(2005)는 이런 치유 방식들과 심리치료의 통합에 관한 하나의 포괄적 모형을 제시하였다. West(1997)는 다음과 같은 것을 하나 이상 사용하는 '치료사-치유자' 라고 하는 통합 모형을 제시하였다. 즉, "직관, 현시, 영감, 정신, 무당, 변환 상태, 영 치유방법들, 미세 에너지의 사용, 영매, 채널링(channeling), 영적 가이드 사용 그리고 초개인적 행위" 를 말한다(p. 291). 외부에서 바라볼 때 이 치료사-치유자 방식은 극히 소수의 상담과 심리치료사들이 활용한다. 그러나 전하는 내용에 따르면, 어떤 치유현상은 내담자-상담사 회기들 중 보다 빈번히 일어나지만 임상 슈퍼비전의 제한 내에서만 다루어진다.

치유 의료로서 지역과 범지역적 기도

영적 치유와 교파의 신앙중심 기도의 형태를 포함하여, 기도는 치료사-치유자 모형 내에서 사용된 보다 일상적인 통합 형태들 중 하나다. 이런 접근 방식들은 내담자-상담사 회기 내에서 보고된 것보다 더 빈번히 사용되고 있다. 그러나 단지 24%의 비종교적 치료사들만이 자신의 슈퍼바이저와 상담회기 중 이런 방식의 사용을 논의한다(Gubi, 2002). 하나의 보충적/영적 접근 방식으로서 기도는 전통적 심리치료에서는 수용될 수 없는 것으로 인식되고, 정기적으로 사용될 때는 상담사의 역량, 전문성 그리고 신뢰성이 의심받는다는 견해가 있다.

치유의 영적 혹은 종교적 신념체계에 따라 기도는 여러 가지 방식들로 표현되고 전달된다. 많은 토착 및 인종집단들은 언어, 노래, 춤, 영창(chants) 혹은 주문들을 사용하여 지구와 하늘의 주파수와 공명하는 어떠한 진동에너지의 특질을 전달한다. 예를 들면, 아시아의 전통 중 '옴' 이라고 하는 영창이나 신비주의적 단어는 우주 내의 조화를 의미한다. 기도는 어떠한 진동, 주파수 그리고 시공의 연속성을 초월하고 물리적 공간을 옮겨 다닐 수 있는 에너지를 지니는 영적 에너지, 사고 그리고 정서로 구성된다. 양자물리학 분야는 이 에너지가 어떠한 신성한 의식의 한 형태라고 주장한다. Dossey(1993)는 이 신성한 의식은 우주에 만연한 범지역적 정신과 유사하다고 주장한다. 예를 들면, 멀리서 하는 기도가 의도적이라면, 그것은 동시에 어디에나 편재하고(omnipresence), 전지하며,

전능한 특성들을 지닌다. Dossey가 창안한 범지역적 정신이론은 기도의 신통력이 영과 사람들의 우주상 거리에도 불구하고 어떻게 즉시적으로 연결될 수 있는지를 보여 준다.

건강과 치유 네트워크에 대한 전통적 방식들과 의식에 관한 연구들 속에는 기도가 어떻게 통합되는지를 보여 주는 여러 다른 사례들이 있다. 이 분야의 기초 연구는 여기서 상세히 논의하기에는 너무 광범위하다(Byrd, 1988; Groff, 1981; Shealy & Myss, 1990; Worrall & Worrall, 1970). 그러나 인지과학연구소(Institute of Noetic Science: IONS, 2007)는 의식 연구에서 훈련과 연구 노력들을 촉진시켜 유도하고 조직하는 하나의 독특한 개척자적 기구다. 이 연구소는 세계적으로 이름난 치유자들, 의료직관적 지식인들, 신비주의자들 그리고 기타 유사한 교차 문화적 개인과 집단들로 구성되어 있다.

어떤 영적 실천 방식들의 사용은 일반적으로 상담사가 신앙중심 현장에서 실천하지 않는 한 몇몇 사람들이나 집단에서는 지지하지 않기 때문에 잘 논의되지 않는다. 만약 기도나 혹은 다른 문화적으로 특수한 영적 방식들이 상담전문직 내에서 낙인시된다면, 이것은 전문상담사들이 극복하기 어려운 심각한 장벽으로 변하기 쉽다. 뿐만 아니라, 이런 영적 실천 방식들이 상담사 훈련 프로그램, 임상 슈퍼바이저들 혹은 상담현장에서 지지되지 않을 때, 실천가들은 이런 방식들을 자신의 자기-보호 실천 방식 속에 통합시키지 않을 수 있다.

전문상담사의 역할은 상당한 책임에 관계될 수 있다. 탄력적인 치료사는 훌륭한 심리적, 신체적 그리고 영적 안녕 상태를 유지할 필요가 있다. 따라서 자기-보호 실천은 감정이입 피로 경험에 이를 수 있는 내담자/소비자들을 상담하는 강렬한 본질에 따라 상담사의 윤리적 책임으로 간주되어야 한다. 감정이입 피로를 감소시키고 치유자-치료사의 새로운 패러다임 속에서 자기-보호 실천력을 배양하는 가장 중요한 방식들 중에 하나가 손상된 상담사 영혼을 다시 안녕되고, 균형잡히고 조화롭게 만드는 하나의 개인 안내원으로 기능할 수 있는 다른 형태의 원조전문가와 접촉을 시도하는 일이다. 자기 자신을 크게 변환시키는 일은 개별 영적 복지에 대한 헌신과 더불어 자신이 선택한 직업의 의미와 목적을 추구하도록 요한다. 궁극적으로 전문상담사들이 자신의 신체, 정신 그리고 영을 성숙시키려 할 때 자신이 상담하는 사람들을 원조하는 일로부터 보다 나은 인간중심의 공간 속에 놓일 것이다.

상담사 손상에서 전문 상담협회의 역할

전문상담사들의 정신, 신체 그리고 영의 치유는 전문 상담협회들과 상담교육자들, 임상 슈퍼바이저들 그리고 상담사, 상담현장에 있는 사람들에게는 하나의 공동 책임이 된다. 지역, 주, 국가 수준의 대다수 상담협회들은 개인적 · 전문적 성장기회를 제공한다. 이것은 전형적으로 연수교육 활동들을 통해 이루어진다. 이와 유사하게 상담협회의 구성원들에게 중요한 점은 다음 사항들을 위해 제공될 수 있는 필수 지지다. ① 상담사 손상의 발견과 예방, ② 직업적 진로 안녕감의 구축 능력, ③ 상담사 탄력성 증대 전략들, 전문상담사들에 대한 열정적인 원조기회의 제공은 그 개인의 정신적,

신체적, 영적, 직업적 그리고 전문적 복지의 해결에 필수적이다. 따라서 상담사 역량을 유지하고 소비자를 보호하며, 동시에 손상된 상담사들에게 구체적 평가, 예방, 교육 그리고 전인적 자원들을 특별히 규명할 수 있는 인력들을 조직하는 일은 전문 상담협회와 기구들의 책무다.

상담사 손상과 전문 피로 증후군(즉, 소진, 열정, 감정이입 피로)에 관련된 이슈들은 미국상담협회(ACA)의 손상된 상담사 연구팀(Taskforce on Impaired Counselors)을 설립한 ACA 운영협의회의 주목을 끌었다. 이 인력기구는 열정 혹은 감정이입 피로와 소진과 같은 전문 피로 증후군들로 인해 손상된 상담사들을 원조하도록 개발되었다. 이 기구의 목적들은 다음과 같다. ① 전문가 소진을 예방할 수 있는 전략들에 관한 상담교육, ② 전문상담사들에게 필요한 자원 발견, ③ 전문상담사들을 위한 구체적 예방과 치료 전략들의 제공, ④ 주 정부와 국가 수준에서 손상된 상담사들과 관련된 이슈들을 해결하기 위한 전문 상담협회들에 대한 옹호다. Lawson과 Venart(2005)는 ACA 연구팀이 상담사 손상에 대해 규정한 정의를 다음과 같이 제시한다.

> 치료적 손상은 상담사의 전문 기능이 내담자 보호와 절충되거나 내담자를 해롭게 할 수 있는 잠재성을 노정시키는 매우 부정적인 영향이 발생할 때 일어난다. 손상은 약물남용이나 의존, 정신병, 개인 위기(외상성 사건이나 혹은 대리외상, 소진, 생활위기), 그리고 신체 질병이나 쇠약에서 기인할 수 있다. 손상 그 자체 혹은 그 안에 비윤리적 행동이 내재한다는 의미는 아니다. 이런 행동은 손상의 한 가지

> 증상으로 나타나거나 손상되지 않은 상담사들에게도 일어날 수 있다. 손상된 상담사들은 심각한 스트레스를 경험하지만 일 자체에 큰 손상을 받지 않은 상담사들과는 구분된다. 이와 유사하게 손상된 상담사는 어떤 시점에서 위에서 서술된 것처럼 임상 역량 면에서 그 수준이 크게 감소된다는 점을 전제할 수 있다."(p. 243)

이 정의는 상담사들이 행하는 일과 그 개인의 정신, 신체 그리고 영적 복지에 잠재적 영향을 미치는 강렬한 본질에 그 강조점을 둔다. ACA와 같은 전문 상담협회들이 직면하는 도전은 손상된 상담사들의 자기-보호 실천에 관련된 협조적 노력의 제공이다. 이 과제는 몇 가지 이유에서 전문 협회들에게는 위협적일 수가 있다. 첫째, 손상된 상담사 기능을 구성하는 것과 관련된 조작적 정의상의 차이점들이다. 예를 들면, 첫째, 미국심리학회(APA)와 미국의학회(AMA)와 같은 기구들은 과거에 손상된 전문가들에 대해 제한된 관점을 지녔었다. 둘째, 상담사 손상의 완화와 전문가 협회들을 통해 조정되고, 촉진되고, 후원되는 구체적 자기-보호 치료 방식들 사이에 정적 상관을 보이는 모형이 거의 없다. 조사 자료들은 상담문헌 속에서나 조직의 웹 사이트에서 발견되지 않는 것으로 보인다. 셋째, 이런 참조물들을 수합하는 재정적 자원들이나 행정 지원의 획득은 자기-보호 이외의 프로그램들을 확보하는 데 있어 조직상의 문제들을 나타내었다. 끝으로, 상담사 피로 특성들의 내용과 손상의 심각성 수준에 따라 그 전문가가 역량 있고 전문적이고 윤리적 방식으로 행동한다면 어떤 시점에서 의뢰가 이루어져야 할 것인지가 의문이 된다. 달리 말하면, 몇몇 사람들에게 있어서 상담사 손상은 전문가의 직업현장(즉, 가족, 친구 그리고 일반 대중이 바라본 약물 남용 문제 등)의 외부에서 더 잘 관찰될 수 있을 것이다. 사실 상담사 손상을 다루는 조직의 정책과 접근 방식들을 개발하고 구축하는 일은 리더십상으로 전문 기구의 피로를 유발할 수 있다.

훌륭한 성과를 낸 연구결과들이 하나의 합리적 방법으로, 그리고 예방과 중재 전략들의 개발을 위한 합리적이고 경험적인 하나의 기초로 활용될 수 있겠지만, 일차적으로 직업 소진을 완화시키는 목적을 지닌 전통적 스트레스 감소 프로그램들에 과도하게 의존하는 경향이 있다. 그러나 이런 방식들은 원조전문가의 강렬한 직업환경에 알맞게 충분히 깊게 다루어지지 않을 수도 있다. 개인적 복지를 증진시키는 책임의 많은 부분은 궁극적으로 그 전문상담사에게 주어진다. 그러나 상담교육자들과 슈퍼바이저들 그리고 전문 상담협회들은 자기-보호 실천 가이드라인들을 제시함으로써 전문 성장과 개발 활동의 부담을 나눌 수 있다.

대학원에서의 상담전공만으로 개인의 전문 진로 전체를 통해 최적의 복지 수준에 이르는 것을 가능하게 하는 대안들을 충분히 갖추도록 항상 준비시킬 수는 없다. 최적의 대학원 교육에서부터 사회속의 직장으로 전이하는 상담사들의 복지실천과 전략들의 선택은 최적의 개인 복지 달성에 매우 중요한 역할을 한다. 좋은 의도를 지닌 많은 보호전문가들은 자신의 장래 진로에 무엇이 놓여 있는지에 관한 준비를 전혀 혹은 거의 하지 못한다. 따라서 복지(wellness) 접근 방식들에 대한 욕구를 인식하지 못한 상담교육자들과 임상 슈퍼바이저들은 새로운 전문가에게 상담훈련과 그 전문가의 정신, 신체 그리고 영적 복지를 사실상 비의도적으로 무시하면서까지 윤리적 행동을 지나치게 강조함으로써 조기에 감정이입 피로 문제를 주입시킬 수 있다.

전체적으로 자기-보호 방식의 구성, 촉진, 지지, 안내 그리고 옹호를 하는 전문 상담협회들이 그 구성원의 포괄적 이익체계의 일부로서 제공할 수 있는 이 새로운 일차 보호 방식을 시작할 수 있는 잠재력을 지닌다. 전문 협회들은 상담사 손상의 중재를 위한 조정된 노력들, 예방접근 그리고 평가의 필요성을 이해해야 한다. 이런 과제들을 다루는 일은 일차적으로 그 상담사의 고용장면과 전문 면허위원회에 위임되어 있다. 이런 몇몇 기구들은 제재적 방식으로 반응했었다. 그러나 전문적으로 지지되는 자기-보호 실천의 새로운 개척자들은 상담사 소진과 감정이입 피로를 크게 감소시킬 것이다. 이런 일은 선택된 전문 상담협회 내에 거시적으로 관련된 리더십에서부터 출발한다.

감정이입 피로에 대한 복지접근

숙달된 전문가는 내담자/소비자들에 대한 열정과 감정이입적 애착 행동들을 촉진시키는 데 많은 시간을 소모한다. 따라서 복지에 대한 전인적 프로그램은 자기-보호와 타인-보호 활동들 사이의 균형 유지에 필수적이다. 이것은 종종 전문상담사들에게 매우 힘든 일이다. Pearlman과 MacIan(1955)는 외상 치료사들이 개인적 복지를 촉진시키도록 사용할 수 있는 10가지 유용한 활동들을 제시하고 있다.

① 동료들과의 사례 의논, ② 워크숍 참가, ③ 가족이나 친구들

과의 교제, ④ 여행, 휴가, 취미활동 그리고 영화감상, ⑤ 회기 중간 중간 동료들과의 잡담, ⑥ 사교모임, ⑦ 체력단련 프로그램의 개시, ⑧ 사례부담의 축소, ⑨ 영적 생활의 개발, 그리고 ⑩ 슈퍼비전 받기다. 이런 방식들은 다른 상담 전문 영역들에서도 효과가 있을 것으로 생각된다.

오늘날 치료사와 건강보호제공자의 진료실에서 금연, 금주, 체력단련 프로그램 개시, 다이어트, 체중감소 그리고 스트레스 이완 방법과 관련된 프로그램들을 전시하는 것은 매우 흔하다. 자신의 삶에 중요한 변화를 이끌어 내고 긍정적 성과를 낼 수 있는 변화를 원하는 사람들 사이에 새로운 사회-정서적 의식이 나타나고 있다. 그 전문가에게 유용한 복합적 자기-보호 치료 방식들이 있다는 사실에도 불구하고 몇몇은 개인의 복지신념 속에 잘 들어맞지 않을 수 있다. 따라서 복지예방 방식들은 개인의 생활을 다시 조화와 균형을 유지하기 위해 필요한 자연스러운 수단이 되지 않을 수 있다.

몇몇 내담자들과 상담사들에게 이와 유사하게 명상, 전 명상 혹은 변화의 행동 단계가 사회적, 정서적, 신체적, 영적 그리고 직업적 변환을 개인의 복지계획 속으로 육성하는 데 사용되는 전형적인 발달과정이 될 수 있다. 상업 영역과 민간 영역에 고용된 사람들에 대한 신체적, 심리적, 심리사회적 복지에 관한 많은 연구들이 있지만 전문 피로 증후군들을 경험한 원조전문가들 사이에 전인적 복지 모형들을 다루는 것에 관한 연구는 거의 이루어지지 않았다.

최근에 직업만족과 유의미성 직업은 조직심리학과 다운사이징, 직무재구조화, 기술의 발전 그리고 아웃소싱, 특히 해외시장 경영 분야에서 핵심 연구 주제가 되었다. 뿐만 아니라, 근로자의 성격 유형(즉, 고도 스트레스 민감형, 심혈관 질환, 여러 가지 정신병리)과 효과적이고 효율적으로 일을 수행하는 데 요구되는 복합지능 수준의 특징 그리고 리더십 기술들을 지닌 사람들을 구별하는 온라인 설문조사와 심리측정 도구들이 다양해졌다. 이런 고용 전과 고용 후의 평가결과, 보다 나은 직업 매칭이 가능하지만 복지 상태가 향상될 수 있는 것은 아니다.

오늘날 복지에 대한 보다 포괄적인 견해는 상담교육자들과 임상 슈퍼바이저들 사이에 복지 모형의 적용을 주창하는 것으로 나타나고 있다(Myers & Sweeney, 2005; Witmer & Granello, 2005). 따라서 훈련받는 상담사들에 대한 복지 철학의 적용은 전문 상담사 준비생들도 조기에 경험할 수 있는 감정이입 피로와 같은 전문 피로 증후군들의 예방적 접근 방식으로써 작용할 수 있다. 상담사 교육과정과 슈퍼바이저의 실습 및 인턴십 경험 전반을 통해 복지 방식을 통합하는 것은 심리적, 심리사회적 복지를 증대시킨다. 포괄적으로 규정될 때 심리적, 심리사회적 복지는 그 개인의 자아개념, 자기가치, 자아 존중감, 학업성취, 영성, 소속감, 친구와 가족으로부터의 사회적 지지, 그리고 주요 생활스트레스원들에 대한 심리사회적 적응에 관련된 요인들을 내재하고 있다(Myers & Sweeney, 2005).

'복지의 바퀴'(Wheel of Wellness; Myers & Sweeney, 2005; Witmer, Sweeney, & Myers, 1998)라고 하는 하나의 개념적/이념적 모형은 개인의 일반 복지와 전체 복지의 수단으로서 다섯 가지 뚜렷한 요인들을 살피는데 그것은 다음과 같다.

- 창조적 자아: 개인의 사회적 상호작용에서 다른 사람들 사이에

자신을 구별되게 하고 세상을 긍정적으로 해석하도록 만드는 특성들의 조합

- **대처하는 자아**: 생활 사건들에 대한 반응을 조절하고 그 부정적 영향들을 전환시키는 수단을 제공하는 요소들의 조합
- **사회적 자아**: 우정으로 다른 사람들을 연결하고 가족연결을 포함한 친밀한 관계를 통한 사회적 지지
- **필수적 자아**: 생활, 자아 그리고 다른 사람들과의 관계에서 만드는 필수적 의미추구 과정들
- **신체적 자아**: 개인의 발달상, 기능상의 신체적 측면들을 절충하는 생물학적 및 신체적 과정들

복지의 바퀴는 심리학, 행동주의 의학 그리고 심리면역학의 성과로 형성되고 성격, 사회적/임상적 건강 그리고 발달심리학 이론들로부터 도출된 상이한 이론적 관점들을 조합한다. 복지의 바퀴 모형은 그 개인의 전반적 건강과 복지의 상이한 성과측정을 가능하도록 광범위하게 사용되었고 최적의 생활스타일 기능화 측정도구인 다섯 요인 복지척도(Five Factor Wellness Inventory, www.mindgarden.com)의 기초가 되었다. 보다 최근에 Myers와 Sweeney(2005)는 연구를 통해 정신, 신체 그리고 영의 구성 속에서 복지를 보다 새롭게 이해하도록 하는 '비가시적 자아'라고 하는 증거중심 복지 모형의 결과들을 보고하였다.

복지의 많은 이론적 개념적 모형들의 중심에는 연결감이나 농도 깊은 전체감을 제공하는 생활의 물질적 요소들을 전환시키는 영적인 힘 혹은 탁월한 존재에 대한 인식이 있다. 이것을 영성(spirituality)

이라고 부른다. 최근 10년 동안의 많은 연구에 따르면 영성, 정신건강, 신체건강, 생활만족 그리고 전인적 복지나 안녕 사이에 중요한 정적 상관이 있다고 보이므로 이들은 개인의 복지 모형에서 매우 중요한 요인이다(Chandler, Miner-Holden, & Kolander, 1992; Goleman, 2003; Goodwin, 2002; G. Miller, 2003; Vash, 1994; Weil, 1995).

복지의 벽돌 쌓기: 탄력성의 조기 배양

훌륭한 정신과 신체 건강을 위한 벽돌 쌓기는 청소년 발달 동안 조기에 시작된다. 청소년들 자신과 다른 사람들에게 위해를 가할 수 있는 행동들을 유발하기 쉬운 청소년기 위험 요인들이 있다. 사실상 오늘날 많은 청년들은 영적 재무장 혹은 정신, 신체, 영의 부흥으로부터 이익을 얻을 수 있다. 청소년들은 가정, 학교 그리고 자신의 지역사회 내에서 폭력 사건들에 노출된다. 이런 폭력은 저녁뉴스, 영화, 비디오 게임 그리고 인터넷상에서 재연된다. 복합적 생활스트레스원들에 직면해서 탄력성의 구축은 초기 아동기와 청소년기에 시작된다. 많은 발달심리학자들은 개인의 성격, 지각, 자아개념 그리고 생활에 대한 전반적 반응은 초기 아동기에 형성된다고 주장한다.

많은 주 정부와 연방 정부 기관들은 복지의 벽돌 쌓기를 인식하고 있다. 사실상 공중 보건규칙들은 청년 탄력성 개발을 위해 많은 다른 파트너들과 함께 국립과학 및 의학연구소(Institute of Medicine and the National Academy of Science: IMNAS)에서 제정하였다. 연방 정부 보고서의 주요한 보건지표들은 아동과 청소년들에게 서비스를 제공하는 지역, 주, 연방 정부, 재정지원 프로그램들에 초점을 두도록 설계된 지역사회 보건규칙들의 탐색 지도를 제공한다. 지역사회, 지방, 주 그리고 연방 정부 기관들에게 중요한 도전이 되는 주요 보건지표들의 개발을 위해 광범위한 노력들이 이루어졌다.

Healthy People 2010(IMNAS, 2004)에서 발간한 다음 보건지표들은 아동과 청소년들의 공중 보건 접근상의 주요 변화를 반영한다. ① 신체 활동, ② 비만과 과체중, ③ 흡연, ④ 약물남용, ⑤ 성행위, ⑥ 정신건강, ⑦ 상해와 폭력, ⑧ 환경 요소, ⑨ 면역 그리고 ⑩ 보건서비스 접근성이다.

대학에서의 예방과 복지 프로그램들 외에, 보다 나이 많은 청소년들이 고등학교로부터 대학으로 이행할 때 필요한 청사진은 불행하게도 매우 드물다. 뿐만 아니라, 복지에 대한 개인의 계획은 대학원 학생들의 재학 중이나 인턴십 경험을 가지는 동안 항상 제공되지 않는다는 점이 유감이다. 이 복지에 관한 문헌과 여러 정부기관들이 조기 중재 전략들을 크게 지지하고 있는 사실에도 불구하고 상담훈련 프로그램들, 임상 슈퍼바이저들 혹은 전문 상담협회들은 상담사 손상예방과 중재 프로그램들을 제공하는 데 지도자 역할을 거의 취하지 않았다.

상담사 피로 증후군의 식별, 예방 그리고 치료에는 집단적 노력이 필요할 것이다. 자신의 진로를 시작하는 전문가들은 전문적 복지기회와 상담사 탄력성 전략들의 구축에 초점을 둔 근로자 지원 프로그램들을 제공하는 피고용자 상담 기관들을 접촉해야 한다.

상담사 중심 복지에서 전인적 모형의 지향

상담교육 프로그램들과 연구소들 내의 복지 접근 방식들의 통합을 위한 함의점들은 복합적이고 달성하기가 어려워 보인다. 여러 가지 외부 요인들(즉, 대학정책들, 인증기관들)은 전인적 복지 아젠다 내에 최선의 실천 방식들을 유용화시키는 일에 방해가 될 수 있다. 왜 통합적-전인적 복지 방식들이 어려워지는지에 관해서는 복합적 이유들이 존재한다. 여기에는 제한적이지는 않지만 다음 사항들을 포함한다. ① 많은 상담교육 프로그램들은 인증기준들과 따라야 할 교과과정 지침들이 있으며, 복지 관련 전략들의 제공에 필요한 그들의 일상 구조는 취약하다. ② 많은 상담사들, 재활기관들 그리고 정신보건기구들은 그 전문상담사의 훈련 경험에 적합하지 않거나, 복지 모형 내에서 대안적/보충적 방식들을 용인하지 않을 수 있는 내담자 치료 프로토콜을 따른다. ③ 정신보건 체계는, 손상된 전문가가 내담자/소비자들의 치료에서 역량이 부족하다고 간주될 수 있고 따라서 몇몇 기관들은 상담사 손상을 처벌적 방식으로 다룰 수 있기 때문에, 항상 손상된 전문가를 지지하지는 않는다. ④ 역량 있게 감정이입 피로를 감소시키는 방식들을 전인적이고 포괄적으로 다룰 수 있는 유자격 전문가들이 충분하지 않다. ⑤ 예방과 중재 전략들을 개발하는 데 극복해야 할 다양한 이념적 및 철학적, 이론적 지향점들이 존재한다.

이런 어려움들에도 불구하고 손상된 전문가들을 훈련시키고 치료하는 것과 관련된 정책들을 이끄는 여러 상담협회들은 복지중심 방식들을 어느 정도 지지하고 있다. ACA는 손상된 전문가들과 관련된 그런 이슈들을 해결하도록 건강과 복지 방식들을 지지하고 가시성을 증대시킬 수 있는 하나의 태스크포스를 구성하였다. 이런 지지와 옹호는 또한 몇몇 주 상담협회들에서 눈에 띈다. 여기서 동료서비스 제공자들의 네트워크(즉, 케어네트워크)를 제공하며, 상담사 손상이나 피로 증후군들을 경험한 자신의 동료들을 무료로 상담하고 있다. 이러한 케어네트워크들은 요즘 전문상담사들과 피고용자 원조서비스 제공자들과 다른 전통적 지역사회 상담 기구들 사이에 간격을 메우는 전인적 복지 방식에 관심을 지닌 상담 기관들을 위해 최선의 실천 모형을 제시하고 있다. 지지적 상담전문가들은 상담사 복지 증진에 필요한 기관-친화적 환경을 창출한다. 다른 전문 상담협회와 정책수립자들은 상담사 손상과 감정이입 피로들을 관리하기 위한 전문 성장기회들에 대한 통합적이고 포괄적 모형을 제시하는 문제해결 중심 방식으로 테이블 앞에 서야 한다.

결론

본 장은 서구와 비서구 관점에서 자기-보호 실천에 관한 개관을 제시하였다. 개인의 개인적 및 문화적 정체성과는 상관없이, 탄력성과 대처 능력들을 구축하는 실천 방식들의 배양이 필수적이다. 우리 개개인은 '각자 난해한 내담자/소비자' 혹은 '정말로 사무실에서 운수 나쁜 날'에 관한 스스로의 이야기를 가지고 있을 수 있다. 그러나 우리에게 새로운 미래의 구축을 원조하는 긍정적이고 새로운 이야기들을 구성하는 일이 필수적이다. 비전통적이고 비보수적인 자기-보호 방식들의 수행에 필요한 구체적 지침들이 이 책의 3부에서 다루어질 것이다. 우리의 신체, 정신, 영에 관한 보호에 주의를 기울이는 일은 새로운 사고와 창조적인 해법들을 자극하는 데 주된 목적을 지닌다. 그 함의점들이 전문가들, 상담교육자들, 슈퍼바이저들 그리고 자기-보호 실천에 관심 있는 여타 사람들에게 제공될 것이다.

제3부

감정이입 피로의 발견 지침

도입

수백 년 동안, 심지어 수천 년 동안 무당, 종교인들 그리고 여러 치유자들이 다른 사람을 치유하는 데에는 사회적, 정서적, 인지적, 신체적, 영적 그리고 직업적 비용이 따른다는 점이 알려져 왔다. 상이한 사회문화적 토착 신념체계와 민속 전통들로부터 얻어진 결과는 새로운 자기-보호 실천을 통해 영의 손상 경험을 예방하려고 하는 상담사들에게 가치롭다. 감정이입 구성을 개발하는 데 유용한 일련의 상이한 토착 신념체계들이 존재한다. 이런 문화들은 감정이입 피로를 치유하도록 제공하는 신체, 정신 그리고 영적 감각에서의 풍부한 통찰력 때문에 다양한 토착 치유실천 방식들을 심리학과 상담(Mijares, 2003; Moodley & West, 2005) 내에서 통합하고 재발견하려고 할 때 논의하는 것이 중요하다.

감정이입 피로 경험이 상담사 영의 상실 혹은 손상과 관련될 때 그것을 보다 깊게 탐구하기 위해 다음 내용에서는 자기-보호 실천을 위한 구체적 지침들을 제공하게 된다. ① 슈퍼바이저의 정신, 신체 그리고 영에 통합적인 예방 전략들의 개발에서 준전문가와 전문상담사들을 안내하는 임상 슈퍼바이저들이 사용할 수 있는 실천, ② 자기-평가나 감정이입 피로 인식에 대한 기능적 평가 제공, ③ 상담사 손상 증후군들의 예방과 치료에서 광범위하게 인식되는 복지적, 통합적 그리고 보충적 방식들, 그리고 ④ 토착적 뿌리를 두고 있는 비보수적 혹은 비서구적 민속 치유실천들이다. 감정이입 피로에 대한 치유 방식들의 배양은 창조성을 요하며, 개인의 자기-보호 대안들의 메뉴 확장이라고 하는 도전을 제기한다. 21세기의 노련한 조력자들을 위한 통합적 방식들을 조합한 고대 실천 방식들의 공동 지혜가 전문상담사의 정신, 신체, 영을 치유하는 길을 제공할 것이다.

제9장

감정이입 피로의 치유에서 탄력성 이점

ㅣ인간중심 상담에서 다른 사람들을 조력하는 역할의 본질은 내담자의 손상된 정신, 신체 그리고 영뿐만 아니라 전문상담사 자신의 손상을 대처하는 도전에 있다. 즉, 전문상담사와 상담전문직 전체로써 탄력성과 견고성을 구축하는 자원들과 함께 그 상담사의 감정이입 피로 경험에 얼마나 잘 반응하느냐에 달려 있다. 감정이입 피로 경험을 감소시키려는 목적의 자기-보호 프로그램 속에 통합시킬 수 있는 탄력성을 구축하는 탁월한 모형들이 있다. 예를 들면, 탄력성(Seibert, 2005), 긍정심리학(Csikszentmihalyi & Nakamura, 2002) 그리고 외상후 성장에 관한 연구(Post Traumatic Growth: PTG; Updegraff & Taylor, 2000)는 많은 사람들이 고도의 스트레스와 외상성 경험들로부터 벗어나고 새로이 깊이 있는 이해와 지혜, 그리고 열정을 경험하는 능력을 지니고 있다는 점을 가리

킨다. 따라서 정신, 신체 그리고 영의 향상은 개인의 탄력성 개발과 자신이 선택한 진로의 목적과 의미를 발견하는 일에 크게 관계된다.

프랭클의 의미 추구

빅토르 프랭클(Victor Frankl)은 나치 캠프에서 제2차 세계 대전을 보낸 정신과 의사로, 기아, 비인간적 처우, 공포, 부정 그리고 고문에도 불구하고 나치 독일의 죽음의 캠프에서 생존한 사람들의 극한 경험을 연구한 최초의 심리치료사들 중 한 명이다(1963). 『의미 추구(Man' s Search for Meaning)』라고 하는 자신의 책을 통해 그 시대에 가장 중요한 서구 심리학 운동을 도입한 실존심리학자인 프랭클은 상상할 수 있는 가장 혹독한 탄압에도 불구하고 인류의 탄력성과 대처 능력을 극적으로 표현하였다. 프랭클이 개발한 독창적 정신치료 접근 방식은 극한의 스트레스와 외상성 사건들로부터 생존한 사람들을 치료하는 기초를 마련하였다. 또한 감정이입 피로에 대한 원조전문가의 경험에 의미를 부여한다.

의미치료(logotherapy)의 핵심 전제는 개인의 실존적 고통과 괴로움에서 의미를 발견하는 일이다. 프랭클에게 그것은 생애에 관한 환경 지각의 모든 것이며, 바꿀 수 없는 운명(즉, 생명위협 질병, 만성 질환, 사랑하는 사람의 상실)에 대한 태도를 바꾸는 것이었다. 프랭클은 "희생의 의미와 같이 어떤 의미를 깨닫는 그 순간 고통은 중단된다."(1963, p. 179)고 말하였다. 나아가 의미치료의 기본원칙 중 하나가 쾌락을 얻거나 고통을 피하려 하기보다 오히려 거기에서 인생의 의미를 추구하는 것이라고 주장하였다. 그는 개인의 정서적, 신체적 그리고 영적 죽음의 캠프에서 고통과 괴로움의 의미를 발견하는 일이 매우 중요하다는 점을 이해하였을 때 이런 원칙을 발견하였다.

프랭클의 최종분석 결과를 살펴보자.

> "수감자가 되는 사람의 유형은 캠프의 영향에 따른 결과만이 아니라 하나의 내적 결정의 결과에 따라 나타난다는 점이 명료해지게 된다. 따라서 기본적으로는 그러한 환경 아래에서조차 어떠한 사람도 자신이 정신적으로 혹은 영적으로 무엇을 해야 한다는 점을 알 수 있다."(p. 105)

프랭클은 이것이 영적 자유이고 남이 취할 수 없는, 심지어 극한 상황에서도 가능한 선택의 자유라고 결정지었다. 따라서 이것은 삶에 의미—우리가 현재 순간에 선택을 할 수 있다는 점을 알고 지극히 중요한 생활사건에 대한 우리의 태도를 변화시키고 의미와 목적을 발견하는—를 가져다주는 일이다.

탄력성의 생리심리사회적 측면들

오늘날 극한의 스트레스와 외상성 사건들을 경험한 사람들의 특징들에 대처하고 탄력성을 회복하는 생리심리사회적 방식을 사용하는 하나의 새로운 과학이 탄생하고 있다. 연구에서 살펴보면, 보다 스트레스에 강인하고 저항이 센 사람들이 감정이입과 같은 정서에서 더 큰 능력을 보유한다는 점을 알 수 있다. 이런 사람들은 Seibert

(2005)가 말한 소위 '탄(력)성 이점'을 지닌다. 탄성심리학은 어떤 사람들이 다른 사람들에 비해 스트레스에 왜 더 강한지를 밝혔다. 독자들은 스스로에게 도전하고 탄성 자기-평가 퀴즈를 온라인(www.resiliencycenter.com)상에서 풀어 봄으로써 영적 전문 상태를 탐구해 볼 수 있을 것이다. Seibert와 그의 동료들이 개발한 자기-평정 척도의 사용을 통해 당신의 탄성 능력이 어느 수준에 있는지 객관적으로 평가할 수 있다. 이 척도가 지니는 객관성에도 불구하고 잘 아는 한 명 이상의 사람들에게 동일한 탄성 퀴즈 문항들을 사용하여 평가해 주도록 요청함으로써 자기-평정에서 얻은 점수의 타당도를 확인할 수 있을 것이다.

긍정심리학과 탄성심리 운동에서 많은 사람들은 생애 동안 외상성 사건들로부터 생존한 몇몇 사람들만이 지니는 어떠한 성격 특성들이 있다고 제안한다. 다른 연구자들은 그런 특성들을 사람이 지니고 태어난다기보다는 오히려 이런 특성들은 자기-학습적이고 스스로 터득하는 것이라는 점을 제안한다. 탄력성과 긍정적 대처 기술들을 구축하는 하나의 측면은 그 개인 자신이 아무리 어렵더라도 부정적 생활환경들에 적응, 대처 그리고 생존할 수 있거나 최선을 다할 수 있는 양심적 선택 능력을 지녔다는 점이다.

역경을 극복한 사람들을 기초로 한 많은 고무적 스토리들이 있다. 랜스 암스트롱(Lance Armstrong, 고환암), 크리스토퍼 리브(Christopher Reeve, 척수손상), 스티븐 호킹(Stephen Hawking, Amyotrophic Lateral Sclerosis: ALS 질병) 그리고 삶에서 의미와 목적을 발견한 수천 명의 유방암 생존자들이 존재한다. 탄력성의 특징들을 보다 가까이 그리고 개인적으로 관찰하려면 자신의 지역사회 내에서 만성 생명위협 질병이나 장애로부터 벗어난 사람, 실직하고 새로운 진로를 개척한 사람, 불륜에 빠진 배우자와 이혼한 사람, 혹은 홍수나 화재로 인해 집을 잃은 사람 등을 만나보는 일이 필요하다. 당신은 이런 사람들이 어떻게 생존하였는지와 다른 사람들보다 역경을 더 잘 극복할 수 있었는지에 의문을 가져본 적이 있는가? 여기에 빅토르 프랭클의 스토리들 속에서 나타나는 죽음의 캠프 생존자들의 비밀이 있다. 우리가 탄력성 이점을 믿기 시작하고 우리 스스로와 새로운 전문가들에게 이러한 대처 전략을 가르치는 일이 아주 중요하다. 그 궁극적 목적은 전문상담사의 정신적, 신체적 그리고 영적 안녕감을 증대시키고 감정이입 피로를 피하는 것이다. 긍정적 대처기술과 탄력성 실천 방식들의 배양은 개인의 진로 초기에 학습될 수 있다.

이야기를 나눈 대부분의 전문상담사들은 증대된 대처 자원들로부터 이익을 얻을 수 있다고 느낀다. 탄력성 기술들을 발전시킬 수 있는 최초의 노력들 중 하나는 생존자에 대한 관점을 이미 지닌 신뢰로운 동료들로부터 지지를 받는 일이다. 매우 탄력적인 고도로 기능하는 감정이입적 상담사로부터의 조력을 요청하는 일을 통해 자신의 개인적, 전문적 생애에 다시 초점을 두도록 배울 수 있다. 다른 사람들로부터 도움을 수용하는 법을 배우고 다른 원조전문가와 정신적, 정서적으로 교류하는 것은 바로 기본적으로 우리가 내담자/소비자들에게 요구하는 것이다. 풍부한 연구결과들은 자신의 느낌들을 잘 인식하고 표현하고 관리할수록 소진, 열정 혹은 감정이입 피로와 같은 전문 피로 증후군들에 대해 그렇게 취약해지지 않을 것이라는 점을 가리킨다. 정서와 사고, 그리고 신체 건강과 복지 사이에 밀접한 상관이 있기 때문에 이것은 중요하다. 달리 말하면, 통제되지 않은 정서들이 제한되어 있든지, 다룰 수 없든지, 혹은 개인 내부로 향하든지 간에 생리적 비용이 발생한다. 임상 슈퍼바이저들은 상담사들의 훈련 시 탄력성 전략들을 모델로 삼을 수도 있고 최적의 정신건강상 기능을 유지하도록 원조할 수 있다.

탄력성의 기본원칙들

탄성심리학 연구에서 일관성 있게 보여 주는 점은 개인의 태도와 신념들이 전문가들이 표현하거나 드러내는 탄력성 크기에 핵심 역할을 담당한다는 것이다. 탄력적인 전문가들은 거의 항상 내적 통제력을 지니고 내부 지향적이고 자기 동기 부여되어 있으며, 절망적인 조건들 속에서도 번창한다. 이혼, 사랑하는 사람의 상실, 진로전환을 통해 삶의 역경을 극복한 원조전문가들이나 외상성 경험들로부터의 생존자들, 그리고 최적 상태의 정신건강 기능 상태로 생활하는 조건을 갖춘 사람들에게서 드러나는 증거에는 다음과 같은 원칙들이 혼합되어 있다.

- 선택: 내담자/소비자들의 역경을 다루어야 하는 상담사들은 일상에서 항상 선택해야 한다. 하루의 말미에 상담사들은 자기 내담자의 모든 역경을 가정으로 가져오고 이것을 자기의 손상된 영혼에 덧붙이도록 선택해서는 안 된다. 그 대안은 보다 건강한 사고와 정서들을 선택하는 일이다. 보다 건강한 대안을 선택하는 행동은 기본적으로 자기 스스로의 사고와 정서

들에 대한 책임을 선택하는 일이다. 상담전문직에서는 항상 내담자/소비자 역경을 다루어야 한다. 따라서 자기 자신의 개인적 복지 프로그램 속으로 들어가 버리는 것은 자기-패배적일 수 있다. 그 대안은 당연히 명확하지 않을 수 있다. 하루의 끝 무렵 그 내담자의 역경을 계속해서 여러 모로 심사숙고하는 것이다. 따라서 그 개인의 사고 흐름의 변화를 위한 선택과 그 내담자의 역경에 관한 정서들을 보다 긍정적인 모드로 바꾸는 것은 몇몇 치료사들에게는 매우 역량강화적일 수 있다. 부정적이고 파괴적인 사고 경향들은 하나의 개인적 자기-보호와 복지계획으로 대치되어야 한다. 성공적인 상담가가 되려면 이런 것들이 자신의 동료들과 다른 사람들로부터 강화되고 지지되어야 한다. 따라서 전문상담사들은 개인적 복지와 자기-보호 방식들의 배양을 원조할 수 있는 기회들을 창출할 필요가 있다.

- 긍정적 사고: 긍정적 사고력은 스스로를 믿고 능력을 신뢰하고 자신의 내담자/소비자들과 긍정적 성과를 성취할 수 있는 고도의 확신을 가지는 것이다. 상담사들이 자신과 다른 사람들의 불행한 생활환경들을 다룰 때 긍정적인 준거에서 삶의 장벽과 걸림돌들을 바라보는 것이 보다 효과적이다. 상담사들은 자기 내담자의 일반적 삶에 관해 반복되는 많은 부정적 사고들을 가질 수 있다. 그러나 이것은 자기-예언적 충족으로 변환될 수 있다. 전문상담사들은 긍정적 사고를 진지하고 개인내적 방식으로 실천하여 보다 일상적이고 종종 매우 스트레스를 일으키는 직업에서조차 생생하고 의도적인 삶의 방식에 따

를 수 있도록 할 필요가 있다.

- **자기 책임의 담당**: 다른 사람들에게 비난을 돌리는 일은 치료사가 탄성 행동들(즉, 나의 내담자들이 종종 나를 미치도록 자극한다. 내담자들이 문제를 지니고 있다고 스스로 생각한다면 내 교훈을 받아들여야 한다.)을 개발할 기회를 제공하지 않는다. 은유적으로 "당신이 다른 사람을 손가락질할 때 나머지 네 개의 손가락은 당신을 향하고 있다." 우리가 내담자들에게 항상 권장하는 사실에도 불구하고 책임을 담당하는 일은 많은 상담사들에게 하나의 도전이 된다. 많은 전문가들은 책임을 담당하는 방법과 그 책임에 대해 결코 배우지 않았다. 예를 들면, 몇몇 내담자들은 자기 자녀들의 약물남용 행동들에 관해 거부를 보이며, 그 청소년들을 능력 있게 키울 수 있다. 그 청소년이 선택한 나쁜 선택은 정서적 책임을 담당하는 치료사를 통해 저지될 수 있다. 자기 책임의 담당은 학습될 수 있으며, 그 치료사의 다른 삶의 영역들 속으로 일반화시킬 수 있다. 우리 모두는 자기 책임을 어떻게 모델로 삼을 수 있는지를 배울 필요가 있고 내담자를 통제하려는 노력을 포기해야 한다. 내담자들이 안전한 위험과 실패를 감수하도록 하는 일은 종종 아주 치료적일 수 있다. 이것을 통해 탄력성을 구축하고 건강한 선택들을 배양할 수 있다. 다른 한편, 우리 도움 없이 내담자들이 살아갈 수 있는 방법들을 배울 수도 있을 것이다. 전체적으로 우리는 자신의 사고, 정서, 행동 그리고 탄력성 특징들의 구축을 위해 내적인 책임을 담당해야 한다.
- **자기 동기 부여**: 탄력적인 사람들은 학교, 직장, 가정에서 사회

적으로, 정서적으로, 그리고 다른 방식들로 스스로 내적인 동기 부여를 하는 독특한 스타일을 발견한다. 역경을 철저히 경험한 사람들은 자신의 주변 사람들에게 자기 삶을 통제하고 있다는 것을 보여 준다. 그들은 높은 수준의 정서적, 신체적, 영적 에너지 경향을 드러낸다. 자기 삶의 목적들을 성취하는 방법에 대한 타고난 지식을 지니고, 부여받은 과제들을 집요하게 수행한다. 많은 탄력적 청소년들은 자신의 환경 속에서 건강한 역할 모델들을 관찰할 수 있는 기회를 가졌었다. 자신의 지역사회에서 코치, 교사, 종교적 영적 지도자, 혹은 더욱 어려운 도전들을 극복하도록 조력한 다른 사람들을 만나는 행운이 따랐을 것이다.

건강한 정서들의 선택

내담자-상담사 회기들 동안 의도적이고 의식적으로 감정이입을 사용하는 일은 내담자와 언어적/비언어적으로 함께하는 조력자의 통합적 능력으로 간주된다. 치료적 헌신을 최대화시키기 위해 우리 전문직에서 정서적으로 건강하고 책임 있고 효과적인 방식으로 접근하는 일이 필수적이라는 점을 인식해야 한다. 상담사 탄력성 구축을 위한 방식으로는 다음의 여섯 요소들이 제시되었다.

① 경험, 사고 그리고 감정들이 모두 서로 연결되어 있고 신체적, 정서적, 인지적 그리고 영적으로 영향을 미칠 수 있다는 점의 인식
② 모든 사고, 감정 그리고 정서들은 중요성을 내포한, 자연적으

로 발산되는 사건들이다. 이것은 우리가 단지 인간이라는 점을 알게 하고, 보다 중요한 점은 스스로 사고와 감정들을 어떻게 다른 사람들에게 표현하는지를 알고 생애에서 이런 것들이 어떻게 전개되는지 주의하는 것이다.

③ 고통스럽거나 상처받을 수 있는 사고들 혹은 감정들을 경험하는 일은 나쁘지 않다. 우리는 긍정적 혹은 부정적 정서들에 대한 판단이나 가치를 부여하지 말아야 한다. 특별한 사고 혹은 감정들이 당신을 비정상적으로 만들거나 무언가 잘못되었음을 의미하는 것은 아니다.

④ 전문적 조력자에게 생각이나 감정들을 표현하는 일은 긍정적 무드를 높이고 또한 감정이 좋아지도록 돕는다. 이런 표현은 또한 당신이 균형 잡혔거나 중심을 잘 잡고 있다고 느끼도록 돕는다. 당신의 사고, 감정 그리고 경험들을 다른 사람들에게 표현하는 것이 연약한 전문가라는 점을 가리키지는 않는다. 누구나 생애 중 다른 사람들로부터 도움이 필요하다.

⑤ 다른 사람들에게 도움을 요청하는 일이 중요하다. 우리는 일반적으로 완전히 격리된 환경 속에서 살아가지 않는다. 심지어 전문상담사들과 심리학자들도 생활상 직면하는 중요 이슈들의 문제해결에 도움을 요청하도록 이야기할 필요가 있다는 점을 상기하라!

⑥ 당신의 사고와 감정들을 다루고 적절히 표현하기 위해서는 복합적 노력들이 필요하다. 시간이 경과할수록 조금씩 용이해질 것이다.

원조전문가가 역경을 다루는 수단, 의미, 목적을 추구하는 것은 연속적 생애 과제다. 몇몇 기본 탄성 원칙들을 무시하는 데 따르는 비용은 갈등해결, 구체적 생애 과제들의 훌륭한 해결, 스트레스원의 대인적 개인 내 요구조건들의 해결방법, 그리고 무엇보다 감동적인 낙관주의자가 되는 방법의 예술을 터득하는 기회를 놓칠 수 있다는 점이다. 원조전문가들은 '더불어 길을 가고' 함께 살아 보지 않고는 탄성 원칙들에 관한 부분을 읽었다고 기대할 수 없다. 우리 내담자/소비자들이 창조적 탄성 방식들의 수행을 통해 어느 정도 건강한 성공을 성취하도록 도울 수 있다. 무엇보다도 우리는 건강한 선택, 긍정적 사고력의 실천, 통제할 수 없는 것들에 대한 책임 감수, 스스로 성공에 대한 동기를 부여하는 일을 모델로 삼을 수 있다. 이런 것들은 상담사 탄력성을 구축하는 필수 전략들이다.

결론

인간중심 상담에서 다른 사람들을 원조하는 역할에서 본질적인 것은 내담자의 손상된 정신, 신체 그리고 영뿐만 아니라 우리의 정신, 신체 그리고 영을 함께 다루는 도전이다. 그것은 전문가의 손상된 정신, 신체 그리고 영을 치유하도록 조력하는 자기-보호 전략들을 지지하는 전문가 환경 속에서 다른 사람들과 그 전문가의 책임에 있다. 탄력성과 견고성을 구축하는 자원들의 탐구는 감정이입 피로 경험을 감소시키는 목적의 자기-보호 프로그램 속에 통합되고 의도적으로 이루어져야 한다.

이 책의 제10장은 전문가의 환경 지침 속에서 연구자들, 상담교육자들, 임상 슈퍼바이저들, 전문상담사들 그리고 다른 사람들에게 전문 피로 증후군, 특히 감정이입 피로나 상담사 손상과 관련된 핵심 위험요인들을 식별하도록 제공된다.

제10장

감정이입 피로 평가
—연구고려점—

많은 전문가들이 상담사 손상 또는 전문가 피로 증후군과 관계된 특성들에 대해 인식하지 못하고 있다. 상담사를 고용한 사람, 슈퍼바이저, 동료, 가족, 친구들은 감정이입 피로와 소진 경험을 나타내는 정신적, 신체적, 영적, 부정적 전이 현상을 인식하는 것이 필요하다. 감정이입 피로의 연속선상에 공존하는 다양한 변수들이 있다. 그 변수들은 모호한 상실감, 슬픔, 중요한 정서적 디스트레스를 야기시킬 수 있고, 전문가의 일상 업무를 혼란시킬 수도 있다. 대부분 개인의 정신, 신체, 영적 부조화를 야기시키는 감각들이다.

이 장은 연구자, 상담교육자, 임상 슈퍼바이저 그리고 전문상담사들에게 상담사 손상 혹은 전문가 피로 증후군, 특히 감정이입 피로에 관계되는 중요 위험 요소들을 확인하기 위한 자원들을 제공한다. 자기-평가는 상담사들이 최적의 복지 상태를 달성할 수 있도록 돕기 위한 예방과 스크리닝 도구를 제공할 수 있다. 따라서 독자들에게 다음을 포함하는 자원들이 제공된다. 자기-보호, 위험요인 평가, 감정이입 피로평가를 수행하는 연구 고찰, 개발 중에 있는 기능적 평가 척도인 포괄적 감정이입 피로평가(GAFE), 그리고 상담사 손상과 피로 증후군을 위한 자원들이다.

자기-보호 평가

자기-보호에 대한 수많은 평가들이 책, 논문, 인터넷에 존재한다. 각각의 이런 평가는 개인의 개인적, 정서적, 신체적 그리고 영적 복지와 관련된 초점을 가지고 있다. 심리학과 상담 분야의 종사자들과 관계된 자기-보호 평가의 대부분은 인지적, 정서적, 행동적, 영적, 신체적 그리고 대인관계 영역에서 급성, 누진성 또는 이차적 외상성 스트레스를 측정하는 일과 같다. 뿐만 아니라, 직무스트레스, 소진, 열정피로, 인지-정서적 스트레스, 대처기술들, 개인의 탄력성을 측정하는 특별한 자기-보호 평가 방식들이 다양하게 존재한다. 감정이입 피로 경험을 측정하는 현존하는 자기-보호 평가 도구들은 없다. 그러나 이 책을 저술하는 동안 한 가지 도구가 개발 중에 있다.

다른 많은 사람들처럼 Baker(2003)는 자기-보호 평가에서 핵심 요소는 다음 항목들을 개발하는 것이라고 제시하고 있다. ① 자기-인식: 상담사로서 개인 성장과 발달을 방해하는 중요 요인들에 대한 인식, ② 자기-통제: 정서적, 신체적, 영적인 균형감을 유지하는 감각을 생성하도록 신체적, 정서적, 인지적, 행동적 충동을 감소시키려는 의식적 또는 무의식적 과정, ③ 균형: 자신의 외적, 내적 환경과 재연결할 목적으로 정신적, 신체적, 영적 조화를 성취하기 위한 하나의 전체적인 수단의 개발이다.

자기-보호 평가과정을 시작하기 위해서는 다음 질문들이 당신 자신의 감정이입 피로 경험과 관계가 있는지 스스로에게 질문을 하고 고찰해 본다.

① 나 자신의 감정이입 피로 경험과 관련하여 무엇을 발견하였는가?
② 감정이입 피로의 결과로 인해 어떤 생활 영역들이 도전을 받았는가?
③ 나 자신의 균형을 유지하기 위한 구체적 대처기술들과 다른 기술들은 무엇인가?
④ 내가 선택한 직업을 유지하기 위한 대처 능력, 탄력성에 대해 어떤 것들을 배웠는가?
⑤ 과거에 혐오스러운 일들로부터 벗어나기 위해 도움이 되었던 구체적 자원들로는 어떤 것들이 있는가?
⑥ 감정이입 피로 경험의 결과로 내가 발견한 감각, 목적, 의미는 무엇인가?
⑦ 감정이입 피로와 관련하여 동료들에게는 어떤 충고를 할 수 있는가?

고려해야 할 감정이입 피로 영역

Stebnicki(2000)는 전문상담사들과 기타 전문가들이 감정이입 피로와 관련된 기능적 위험 요인들을 인식하고 식별하는 데 도움이 될 수 있는 도구를 소개하였다. 이 기능적 평가 도구 항목들은 문헌에서 나타난 상담사 손상과 피로 조건들에 대해 메타 분석한 결과로부터 나왔다. 감정이입 피로 측정의 현 발달 수준에서는 영적 영역들의 내용을 고려해야 한다. 개인에 관한 정보 수집을 위해 다룰 필요가 있는 많은 영역들이 있다.

- 현재 혹은 이전의 개인 성격 특성과 상태들: A 성격 유형 특성들, 비현실적이거나 높은 기대감, 인식에 대한 욕구, 냉소주의 경향
- 정서적 혹은 정신적 문제들: 상담사의 수행 능력을 방해할 수 있는 근원적 정신건강 이슈들이나 행동들, 주요 사건들에의 직·간접적 노출, 치명적 이슈들 혹은 자신과 타인들을 해롭게 할 수 있는 사건
- 부적응적 대처 행동: 알코올, 약물남용, 담배 · 카페인 · 음식의 빈번한 섭취
- 연령/경험 관련 요인: 경륜 있는 전문상담사의 대처 능력 vs 상담에 갓 입문한 초급 상담사의 대처 능력, 내담자/소비자의 자신과는 다른 양식들을 상담하는 경험, 위기 반응에의 경험
- 상담사 근무 장소의 조직과 체계 역학: 상담사의 정서적 욕구들에 대해 민감하지 않거나 인식하지 않는 조직체계, 새로운 접근 방법들에 대한 조직이나 체계의 개방성
- 상담사가 고용된 조직과 관련한 특정한 상담사의 직무들: 직접서비스 vs 슈퍼비전, 담당 사례 수, 지나치게 많이 일하는 것, 시간 소비

- 독특한 사회문화적 속성들: 조직/고용주와는 상이할 수 있는 가치, 신념들, 문화 정체성
- 과거의 주요하고 스트레스를 유발하는 생애 사건들을 다루는 반응: 정신적 외상 혹은 STS의 노출 수준, 상담사 분리, 이탈, 와해적 사건을 식별하고 대처하는 능력
- 지지 수준과 자원들: 개인, 집단, 혹은 가족 지지, 다른 조력자를 구할 수 있는 능력
- 영성: 인생, 직업, 영적 그리고/또는 종교적 신념; 신, 종교 조직 그리고 어떠한 영적 존재들에 대한 분노

기능적 평가 접근 방식은 상담사와 연구자들이 감정이입 피로와 같은 상담사 손상 조건들을 예방하고 스크리닝하는 것을 돕기 위한 유용한 도구다.

일반적으로 도구 개발에서 잘 발달된 영역들과 항목들은 관심 있는 현상의 낮은 정도, 중간 정도 혹은 높은 정도를 예측할 수 있어야 한다. 예를 들면, 현재 정신건강과 약물 탐닉 관련 문제들을 지닌 상담사는 현재 개발 중에 있는 감정이입 피로척도상 높은 점수 범위의 상태에서도 이론적으로 기능할 수 있다. 이것은 개인의 빈약한 대처 능력과 탄력성 기술들로부터 기인한 것처럼 보일 수도 있다. 상담사의 근무 환경은 개인을 감정이입 피로의 급성 단계들 속에 노출시키는 긴장된 환경일 수 있다(즉, 정신병동/약물남용 병동, 공공 정신건강 위기센터).

이와 같이 자신의 감정이입 피로와 관련된 스트레스를 무시하거나 그것이 누적된 상담사들은 이 스트레스의 누진성 본질에 따라

반응할 수 있다. 또한 내담자 역전이와 관련된 개인적 격발요소들이나 복합적 민감 조건들에 반응하는 전문가들이 있으며, 이들은 감정이입 피로 경험에 취약하다. 감정이입에 지연해서 반응하든, 급성 혹은 누적적 반응들을 살피든 간에 상관없이 자신의 전문 직업 초기에 상담사 손상 이슈들을 다루었던 보다 숙련된 상담사는 이런 이슈들을 다루지 않았을 초보 상담사에 비해 보다 건강한 대처 기술과 탄력성 기술을 통해 기능할 것이다. 따라서 우리가 고려하는 시나리오에서는 나타난 감정이입 피로 수준(상, 중, 하)이 다음 사항들과 관련된다. 상담사의 역량 개발 수준, 위협적 사건이 급성 반응을 촉발하였는지의 여부, 그 사람에게 관련될 때에 특별한 스트레스원의 누진성 특징, 이전의 상담사 대처 능력들이나 혹은 적응-부적응 행동들, 그리고 주요 사건들에 대한 상담사의 이전 노출 경험 등이다.

일반적으로 감정이입 피로에는 다양한 위험 요인들이 있는데 그 개인의 진로 목표, 개인적 및 전문적 관계들, 그리고 개인의 대처 능력과 탄력성을 방해하는 것들이다. 따라서 감정이입 피로의 평가는 전체적인 관점에서 고찰이 이루어져야 한다. 척도 항목들 이전에 영역들을 개발하는 것은 척도개발 과정에서 필수적이다.

요인분석과 다른 통계적 과정들이 여기에 도움이 된다. 감정이입 피로의 구성 개념을 측정하기 위해서 다음의 영역들이 제안된다.

- 개인 특성: 현존하는 기존의 개인 성격 특성들, 정서적 혹은 정신 질환적 문제들, 부적응 대처 행동들
- 가족: 자원들의 지지 수준, 빈약한 대처 능력을 가진 가족력,

직업이나 혹은 경력에 대한 명백한 기대와 규칙의 부족

- 사회문화적: 세계관, 개인적 · 문화적 정체성, 직업 선택, 가족과 확대가족 구성원의 수, 대처 자원들, 연령, 성, 인종, 민족, 장애
- 발달 수준: 상담사의 경험 수준(실습, 인턴십, 대학원 혹은 전문가)
- 직업장면: 조직적이고 역동적인 시스템, 전문가가 고용되어 있는 환경, 구체적 직업 의무, 책임감, 조직 내 지위
- 신체적 조직들: 의학적-신체 상태, 만성 질환, 장애, 건강 상태, 영양섭취, 건강 관련 생활 스타일
- 인지-행동: 역기능적 사고패턴들, 스스로를 동기 부여할 수 있는 능력, 문제-해결 과제들에 대한 융통성
- 종교적-영적: 초월적 존재, 신, 영적 지도자 의식과 제례에 따른 종교적 실천 형태들

감정이입 피로 평가에 대한 도전

감정이입 피로의 기능적 평가는 자기-보호 스크리닝 도구로서 사용될 수 있다. 그러나 어떠한 평가도 집단적 공동 지혜와 상담 관련 원조전문가들처럼 지각 있는 사람들의 관찰에 근거하는 것이 필수적이다. 감정이입 피로를 측정하기 위한 기능적 평가 혹은 척도를 개발하는 데 있어 도전 요인들을 다음과 같다.

① 손상된 전문가를 위한 유일한 '임상척도' 또는 '단일 유형'은 존재하지 않는다. 오히려 피로를 느끼는 전문가들은 그들

의 환경적, 개인적 맥락에서 조망되어야 한다.

② 역전이, 열정피로, 직업스트레스, 소진, 기타 개념들을 구별해야 한다. 이 각각의 개념 특징은 이 책의 전반부에서 비교하고 대조하였다. 다양한 도구들[열정만족과 피로 검사(the Compassion Satisfaction and Fatigue Test), 직업스트레스 척도, Maslach 소진 척도(MBI)]이 이런 구성 개념들의 측정을 위해 이미 개발되었다. 일부 개념들과 요인들은 서로 상이하게 혹은 유사하게 정의될 수도 있다.

③ 감정이입 피로의 주요 경로들에 대한 분석은 이 책 제2장에서 서술되었다. 감정이입 피로 반응을 경험한 개인은 자기-보고된 피로감의 낮은 수준에서부터 중간 수준, 그리고 높은 수준에 이르기까지 연속된 것이라 생각된다.

④ 감정이입 피로 반응에 대한 측정은 신체 전반으로부터 경험된다. 따라서 개인의 신체적, 정신적, 영적 부분에 미친 영향을 측정할 필요가 있다.

⑤ 관련 문헌에서는 개인의 정신건강, 신체 건강 그리고 복지와 관계된 특징들, 증상들에 대해 충분히 설명하고 있다. 따라서 감정이입 피로 상태라고 할 때, 유사한 요인들과 영역들이 서로 관계될 수 있다. 이런 요인들에서 유사성과 차이점들은 현재 알려져 있지 않은 상태로, 그 이유는 감정이입 피로척도가 여전히 개발 중이기 때문이다.

⑥ 감정이입 피로의 원인이 되는 위험 요인들이 항상 있는 것은 아닐지도 모른다. 원조전문가들은 다양한 상담환경에서 다양한 내담자/소비자와 함께 일을 한다. 특별한 직업장면(즉, 위

기 반응, 진로상담), 내담자 유형(약물 vs 재난)이 상담사를 감정이입 피로에 쉽게 걸리도록 만들지는 않는다. 따라서 감정이입 피로는 강도, 심각성, 만성 상태 혹은 지속성의 관점에서 검토되어야 한다. 감정이입 피로가 단지 급성 반응을 의미하지는 않는다.

전체적으로, 어떠한 척도(우울, 스트레스, 안녕감 척도들)의 배후 이론은 주의 깊게 연구되어야 한다. 상담사 손상과 피로 증후군들의 척도는 개발하는 데 시간이 걸린다. 그러나 견고한 기초적 이론을 가진, 그리고 중대한 변수들과 그러한 변수들에 대한 전문가들의 경험 사이에 관계를 예측할 수 있는 측정도구를 개발하는 일은 시간이 걸리더라도 추구할 가치가 있을 것이다. 왜냐하면 개인의 자기-보호와 건강을 유지하는 일이 원조전문가에게 있어서 필수적이기 때문이다.

기능적 평가와 자기-보호 척도들의 제한점

기능적 평가와 자기-보호 척도들의 제한점들은 많이 존재한다. 감정이입 피로의 이론적 구성 개념을 다루는 데 있어 자기-보고식 척도들은 전문가 피로 증후군의 일반 범주 아래에서 진단을 위한 '황금률' 혹은 형식지향적일 수 없다. 다시 말해, 기능적 평가와 기타 자기-평가 척도들이 균형 잡히고 신뢰할 수 있는 방식을 고수하는 것이 중요하다. 이것은 어느 정도의 상담사 피로를 노출시킬 수 있는 사람들에게서 관찰될 수 있는 낮은 수준, 중간 수준, 높은 수준의 위험 요인들을 탐색하거나 문헌들을 스크리닝하고 혹은 체크리스트를 선별적으로 구성하는 여러 전문가들의 학제적 집단에서 성취할 수 있다. 손상된 상담사들에 대한 윤리적 암시는 여기에 관여될 수 있다. 따라서 자기-보고 또는 스크리닝 척도의 결과들에 대한 해석은 주의 깊게 접근되어야 한다.

많은 기능적 평가 도구들은 사실상 '토착성' 이 있으며, 현장 전문가들의 집단적 지혜를 대체할 수 없다. 또한 학제간 연구팀과 함께 일하는 훈련된 유능한 전문가들이 사용하는 신뢰성 있고 타당성 있는 심리 측정도구(the Beck Depression Inventory: BDI; the Alcohol Screening Instrument)를 대체하지 못한다. 기능적 평가 접근법은 각각의 개인적 특성과 속성에 대한 어느 정도의 가치를 부여함으로써 어떤 행동들을 수량화한 개인적 특성들의 점수 부여로 끝날 수 있는 과정이다. 측정과정은 매우 복잡할 수 있다. 연구자는 관심 있는 변수들과 구성 개념들을 수량화할 목적의 도구나 척도 개발을 위해서 경험적 지침들에 유의할 필요가 있다. 종종 계속되는 연구들을 통해 특정한 척도의 신뢰도와 타당도를 강화시킬 필요가 있다. 의미 있는 척도 개발과 관심 있는 변수들 사이에 존재하는 상관을 산출할 필요가 있다.

기능적 평가와 자기-보호 측정도구들은 심리측정 혹은 진단도구들이 아님을 명심하는 것이 중요하다. 평가는 단지 규정하기가 어려운 개념들(즉, 양가적 진로태도, 다른 사람들에게 열정을 보이는 낮은 에너지와 동기 상태의 저하)에 대한 상이한 관점들을 제공해 준다. 관심 있는 특정한 중요 현상에 대한 숙련된 관찰자들의 조작적 정의들이나 동의는 상담사 손상 혹은 피로 증후군들과 같은 다양하고 상이한 행동들과 특징들을 비교, 대체, 정의하는 데 도움이 된다.

기능적 평가, 자기-보호 측정은 크게 개인적 관찰, 지각, 가치, 신념, 예견 그리고 평가자/관찰자의 경험에서 비롯된 전반적 세계관에 기초한다. 기능적 평가, 자기-보호 측정의 근거는 연구자가 믿는 행동 특징들이 상, 중, 하 수준의 상담사 손상을 드러내는 원조전문가들과 일치되는 데 있다. 기능적 평가와 자기-보호 척도의 개발과 사용은 엄밀히 과학은 아니다. 그러나 열정피로, 소진, 우울, 직업적 스트레스와 같은 구성 개념을 측정하였던 많은 임상연구들이 있다. 이 중 일부는 상당히 정확하게 이 구성 개념을 묘사하고 있고, 구체적 행동 양상들을 예측할 수 있다. 전문가 손상과 그 위험 요인들에 대한 경고 신호들은 종종 애매하고 이해하기 어렵다. 측정문항들의 구성, 감정이입에 대한 지속적인 연구의 수행, 그리고 구체적 행동과 특성들의 구분은 감정이입이라고 불러도 좋은 현상을 촉발시키는 요인들을 조기에 발견할 수 있는 하나의 실천 전략을 구성하는 것으로 보인다.

무엇보다 중요한 것은 원조전문가가 그날의 말미에 정서적으로, 사회적으로, 신체적으로, 직업적으로 그리고 영적으로 소모된 후 측정된 자기-보호 척도 점수는 그 개인의 생활에 큰 도움이 되지 않는다는 점이다. 소모는 생존의 위협 요소가 되고 원조전문가에게는 역경의 대처 방식을 도전한다.

감정이입의 이론적 측정에서 전반적 기능 평가

포괄적 감정이입 피로평가(The Global Assessment of Empathy

Fatigue: GAEF)는 현재 개발 중인 이론적 측정도구다. 본 도구는 감정이입 피로의 전체적 경험을 다룬다. GAEF는 상이한 다섯 가지 기능상의 분류를 행한다. 원조전문가들이 이론적으로 경험할 수 있는 5수준(level Ⅴ)은 감정이입 피로가 가장 높은 단계이며, 1수준(level Ⅰ)은 감정이입 피로가 가장 낮은 단계다. 이런 상담사 손상 유형의 측정에 관한 이론적 구성 개념들은 현재도 연구되고 있다. GAEF가 이론적 개발단계에 있기 때문에 감정이입 피로의 구성 개념은 다른 상담사 손상과 피로 증후군들과는 이론적으로 구별된다. 아직까지 보고된 경험적 증거는 없다.

초기 개발단계에서 GAEF의 의도와 목적은 감정이입 피로를 경험한 원조전문가들의 전체 기능 수준을 살피는 방법을 제공하는 것이었다. 기능의 5단계로 개발된 내용은 책 말미의 참고문헌들 속에서 나타난 것처럼 포괄적인 문헌 고찰에 기초하고 있다. 소진, 열정 피로와 같은 전문 피로 증후군의 특징과 전문가의 다른 심리적 스트레스에 대한 측정은 7가지 별개 영역으로 구분되는 경향이 있다. 인지, 처리기술, 감정, 행동, 신체적, 영적 그리고 직업적 상담사 손상은 그 개인의 신체, 정신 그리고 영에서 손상되거나 피로화된 반응을 포괄하는 상태, 특징, 행동 그리고 다른 요인들의 집합체와 관련된 것으로 나타난다. 독자는 각 개인이 임상적 사건들과 급성, 누진적 그리고 일상스트레스원들을 상이하게 경험한다는 점을 숙지해야 한다. 따라서 어떤 상담사 특징들은 다른 특징들에 비해 보다 더 적절할 수 있다. 5수준(가장 손상된)에서 1수준(최하로 손상된)에 이르기까지의 이론적 연속성은 각 내용 영역 내에서 원조전문가의 최적의 기능 수준에 대한 하나의 표준이나 기준을 제공할 수 있다.

GAEF는 원조전문가들의 현재 기능 수준을 평가하도록 사용되어야 한다. 개인적 행동, 상태, 특성들은 그들이 관찰되는 환경에 종종 의존되기 때문에 아래 목록의 관찰사항들을 기록해야 한다. 개인이 하루의 다른 시간에 발생하는 사건들과 관련한 감정이입 피로를 경험함에 있어서 상이하기 때문에 시간표집 방법(the time sampling method)이 사용되어야 한다(즉, 아침, 점심, 저녁, 주말, 내담자 회기 전후, 격일제로). GAEF를 사용하여 다른 사람들이나 자기 스스로에 대한 평가를 고려하는 사람은 정서, 감정, 성격, 스트레스, 태도, 직무소진뿐만 아니라 정신, 신체, 영적 건강의 다른 영역까지 측정할 수 있는 다른 자기-평가 도구들에 대해 관심을 가져야 한다.

① 전문가의 자기-평가: 개인 스스로 자기-보고 척도로서 GAEF를 사용할 수 있다.

② 동료 전문가의 평가: 전문가는 자신의 임상 슈퍼바이저, 동료 멘토 또는 다른 전문가들에게 GAEF 척도를 독립적으로 사용하도록 요청할 수 있다.

③ 내담자/소비자의 평가: 상담환경 내에서 잘 고안된 체계에 따라 평가는 수행될 수 있는데 치료자의 내담자/소비자 혹은 세 파트(내담자, 치료사 그리고 독립된 관찰자)의 평가자 간 일치도가 사용될 수 있다.

④ 상담환경 외부의 독립적 관찰자들의 평가: 치료사는 가까운 동료전문가들에게 평가를 요청할 수 있다.

⑤ 다른 객관적 개인의 평가: 전문가는 자기-보호와 개인 성장에 대한 전문가의 개인 목표에 매우 헌신하는 사람(예, 개인 치료사들)에게 평가를 요청할 수 있다.

평가척도

지난 2주 동안 당신이 주로 경험한 감정이입 피로 수준을 평가해보라.

5수준

- 인지적: 상담사는 감소된 집중력의 감소를 보이고 골몰한다든지, 혼란스러운 사고를 가지고 있고, 내담자들을 차갑고 애정이 결핍된 방식으로 대한다.
- 상담처리 기술들: 치료적 상호작용 동안 내담자와의 라포와 상담관계는 거의 나타나지 않거나 극단적으로 긴장한다. 상담사의 경청과 주의집중이 거의 존재하지 않는다. 상담회기는 주로 사람, 자료, 사물들에 관한 기본자료 수집에 머문다. 상담사는 내담자 의도, 경험 그리고 정서를 통합할 많은 기회를 놓친다. 감정이입 반응들은 진실되지 못하다. 상담사는 방어적이고 염려하기도 하고 또는 회기 동안 치료적 개입을 하는데 과민성을 보일 수도 있다. 상담사는 높은 수준의 역전이 때문에 내담자 목표를 촉진함에 있어 저항을 보이기도 하고, 내담자의 도전을 회피할 수도 있다. 상담사는 개방형 질문법, 문제해결 중심의 탐침이나 문제 발견을 위한 브레인스토밍 기법을 사용하지 못할 수 있다.

- 정서적: 상담사는 결핍된 감정 상태, 매우 격앙된 혹은 지나친 정서 상태, 슬픔, 눈물을 표출할 수 있다. 상담사는 정서적으로 고갈되고 소진된 상태의 정서를 보일 수도 있다. 극단적으로 부정적이고 비관적인 감정을 느낄 수 있다.
- 행동적: 상담사는 성급함, 조급함, 공격성, 극도의 경계심을 나타내는 신체적 증상들을 나타낼 수 있다. 빈약한 눈 맞춤, 경직된 음량과 대화 속도를 보이고 언어는 산만하고 느리게 또는 빠르게 나타난다. 내담자와의 상호작용이 냉소적일 수도 있다.
- 신체적: 상담사는 얕은 호흡, 발한, 피로, 착석의 불편함, 고통을 나타내는 얼굴 찌푸림, 현기증 나는 감정표현, 메스꺼움, 근육 떨림 또는 씰룩거림, 심한 두통, 시력 저하를 나타내 보일 수 있다.
- 영적: 상담사는 신앙심이나 영적 신념에 대한 의미 혹은 목적이 부족할 수 있다. 상담회기 동안에 의사소통 또는 치료적 상호작용에서의 내적 대화 부족으로 이런 상태를 나타낼 수도 있다. 종합적으로는 영적 지지로부터 분리되어 있을 수 있다.
- 직업적: 상담사는 내담자 상담회기들을 취소하거나 나타나지 않음으로써 최소한 일주일 중 하루를 결근할 수 있다. 상담사는 직장에서 대부분의 모임과 동료들을 회피하고, 매일 일찍 퇴근을 한다. 또 상담사는 질병을 호소하고 유머에 대한 냉소적 감각을 표출하고, 전문적 근무환경을 가정 또는 개인관계와 구별하는 데 어려움을 겪는다. 빈약한 대처 능력과 결핍된 탄력성을 표출할 수도 있다.

4수준

- **인지적:** 상담사는 감소된 집중력을 표출하고, 다소 마음을 빼앗긴 것처럼 보인다. 약간 경미한 혼란스러운 사고를 표출하고, 냉정한 방식으로 내담자를 대한다. 불규칙하게 일부 분리된 태도를 보이며 사고가 불합리할 수 있다.
- **상담처리 기술들:** 치료적 상호작용 동안 관계 형성이 다소 어렵고, 상담관계를 형성하지 못한다. 주의집중과 경청력이 다소 빈약하고 제3수준의 경청과 주의집중에 비교할 때 다소 빈약하거나 매우 감소된 수준이다. 상담회기들은 사람, 자료, 사물 그리고 사건들에 관한 기초정보 수집에 머문다. 내담자의 사고 내용, 경험, 정서에 대해 잘 통합하지 못한다. 감정이입 반응들은 피상적이다. 상담사는 다소 저항적이고 표면적이기도 하며, 치료적 회기가 진행되는 동안 비언어적으로는 거의 흥미를 보이지 않는다. 상담사는 내담자 목표를 촉진시키는 데 저항이 증가되고, 일부 수준의 역전이 때문에 내담자에게 도전하는 것을 회피할 수도 있다. 상담사는 개방형 질문법, 문제해결 중심의 탐침, 문제 발견을 위한 브레인스토밍 기법을 거의 보여 주지 않을 수 있다.
- **정서적:** 상담사는 다소 위축된 감정 상태, 우울, 경미한 기분변화, 중간 정도의 슬픔을 표출할 수 있으며 정서적으로 피로하고 소진된 모습이 나타날 수 있다. 부정적이고 비관적으로 느낄 수 있다.
- **행동적:** 상담사는 다소 성급하고 안절부절못하고, 경쟁적이고 매우 조심스러운 신체 증상을 표출할 수 있다. 눈 맞춤은 적절하

지만 음량과 말하는 속도가 다소 경직되어 있고 산만하며, 느리거나 빠르다. 내담자와의 대인적 상호작용이 다소 냉소적이다.

- 신체적: 상담사는 약간의 얕은 호흡, 경미한 발한, 피로, 착석 동안 불편함을 호소하는 약간의 얼굴 찌푸림, 약간 머리가 띵한 느낌, 복통에서 기인하는 식욕 부진, 간혹 발생하는 근육 떨림과 씰룩거림, 보통 수준의 두통, 시력 저하를 나타낼 수 있다.
- 영적: 상담사는 신앙심, 영적 신념들에 관한 목적과 의미가 다소 부족하다. 상담회기 동안 이 부분을 호소할 수 있고, 치료적 상호작용 동안에 내면적인 대화를 통해 이것을 나타낼 수도 있다. 영적 지지가 다소 분리되어 있다고 느낄 수 있다.
- 직업적: 상담사는 한 달에 2~3일 정도 내담자와의 약속을 변경하기 위해 전화하고 결근할 수 있다. 직장에서의 회식과 동료들을 회피하고 직장에서 빨리 퇴근하는 날이 그렇지 않은 날보다 많다. 지속적으로 상담회기를 조기에 끝내고, 유머에 대해 냉소적인 반응을 표출한다. 전문적 직업환경을 가정과 개인관계로부터 분리하는 데 어려움을 가지고 있다. 감소된 대처능력과 탄력성을 나타내 보이거나 극복하려고 애를 쓴다.

3수준

- 인지적: 상담사는 다소 집중력 감소를 보이고, 마음을 빼앗긴 것처럼 보이며, 사고가 이완되어 있다. 치료과정에서의 집중력은 적절하지만, 상담사는 많은 내면적 사고들과 감정들에 조용하게 주의집중하고 있을 수 있다.

- **상담처리 기술들:** 치료적 상호작용 동안 내담자와의 관계 형성이 통상적으로 수립되는 것보다 더 길게 걸린다. 치료적 상담관계는 매우 늦게 달성될 수 있다. 상담사의 주의집중과 경청은 상당히 좋다. 감정이입은 제4수준보다 더 진실성이 있다. 상담회기는 사람, 자료, 사물, 사건들에 대한 기본 정보를 수집하는 데 관여될 수 있다. 치료적 상호관계들 속에서 일부 기회들이 상실되고, 내담자 이야기 과정의 처리에서 내용, 경험, 정서적인 부분 모두를 획득하지는 못한다. 상담사 반응들은 단지 단순한 감정이입 요소들만 담고 있다. 상담사는 다소 저항하거나 염려하기도 하고, 상담회기 동안 치료적으로 관여하는 데 있어서 비언어적으로는 거의 흥미를 보이지 않는다. 상담사는 내담자 목표를 촉진시키기는 데 있어 저항이 증가되고 약간의 역전이 때문에 내담자에게 도전하는 일을 회피한다. 상담사는 개방형 질문법, 문제해결 중심의 탐침 혹은 문제 발견을 위한 브레인스토밍 기법을 거의 사용하지 않는다.
- **정서적:** 상담사의 감정 상태는 적절할 수 있다. 경미한 일시적 우울, 기분 저하, 정서적 피곤함이 나타난다. 다소 부정적이고 비관적인 감정을 느낄 수 있다.
- **행동적:** 상담사는 참을성이 없거나 조급한 신체 증상을 나타낸다. 눈 맞춤은 좋지만 약간 부주의하다. 음성 톤과 말하는 속도는 약간 경직될 수 있다.
- **신체적:** 상담사는 약간의 피로감을 노출한다. 호흡에 약간의 좌절 어린 한숨이 섞여 있고, 착석하는 동안 불편함을 나타내는 얼굴 찌푸림이 약간 드러난다. 간혹 근육이 떨리고, 경미한

두통이 오거나, 눈의 건조함을 느낀다.

- **영적**: 상담사는 신앙심과 영적 신념에 관한 의미와 목적에 약간의 혼란을 가지고 있다. 상담회기 동안 이에 대해 의사소통하거나 치료적 상호작용들 동안 내면적인 대화 속에 혼란을 겪을 수 있으며, 영적 지지에 대한 일부 분리가 나타난다.
- **직업적**: 상담사는 한 달에 1～2일 정도 결근한다. 정각에 상담회기를 시작하는 것을 어느 정도 회피하고, 내담자가 나타나지 않기를 바란다. 평상시보다 상담회기를 일찍 끝내고, 회식과 퇴근을 일찍 하는 것에 미안해 한다. 직장에서 동료들과의 관계는 단지 피상적일 뿐이다. 유머에 대해 부적절한 감각을 표출하고 전문 직업환경을 가정 또는 대인관계와 구별하는 데 약간의 곤란을 겪는다. 대처 능력과 탄력성에서 약간의 어려움을 표출할 수 있다.

2수준

- **인지적**: 상담사의 주의집중에 경미한 문제들을 나타낼 수 있다. 간혹 몰두하는 것처럼 보이며, 사고 조직은 좋지만 지속적으로 재집중해야 할 필요성을 느낀다. 치료과정에 대한 집중력은 좋다. 내면적 사고와 감정들에 약간 반응하기도 한다. 내일은 오늘보다 나은 날이 될 것이라는 생각과 희망적인 사고를 한다.
- **과정처리 기술**: 치료적 상호작용이 이루어지는 동안, 라포 형성에는 통상적으로 걸리는 시간보다 약간 더 많은 시간이 소요되지만, 결국 치료적 과정에의 연결은 좋다. 상담관계가 획득되는 데는 다소 시간이 걸리지만, 내담자와 함께하는 치료적 과

정은 손상되지 않고 안정적이다. 상담사의 주의집중과 경청도 긍정적이다. 감정이입 반응은 제3수준보다 더욱 진실하다. 상담회기는 자료 수집, 내용, 내담자 이야기 이상으로 진행된다. 내담자 의도, 경험, 정서의 통합은 좋다. 단지 내담자에 대한 약간의 치료적 기회들을 놓칠 뿐이다. 감정이입 반응들은 다소 보다 깊은 수준이다. 상담사는 내담자 지지와 자원들에서 새로운 영역들을 발견하는 데 다소 저항을 보일 수 있지만 제3수준보다는 훨씬 낫다. 상담사는 다소 비언어적인 부적합성을 보이지만, 상담회기 동안 치료적으로 완벽하게 제3수준보다 잘 관여할 수 있다. 상담사는 역전이를 이해하는 데 감소된 흥미를 보이지만, 경험에 관해 다소 불편한 사고를 느낀다. 상담사는 개방형 질문법, 문제해결 중심의 탐침 혹은 문제 발견을 위한 브레인스토밍 기법을 사용하지만 더 좋아질 수도 있다.

- 정서적: 상담사의 감정 상태는 훌륭하다. 약간의 저하된 기분을 나타내 보일 수 있고, 경미한 정서적 피로가 나타나기도 한다. 스스로 약간 부정적이고 비관적인 감정을 가지고 있다는 사실에 주목할 수 있지만 자기-교정이 가능하다.
- 행동적: 상담사는 다소 참을성 없고 조급한 행동 표식을 나타내지만, 충분히 인식하고 있고 불편함이 나타날 동안 행동을 통제할 수 있다. 양호한 눈 맞춤, 질적인 음질, 우수한 언어 속도를 가지고 있지만 간혹 경직된다.
- 신체적: 상담사는 약간의 피로함을 나타내지만, 이런 피로감을 회피하기 위해 활동적인 조치를 취한다. 간혹 좌절의 한숨을 쉬기도 하지만 호흡은 항상 깨어 있다. 이완을 위해 내면적 대

화를 사용해야만 한다. 착석의 불편함에도 불구하고 행동은 이를 바로잡기 위해 노력한다. 욕구와 식습관은 다소 불규칙적이지만, 인식력이 우수해서 적절한 영양 섭취를 유지한다. 근육 긴장감이 다소 있고, 상담사는 신체적 건강 상태를 재유지하기 위해 끊임없는 자극을 요구한다.

- **영적**: 상담사는 신앙심과 영적 신념에 관한 의미와 목적에 재초점을 맞추기 위한 감각을 일부 인식하고 있다. 내면적인 목적 있는 대화를 통해 영적인 연결이 유지될 수 있도록 하루 동안 여러 시도들이 이루어진다. 영적 지지로부터 분리된 감각이 부분적으로 느껴지지만, 이를 재연결하려는 시도들을 수행한다.
- **직업적**: 상담사들은 한 달에 1～2일 정도 일에서 벗어날 필요성을 느낀다. 내담자들이 나타나지 않기를 바라지만 항상 정각에 상담회기를 수행하고 이를 지속한다. 때때로 일찍 모임을 떠나는 것에 미안해 하고, 근무 시에는 동료와 최소한의 관계만 갖는다. 일반적 유머 감각을 나타내지만 사회적 자아를 변환시키는 데는 어려움이 있다. 전문 직업환경을 가정과 개인적 관계와 분리하는 데 약간의 어려움이 있지만, 가정에 대부분의 개인적 요소를 남겨 두는 일은 가능하다. 보다 높은 수준에서의 더 나은 대처 능력과 탄력성을 가지고 있다.

1수준

- **인지적**: 상담사는 집중과 사고 조직에 약간의 문제들을 노출시킬 수 있다. 다양한 내적, 외적 촉진책들을 사용하는 것이 가능하며 치료적 상호작용에 재집중할 수 있다. 때때로 평상시보다

더 몰두한다. 치료과정에의 집중은 우수하지만, 평상시보다 내면적 사고와 감정에 더 빈번히 반응할 수도 있다. 내일이 오늘보다 좋을 것이라는 생각을 빨리 지나쳐 보낸다. 상담과정 처리 기술과 치료적 상호작용 동안 라포 형성은 평상시보다 다소 오래 걸릴 수 있지만 결과적으로 치료적 과정에서의 연결은 제2수준보다 낫다. 상담관계의 획득은 평상시보다 다소 오래 걸릴 수 있지만, 내담자와 진행하는 치료적 과정은 손상되지 않고 안정적으로 남는다. 상담사의 주의집중과 경청은 적절하다. 감정이입 반응은 제2수준보다 더욱 진실하다. 상담회기가 자료 수집, 내용, 내담자 이야기를 통해 이루어지고, 내담자 내용, 경험, 정서의 통합은 제2수준보다 더 훌륭하다. 내담자에 대한 치료적 기회가 매우 적게 손실되고, 감정이입 반응은 다소 깊은 수준이다. 상담사는 내담자 지지와 자원에 대한 새로운 영역을 발견함에 있어서 다소 머뭇거리지만 제2수준보다는 낫다. 상담사는 약간의 비언어적 불일치를 보이지만 상담회기 동안에 제2수준보다 치료적으로 더 완전하게 관여한다. 상담사는 역전이를 이해하는 데 관심을 많이 보이지만, 이 경험에 대해 생각하는 것에는 불편해 한다. 상담사는 개방형 질문, 문제해결 중심의 탐침, 문제 발견을 위한 브레인스토밍 기법을 사용하지만 더 향상될 수 있다.

- 정서적: 상담사의 정서적 상태는 우수하나 더 나아질 수 있다. 약간 저하된 감각 상태를 보이고, 감정적 피로가 다소 나타난다. 부정적이고 비관적인 경미한 감정을 스스로 이해하고, 자기-조정을 시작할 수 있다.

- 행동적: 상담사는 다소 참을성 없고 성급한 행동 증상들을 나타내지만, 이런 행동을 통제할 수 있을 만큼 충분히 깨어 있다. 우수한 눈 맞춤, 좋은 음질과 말의 속도를 사용하지만 때때로 경직된다.
- 신체적: 상담사는 약한 피로감을 나타내지만 그런 피로를 회피하기 위한 활동적 대처 방안을 강구한다. 간혹 좌절의 한숨을 내쉬지만 호흡은 안정적이다. 이완을 위해 내면적인 대화를 사용해야 하며, 다소 불편한 경험들을 해결하기 위한 노력이 상담회기 동안 취해진다. 식욕과 식사습관들이 다소 불규칙해지지만, 적절한 영양 섭취를 유지하기 위한 행동들이 취해지고 좋은 의식 상태를 유지한다. 근육에는 약간의 긴장감이 느껴지고 신체적 안녕의 재유지를 위해 지속적인 자극이 요구된다.
- 영적: 상담사는 신앙심과 영적 신념의 목적과 의미에 재집중할 수 있는 일부 깨어 있는 감각을 가지고 있다. 자기-보증 후에 대인관계에 대한 감각이 회복된다. 영적인 지지가 부족하다는 느낌 때문에 재차 새로운 노력들이 취해진다.
- 직업적: 상담사는 한 달에 1～2일 정도 일에서 벗어날 필요가 있음을 느낄 수 있다. 내담자가 나타나지 않기를 바라지만, 항상 정각에 상담회기를 수행하며 이를 지속한다. 간혹 일찍 모임을 떠나는 것에 대해 미안해 하고, 직장에서 동료와의 만남은 평상시보다 적다. 유머에 대한 일상적 감각을 보이지만, 사회적 자아로 전환시키는 데는 어려움이 있다. 직장 생활을 가정 생활과 개인관계로부터 분리하는 데 약간의 어려움이 있지만, 가정에 대부분의 개인적 요소들을 남겨둘 수 있다. 2수준보다는 더 좋은 대처기술과 탄력성이 있다.

상담사 손상과 피로 증후군을 위한 자원들

우선 미국상담학회(American Counseling Association: ACA)의 상담사 안녕과 손상 태스크포스(www.counseling.org/wellness_taskforce/tf_resources.htm)가 있다. ACA는 북미에서 규모가 가장 큰 전문 상담학회다. 이 학회는 상담사 자기-보호에 필요한 매우 포괄적인 자원을 제공한다. 여기에는 안녕감, 전문적 삶의 질 그리고 외상성 스트레스와 다른 여러 가지 평가를 포함하는, 전문상담사들을 위한 복합적인 평가와 스트리닝 도구들이 있다.

Gift From Within(www.giftfromwithin.org)은 외상성 스트레스 환자들을 위한 비영리 국제기구다. 이 독특한 기구는 PTSD 환자들을 위해 헌신하고 있으며, 가족, 친구, 동료들로부터 많은 지지를 받고 있다. 교육 자료들과 상담 세미나, 워크숍 리스트와 온라인 지지가 제공된다.

또한 Green Cross Foundation과 Green Cross Academy of Traumatology(www.greencross.org)가 있는데, Green Cross는 Chales Figley 박사와 열정피로와 관련된 연구와 교육 기초자료들을 개발한 그의 동료들이 창설한 외상전문가들(traumatologists)의 기구다. Mark Lerner Assoclates, Inc.(www.crisisdoc.com)의 Lerner 박사는 극도의 스트레스와 생활상의 외상 사건들을 경험한 사람들과 기관들을 위해 상담하는, 국제적 명성을 지닌 임상심리학자이자 외상성 스트레스 자문가다. Lerner 박사는 외상성 사건들 이후에 개인과 기관들을 위해 고안된 훈련 및 교육자료들과 워크숍, 그리고 자문을 제공하고 있다.

이 책 부록의 특별한 목록들은 관심 있는 독자들이 자료로서 참고하기에 충분할 것이다.

결론

감정이입 피로와 같은 상담사 손상들에 대한 평가는 하나의 연속적 과정이다. 상담사 손상의 예방은 상담의 강도나 본질에 따라 어떤 환경들 속에서는 결코 가능하지 않을 수 있다. 안전한 환경을 제공하여 내담자가 상실감, 비애, 스트레스, 고통 혹은 괴로움을 노출시키도록 하는 것에는 심리적 비용이 발생할 수 있다. 내담자들의 정서 수준에 따라 감정이입적 반응을 하고 민감해지는 것은 우리가 임의로 할 수 있는 것이 아니다. 그러나 정서적 민감 부분들에 대한 식별은 원조전문직들 내의 효과적이고 윤리적인 임상실천을 위해 필수적이다.

이 책의 제11장에서 어떻게 정서적으로 민감한 부분들을 원조전문가를 양성하는 대학원 수준의 대학원 상담 프로그램과 직업 내에서 조기에 다룰 수 있는가를 이해하도록 할 것이다. 따라서 자기-보호 실천 방식들의 개발은 감정이입 피로 혹은 상담사 손상을 식별하고 예방을 조기에 시작하도록 할 것이다. 원조전문가로서 조기에 자신을 개발하는 일에는 고도 수준의 전문주의, 능력 그리고 상담전문직의 성실성을 소유한 유능한 임상 슈퍼바이저로부터 지도가 필요하다. 이 책의 제11장은 임상 슈퍼바이저들, 상담교육자들 그리고 상담사 손상들을 경험하는 사람들의 식별, 예방 그리고 중재에 따른 전문 상담협회들의 역할과 기능들에 관해 다루고 있다.

제11장

감정이입 피로의 식별, 예방 그리고 치료에 대한 임상 슈퍼바이저의 역할

대학원 수준에서 가르치는 상담교육자들과 임상 슈퍼바이저들은 대부분 의도적 면접기술, 상담 전략과 기법들의 모델링, 내담자-상담사 회기들의 비디오와 오디오 기록들에 대한 경청과 시청과정으로 수없이 많은 시간을 보낸다. 이런 기술들은 모두 라포를 형성하고 자신의 내담자/소비자들과 좋은 상담관계를 구축하기 위한 훈련과정의 상담사들을 준비시키는 데 필수적이다.

그러나 임상 슈퍼바이저들은 보다 복합적인 과제들을 수행할 필요가 있다. 예를 들면, 슈퍼바이저들은 여러 형태의 슈퍼바이지들의 학습스타일들을 촉진시키기 위해 필요한 전문가, 치료사 그리고 상담교육자 역할을 필요로 하기 때문이다.

임상 슈퍼비전은 전문 성장과 발달 관련 이슈에 있어서 슈퍼바이지들을 원조하는 데 필수적이다. 따라서 창조적 슈퍼비전 활동들을 촉진시키는 일은 전문상담사 준비생들의 훌륭한 정신적, 신체적 그리고 영적 건강을 촉진시키는 데 필수적이다. 실제로 현장에 종사하지 않는 대학원 교육을 담당하는 많은 임상 슈퍼바이저들은 강한 대인관계 이슈들을 지닌 내담자/소비자들을 교육할 때 나타날 수 있는 직업스트레스와 일상의 업무들을 잊어버릴 수 있다. 훈련과정상 몇몇 상담사들의 전면에 놓여 있는 스트레스원들은 정신적, 신체적 그리고 영적 복지에 대해 직업을 포기할 정도의 손상들을 초래할 수 있다.

따라서 임상 슈퍼바이저들이 슈퍼바이지들의 개인 성장과 자기-보호 욕구들에 관해 주의를 기울이는 것은 하나의 의무다.

대학원 상담훈련 프로그램상으로 조기 자기-보호 기술들의 개발은 점차 교과과정의 임상 측면에서 필수적 내용으로 인식되어 오고 있다(Baker, 2003; Newsome et al., 2006; Weiss, 2004). 그러나 전문상담사를 준비하는 사람들이 최초의 임상 경험과 그 이후에도 자기-보호 전략들을 계획하고 조직하며 그리고 자기주도적으로 시작하도록 준비시키는 교육 프로그램들은 아직 매우 드물다. Newsome과 그 동료들(2006)은 대학원 교과과정이 어떤 주에서 60학점을 요구하고 자기-보호 접근 방식들을 촉진시키기 위한 공간은 별로 남겨져 있지 않다고 지적하였다.

자기-보호 접근 방식들의 개발은 상담교육자와 슈퍼바이저의 의무라기보다는 오히려 슈퍼바이지의 책임으로 간주되는 경우가 많다.

슈퍼바이지의 감정이입 피로를 다루는 데 있어서의 윤리적 고려점

전문 분야로서 상담과 심리학은 전문직의 디스트레스, 감정이입 피로 그리고 상담사 손상의 이슈들을 해결하기 위해 노력하였다. 각각 미국에서 가장 큰 전문 상담학회, 심리학회인 ACA와 APA는 전문가들의 개인적 성장과 개발의 지원에 필요한 이런 중요한 욕구를 인식하였다. 이들 두 집단 외에도 다른 전문 기구들은 전문직의 손상, 상담사 소진, 디스트레스, 열정 긴장 그리고 감정이입 문제들을 해결하기 위한 의식적이고 의도적인 노력을 기울여 왔다.

이것은 여러 가지 위기 요인 평가에 관해 공표하고 상담사/심리 전문가의 손상을 해소시키려는 다양한 자원과 전략들을 제공함으로써 성취되어 왔다. 그러나 어떤 전문 상담/심리학회와도 연계되지 않은 원조전문가들도 많이 있다. 따라서 상담교육자들과 슈퍼바이저들, 그리고 전문 학회들은 손상받은 전문가들을 구조하기 위한 이런 노력들을 증대시킬 필요가 있었을 것이다. 이와 관련된 유용한 많은 자원들이 있다. 그러나 상담교육자들과 임상 슈퍼바이저들은 전문가 손상 조건들을 인식하여 예방하는 최일선에 놓여 있다.

윤리적으로, "임상 슈퍼바이저들은 내담자들에게 질적인 상담서비스들을 제공할 수 없는 어떤 슈퍼바이지에 대해서 원조를 보낼" 의무가 있다(National Board for Certified Counselors: NBCC, 2007 Section C.[h]). 따라서 상담교육자들과 슈퍼바이저들은 상담사 손상 특징들을 식별하도록 요청된다. 전문상담사들 자신은 정서적으로 혹은 신체적으로 손상되었을 때에 필요한 원조를 요청할 책임이 있다. ACA 윤리강령(2005)은 Section C.2.g에 상담사들은 "전문 손상 정도에 이르는 문제들에 대해 필요한 도움을 요청해야 되고, 필요하다면 자신의 일을 안전하게 재개할 수 있다고 결정될 때까지 그들의 전문 책임들을 제한, 연기 혹은 종료시켜야 한다." (p. 9)고 제시하고 있다. 공인재활상담사 자격위원회(Commission on Rehabilitation Counselor Certification: CRCC, 2001) 전문 윤리강령 또한 "재활상담사들은 자신의 신체적, 정서적 혹은 정신적 문제들이 내담자들이나 다른 사람들을 해롭게 할 가능성이 있을 때 전문서비스의 제공이나 재개를 삼가야 할 것이다."라고 진술하였다(p. 8).

사람들이 지켜야 할 전문 수행강령과는 상관없이 상담사 손상과 관련하여 상담사들이 유념해야 할 내용은 다음과 같다. ① 소비자들에게 서비스를 제공할 수 있도록 충분한 기술과 역량들을 지녀야 하고, ② 임상에 종사하는 전문 영역에서 수용할 만한 능력 수준에 이르러야 하며, ③ 자신의 직무에 따른 개인의 정서적/심리적 스트레스를 대처하거나 통제할 수 있는 능력을 지녀야 하며, 그렇지 않으면 서비스를 제한, 연기 혹은 종료해야 한다. 그리고 ④ 내담자들과 소비자들에 대해 전문적으로 유능하고 윤리적으로 상호작용할 수 있는 그들의 능력을 방해할 수 있는 개인적 위기 요인들을 평가하기에 충분한 자기-인식을 소유해야 한다.

사실 상담사 손상은 원조전문가들의 일반적인 걱정거리이며, 전문 수행 윤리강령에 반드시 포함시켜야 할 만큼 빈번하다. 나아가, 상담교육자들과 슈퍼바이저들은 상담사들이 다른 사람들을 강렬한 서비스 수준에서 상담할 때 심리적, 사회적, 정서적, 신체적, 영적 그리고 직업적 비용이 따를 것이라는 가능성을 예견하고 계획해야 한다는 증거가 있다.

슈퍼바이지의 복지를 강화시키기 위한 지속적 개인 성장과 발달은 슈퍼비전 과정에서 필수적인 한 가지 요소다(Stebnicki, 1998). 따라서 임상 슈퍼비전과 관련될 때 윤리강령은 처벌적 행동들에 관한 생각들을 환기시키지 않도록 해야 한다. 오히려 사려 깊은 임상 슈퍼바이저들은 자신의 슈퍼바이지들에 대해 다양한 슈퍼바이징 스타일과 방식들을 사용하여 긍정적인 대인관계적 상담관계를 촉진시키는 지지적 역할을 취해야 한다. 슈퍼비전 시기 동안 시간을 가장 많이 소요하는 부분이 상담절차와 사례개념화 기술들을 다루는 것이고 나아가 내담자-상담사 관계 속의 한계 문제들에 대한 논의, 사례개념화 기술들 그리고 그 절차들을 다루는 것이다. 그러나 훌륭한 슈퍼비전의 많은 부분은 또한 내담자-상담사 상호작용들 속에서 슈퍼바이지가 경험하는 개인 스트레스에 초점을 두어야 한다.

슈퍼바이지의 역전이를 분석하면서 내담자에 대한 부적절한 반응들이나 다른 비윤리적 행동과 유사한 다른 문제들은 임상 슈퍼바이저의 치료 양식에 따라 다룰 필요가 있다. '누구나 알지만 간과하기 쉬운 심각한 문제'를 인식하지 못해서는 내담자의 성장과 진보를 꾀할 수 없다. 따라서 상담교육자들과 임상 슈퍼바이저들은 슈퍼바이저-치료사의 역할과 더불어 교사-슈퍼바이저 역할의 균형을 취해야 한다.

윤리적 의무로서 슈퍼바이지 복지의 개발

Myers와 Sweeney(2005)는 상담교육자들과 슈퍼바이저들이 대학원생들과 슈퍼바이지들의 전문상담사 개발과 성장의 초기에 복지 계획들의 개발을 원조하도록 주창하였다. 슈퍼바이지의 개인 성장과 복지 모니터링은 전문상담사 준비생들이 경험할 때 필수적이다. 전문상담사 준비생의 정신, 신체, 영에 대해 복지-지향 철학을 적용하는 일은 임상 슈퍼바이저들에게 상담사 손상, 소진 그리고 열정 혹은 감정이입 피로를 조기에 발견하고 예방하는 하나의 수단으로써 기능할 수 있다. 따라서 상담사 훈련 프로그램들과 임상 슈퍼바이저들은 슈퍼바이지의 내담자/소비자 치료관계와 자기-보호 실천의 촉진을 모니터할 최초 책무를 지닌다.

개별 상담전문 분야 내에 다양한 개론 성격의 상담 교재들이 있다. 상담사의 전공 영역에 관계없이 대부분의 슈퍼바이지들은 다음과 같은 개론 성격의 기술들을 배운다.

① 주의집중, 경청, 감정이입적 반응, 질문, 탐침, 반복 그리고 요약을 포함하는 강렬한 면접기술들을 통한 내담자/소비자 라포의 형성
② 자신의 내담자/소비자와 상담관계를 성취하기 위한 기본 기법들과 전략들의 촉진
③ 상이한 인종적, 민족적, 문화적, 성별 그리고 장애 배경들을 지닌 내담자들을 상담할 때 객관적이고 개방적이며, 유연하게 대하는 능력의 신장
④ 목적-지향과 해결중심 환경에서 복합적 자원들과 지지로써

내담자/소비자들을 역량강화시키는 방법들

따라서 대학원 수준의 상담훈련 프로그램들에서는 다른 사람들을 어떻게 돌보느냐에 관해 배우는 데 가장 많은 시간을 사용하지만 자기 자신에 대해서는 매우 적은 시간을 사용한다(Skovholt et al., 2001). 상담훈련 프로그램에서 가장 본질적 요소들 중에 하나는 자기-보호 프로그램의 개발과 유능한 원조전문가로 발전하는 데 따르는 스트레스와 관련되어 있다.

원조전문가 되기

오로지 대학원 수준의 상담 프로그램에만 헌신한다는 것은 몇몇 학생들에게 큰 스트레스가 수반되는 생활 사건이다. 학생들이 자신의 직업으로 상담을 선택하는 이유는 다양하다. 많은 사람들은 자신 혹은 자기 가족이 상실, 비애, 성적 학대, 약물남용, 만성 정신적/신체적/의료적 조건들이나 장애와 같은 중요한 생활 사건들을 경험하며 살아가기 때문에 상담이라는 직업에 이끌릴 수 있다.

어떤 사람들은 단순히 여러 가지 정신적, 정서적, 사회적, 대인관계적, 신체적, 직업적 혹은 영적 건강 문제들을 지녔을 수 있다. 많은 사람들은 행정이나 감독 역할들을 수행하는 것과 반대로 직접 서비스들을 제공하는 인간서비스 환경들 속이나 혹은 인간중심 환경 속에서 상담할 수 있는 적성들을 지닌다.

이 분야를 선택하는 그 개인의 이유가 무엇이든 간에, 다음과 같은 슈퍼바이지 요소들을 임상 슈퍼바이저들이 인식하는 것은 필수적이다.

① 그러한 전문직 선택에 따른 개인 동기들
② 스트레스 수준과 역전이 문제들, 그리고 원조전문가들과 유사한 여러 문제들을 지닌 내담자/소비자들을 상담하는 동안 슈퍼바이지로 하여금 도전하도록 하는 다른 정서적 요인들
③ 원조전문직에 관한 태도, 가치 그리고 신념들
④ 개인적 및 전문적 성장과 관련된 장기 발달 목적들

임상 슈퍼바이저들은 슈퍼바이지들이 어떠한 유형의 내담자들을 상담할 때 자신의 정서적으로 예민한 부위들을 인식하도록 도울 수 있다. 예를 들면, 고위험 청소년들(즉, 약물남용자들과 빈약한 충동조절과 대항 결손장애를 지닌 사람들)의 상담이 단기 감정이입 피로 경험을 초래할 수 있는 전문상담사 준비생들이 초기에 직면할 수 있는 고위험 상황이 된다. 이것은 특히 삼각관계 내(즉, 청소년 내담자, 부모 그리고 상담사)에 관여한, 정서적으로 피로를 경험한 부모가 있을 때 심각하다. Goodwin(2002)은 십대들은 쉽게 부모들을 지치게 만드는 '단초 제공자들'의 원천이 되는 주요 사례라고 지적하였다.

전문상담사 준비생 또한 이 삼각관계 내에서 강렬한 치료적 상호작용들 이후의 정서적, 신체적 소모 위험에 놓여 있다. 고위험 청소년들을 상담할 때, 심지어 가장 이해를 잘하고 감정이입적인 부모나 전문상담사 준비생인 경우에도 어느 정도의 심리적 스트레스를 경험할 것이다(Stebnicki, 2007c). 그 결과, 이 경험은 상담사 탄력성

과 대처기술들을 구축할 수 있는 기회를 부족하게 만들어 전문상담사 준비생을 압도할 수 있다. 치료적 상호작용 동안 어떻게 부모와 그 청소년이 단초를 제공하는지에 관해 전문상담사 준비생이 인식하고, 파악하고, 이해하도록 요구한다.

부모의 피로는 전문상담사 준비생에게 전이될 수 있다. 이것은 슈퍼바이저가 자신의 슈퍼바이지에 대해 상담 상호작용의 삼각관계에 대한 감각을 익히도록 조력하는 데 요구될 수 있는 시나리오의 주된 사례다.

따라서 슈퍼바이지는 부모와 청소년 상호작용 시에 보다 의식적이고 의도적으로 행동하여 자신의 피로 단초들이 어떻게 촉발되는지를 이해할 수 있도록 행동할 필요가 있다. 자기-보호 접근 방식들을 통해 상담사 탄력성 전략들을 구축하는 과정을 탐색하기 시작하는 것은 전문상담사 준비생에게는 하나의 기회다.

슈퍼바이지의 세계관, 신념 그리고 가치에 대한 자기-평가

슈퍼바이지의 개인적 자기-인식과 독특한 생활 경험을 점검하기 위해 다음과 같은 노력이 초기 슈퍼비전 시기에 사용될 수 있다. 이런 노력이 보다 중요한 점은 슈퍼바이저들이 슈퍼바이지들의 개인 성장과 발달 욕구의 인식을 촉진시키는 기회를 제공한다는 것이다. 슈퍼바이지들과 함께 이런 이슈들을 해결하기 위해서는 자기-보호 실천 방법들을 개발하고 감정이입 피로 축소를 위한 목적의 상담사 탄력성을 증대시킬 전략들의 배양 필요성을 강조하게 된다.

사람은 누구나 독특한 생애 경험들을 지닌다. 우리 자신의 선험적 도식(schemata, 즉, 정서, 인지, 가치, 신념들)에 따라 다른 사람들에 대해 반응하기 때문에 우리 개인의 게슈탈트는 우리 내담자/소비자들을 위해 조성하는 치료환경에 영향을 미친다. 슈퍼비전 상담관계가 설정된 이후에 슈퍼바이저는 전문상담사 준비생의 세계관에 대한 개방적 논의를 개시해야 한다. 이것을 행하는 하나의 구조화된 방법은 다음과 같은 목록에 있는 개방적 질문들에 대해 간략히 대략 10개 정도를 슈퍼바이지가 살펴보도록 하는 것이다.

① 사람들이 개인상담 혹은 집단상담을 받으러 가는 몇 가지 이유들은…….
② 상담사들은 자신의 삶을 살아가는 데 보다 효과적이 되도록 ……와 같이 다른 사람들을 도울 수 있다.
③ 상담에 임하는 내담자/소비자들이 ……할 때 변화한다.
④ 상담사-내담자/소비자 사이에 책임은 ……로 시작된다고 본다.
⑤ 고도로 효과적인 상담사들이란…….
⑥ ……할 때 비효과적인 상담이 일어난다.
⑦ 내담자/소비자들이 상담으로부터 이익을 얻을 수 없는 몇몇 이유들은 ……이다.
⑧ 만약, 나와는 문화적으로(즉, 인종, 민족, 성별, 장애, 종교 그리고 영적으로) 상이한 내담자/소비자를 상담해야 한다면, 나는 특별히 ……를 꺼려 할 것 같다.
⑨ 상담사들은 자기 자신의 정서적, 신체적 혹은 영적 복지를

……함으로써 돌볼 수 있다.

⑩ 상담 시 갈등이나 딜레마가 발생하면, 나는 …… 할 것이다.

⑪ 상담사들이 도전받을 수 있는 몇몇 개인적 문제들은 ……이다.

⑫ 상담사들이 자신의 개인 성장과 발전을 기할 수 있도록 하고 불쾌한 하루를 극복하도록 돕는 가장 성공적인 것 중 하나는 ……이다.

슈퍼바이지들과 함께 이런 반응들을 처리하는 일은 피로 단초들을 조기에 인식하도록 원조할 것이다. 슈퍼바이저들은 슈퍼바이지들의 반응과 자신의 독특한 가치체계, 행동, 정서, 감정들, 성격 그리고 미래의 내담자/소비자들의 목적들이 긍정적 혹은 부정적으로 상호작용하거나 내담자-상담사 치료관계를 오염시킬 수 있는 방식에 주의를 기울여야 한다. 슈퍼바이지들의 세계관은 궁극적으로 다음과 같이 자신들에게 영향을 미칠 것이다. ① 이론적 접근, ② 그들 내담자/소비자들의 기대, 그리고 ③ 내담자-상담사 회기 내의 전반적인 치료상의 상호작용들이다. 임상 슈퍼바이저들은 자신의 최초 슈퍼비전 회기를 위 목록의 질문들을 간략히 소개하면서 시작할 수 있다.

임상 슈퍼바이저의 주된 과제들 중 하나가 슈퍼바이지가 숙련되고 역량이 있으며, 윤리적인 상담전문가로 되도록 만드는 능력을 극대화시킬 슈퍼비전 방식들을 촉진시키는 것이다. 따라서 이것은 발달상으로 슈퍼바이지들이 자신의 전문직을 유지시키고 감정이입과 같은 상담사 손상 증후군들의 위험을 감소시키기 위해 자기-보호 실천방법들을 이해하고 습득하도록 원조하는 적절한 시간으로 생각된다. 상담훈련 프로그램을 위해 쓸 만한 여러 가지 탁월한 상담 교재들이 있지만, 상담사 탄력성 구축에 필요한 자기-보호 필수 요소들을 다루는 교재는 거의 없다. 따라서 슈퍼바이지의 실습, 인턴십 그리고 학교 졸업 후의 경험은 상담사 탄력성과 자기-보호 전략들의 개발에 적절한 행운의 시간들로 보인다.

직업스트레스와 소진을 수반한 다른 일반 업무들과 현재 일 사이의 차이점들 중 하나가 전문상담사의 정신, 신체 그리고 영에 초점을 두는 통합적 접근방법들의 현 상태에 관한 논의다. 임상 슈퍼바이저들은 상담과정의 기초, 원칙, 철학 그리고 기술들에서 슈퍼바이지들을 훈련시킬 필요에 대해 그냥 지나칠 수 없다. 그러나 이 과정의 상호관련성은 내담자와 상담사 사이에 나타나는 전문 관계의 강한 특성이다. 우리가 상담하는 개인, 부부 그리고 집단들은 그들의 대인적, 정서적, 사회적, 물리적, 관계적, 직업적 그리고 영적 복지에 영향을 미치는 조건들을 가지고 있었다. 따라서 그 내담자와 슈퍼바이지가 더불어 경험하는 과정에서 약간의 치료적 상호작용이 일어날 것으로 기대해야 한다. 이런 경험들에 대한 기대는 감정이입 피로 예방 접근 방식들을 수행하는 하나의 기회를 제공한다.

임상 슈퍼바이저들은 자기-슈퍼바이지들이 이런 개인문제들의 발생 시 무엇을 해야 하는지 이해하도록 도울 수 있다. 따라서 슈퍼바이지들이 지속적인 자기-보호와 자기-평가 실천을 돕는 자원들을 통해 역량강화하도록 특별한 강조점이 주어져야 한다. 이런 실천의 목적은 상담사 탄력성을 구축하고 장래의 상담사 손상 가능성을 낮추는 것이다.

슈퍼비전 계획 수립

슈퍼비전 계획 수립에 관해서는 최근에 많은 연구가 발표되었다. 슈퍼바이저들은 다음 사항들을 통해 자신의 슈퍼바이지가 자기-보호 기술들의 습득을 원조하는 데 필요한 슈퍼비전 시간을 계획할 수 있다.

① 상담 분야에서 개인적/전문적 성장 잠재력의 자기-탐구
② 직업과 진로, 정신과 약물남용, 정신보건, 결혼과 가족, 신경재활, 교정 분야, 여러 지역사회 재활, 보건, 시설 분야를 포함한 여러 장면들 속에서 다양한 내담자/소비자 문제들을 해결하는 방법의 학습
③ 자신의 개별화된 지지와 자원들을 개발할 수 있는 내담자/소비자들의 책임을 극대화시키도록 역량강화하기
④ 소진과 감정이입 피로를 피해갈 수 있도록 원조할 지지체계들의 개발

전반적으로 슈퍼바이저들은 실습, 인턴십 그리고 졸업 후 슈퍼비전을 슈퍼바이지의 역전이, 상담사 손상, 직업적 소진 그리고 감정이입 피로에 관련된 문제들의 자기-탐구, 자기-평가 그리고 논의를 위한 시간으로 사용할 수 있다. 전문상담사 준비생들을 위한 역량강화 전략들의 개발은 상담사 개발과 보다 나은 문제해결 관리에 이르는 탄력성 기술들을 가능하게 만드는 기회의 제공에 있어

매우 중요하다.

슈퍼바이지의 내담자-상담사 회기 분석

슈퍼비전을 촉진시키기 위해 활용할 수 있는 많은 전문 슈퍼비전 역할들이 있다. Delworth(1988)는 교수, 상담 그리고 자문에서 슈퍼비전 역할을 통합시키는 하나의 역할을 기술하였다. 본질적으로 이 모형은 슈퍼바이지들이 다음과 같은 요소에 주의를 기울일 필요가 있다고 제안하였다.

① 슈퍼바이지의 상담처리 기술들(즉, 슈퍼바이지가 슈퍼바이저의 관찰 아래 회기 동안 행하는 것)
② 슈퍼바이지의 사례개념화 기술들(즉, 슈퍼바이지가 회기에서 무엇이 일어나는지 이해하고, 상담 패턴을 분별하거나 구체적 중재기술들을 선택하는 것)
③ 슈퍼바이지의 개인화 기술들(즉, 슈퍼바이지가 자신의 개인적 이슈들로 회기를 오염시키는 것을 피하도록 치료사들과 슈퍼바이지 능력의 일치를 포함하여 내담자와 관련짓는 방식들)

어떤 구체적 슈퍼비전 회기가 자신들의 개인 이슈들에 초점을 둘 때 도움이 되지 않는다는 사실을 대부분의 슈퍼바이지들이 알고 있음에도 불구하고(Stebnicki, Allen, & Janikowski, 1997), 이런 분석은 슈퍼비전 과정에서 하나의 필수적인 요소이며, 특히 내담자-상담사 상호작용들과 관련된 어떤 특별한 상황에서 보다 적절할 것이다.

따라서 다음 질문들이 오디오 테이프, 비디오 테이프 혹은 내담자-상담사 회기의 실황 시청 시 다루어질 수 있지만 또한 감정이입 피로와 같은 상담사 손상의 하나의 대요(大要)를 슈퍼바이지에게 제공할 수 있다.

① 당신 내담자의 가장 생산적인 혹은 역동적인 부분은 무엇인가?
② 내담자 회기에서 가장 중요한 혹은 가장 의미 있는 성취는 무엇인가?
③ 회기의 어떤 부분이 당신 자신에게 가장 도전적이라고 여겨졌는가?
④ 당신 내담자가 구체적 재발 문제들, 정서/감정들 그리고 경험들을 표현할 때 어떻게 느꼈으며 반응했는가?
⑤ 당신 내담자와 상담관계를 가질 때 회기의 어느 부분이 불편하였는가, 혹은 긴장감을 느꼈는가?
⑥ 당신을 혼돈스럽게 하였을 때 내담자의 언어적 및 비언어적 의사소통에 관해 무엇을 발견하였는가?

위의 질문들이 슈퍼바이지들과 더불어 다루어진 이후에, 아마 슈퍼바이지와 내담자 욕구들에 따라 임상 슈퍼바이저는 슈퍼바이지의 성장과 개발에 관련된 매우 중요한 문제들을 분리시키기를 원할 수 있다.

아래에 제시된 24세의 석사과정 상담 슈퍼바이지 조던(Jordan)의 사례 시나리오는 슈퍼바이저가 개인적 성장 틀 속에서 슈퍼바이지 문제들을 다루도록 요구되는 것이다. 조던은 그 자신의 약물남용 경험과 관련된 약간의 역전이를 경험하고 있다. 이 시나리오에서 임상 슈퍼바이저의 염려는 조던의 상담처리 기술들이 아니다. 오히려 슈퍼바이저는 조던의 역전이 문제들을 처벌적 방식이 아니라 긍정적인 성장의 관점에서 다루고 있다. 임상 슈퍼바이저가 상담사를 손상시킬 수 있는 미래 행동에서 조던의 위기 패턴들을 어떻게 다루는지 이제 살펴보자.

임상 슈퍼비전 사례 시나리오: 조던

이 시나리오는 일차적으로 슈퍼바이지의 개인 성장과 발달에 초점을 둔 임상 슈퍼비전 회기 수행에 하나의 지침으로 제공된다. 이런 모든 시나리오들에서처럼, 당신의 반응들은 슈퍼바이지의 발달 수준과 기타 상호작용 변수들의 역할에 따라 바뀔 수 있다. 뿐만 아니라, 당신의 특별한 상황 속에서 슈퍼비전을 행할 때 조던의 분석과 평가는 보다 포괄적으로 되기 쉬울 것이다. 따라서 슈퍼비전 회기에 대한 반응과 목적들은 아마 당시의 그 장면, 내담자 인구 그리고 슈퍼바이지 수준과 기타 다른 요인들에 달려 있을 것이다.

시나리오 제시

조던은 24세의 석사과정 학생으로 외래 알코올/약물남용 프로그램에서 인턴십을 수행하고 있다. 조던의 내담자 릭(Rick)은 18세의 남성으로 복합 약물남용장애, 적대적 반항장애(oppositional defiant disorder: ODD)와 주의력결핍 및 과잉행동장애(attention-deficit and hyperactivity disorder: ADHD)를 지니고 있다. 그는 이전에 코카인, 알코올 그리고 중독성 약물들에 대해 약간의 재발을 보였다. 내담자-상담사 회기 비디오테이프를 살펴볼 때 조던은 자신의 내담자를 상담하는 데 있어 방어 수준이 높아진 것을 알 수 있었다. 내담자와의 대인관계 상호작용들은 '주요 부모' 혹은 '만형'의 형태를 취한 것처럼 보이고 이것이 치료관계에 긴장을 초래한 점으로 보인다.

비디오테이프 분석

슈퍼바이지 비디오테이프에 대한 포괄적 분석은 언어적 및 비언어적 의사소통과 기타 적절한 특성들을 다룬다. 비디오테이프 시청 후 조던의 방어는 다음과 같은 몇 가지 요인들에 의해 촉발되었다고 가정할 수 있다. ① 조던은 약물남용의 개인 병력을 지니고 있으며 역전이 수준이 향상되는 경험을 하고 있는 것으로 보인다. ② 상담 전략으로 조던이 사용하고 있는 상담기술들은 이 상황에서 적절하지 않으며, ③ 조던은 매우 경험이 일천한 인턴으로 상담처리 기술들이 미숙하고, ④ 실제로 이 특수한 정신건강 조건이나 치료장면에서 잘 기능하지 못하며, ⑤ 이러한 요소들이 조합해서 나타나기도 한다.

주요 슈퍼비전 이슈들과 슈퍼비전 계획 수립

슈퍼비전 회기 동안 해결될 필요가 있는 중요한 문제들은 명확하게 진술해야 한다. 특히, 슈퍼바이저는 장차 있을 조던의 상담사 손상이나 감정이입 피로의 잠재적 위험 수준을 평가해야 한다. 조던은 자기 자신의 약물남용 문제들을 해결하지 못한 매우 미성숙한

24세의 남성으로 간주될 수 있다. 내담자와의 상호작용에서 적당한 수준의 좋은 대인관계 기술들을 노출시키며 따뜻한 마음을 지녔지만, 조던의 '주요 부모' 혹은 '맏형' 역할의 행동들과 이 특별한 내담자에게 노출시키는 방어를 다룰 필요가 있다. 뿐만 아니라, 조던은 약물남용이 재발한 다른 여성 내담자들에 대해서는 보다 부드럽고 점잖게 반응하는 것처럼 보인다. 조던은 자기의 여성 내담자들을 무의식적으로 대하고 '방어' 할 수 있다.

이런 주요 슈퍼비전 이슈들은 ① 자기의 독특한 내담자를 상담하는 동안 사고, 인식 그리고 행동들에 대해 어떻게 도전하는가, ② 비디오테이프를 시청하면서 지적한 문제들의 해결을 위해 가장 적절한 슈퍼비전 전략들을 어떻게 선택하는가, 그리고 ③ 이런 학습 경험들을 조던의 다른 내담자들에 대해서는 어떻게 일반화시키도록 도울 것인가 등이다.

슈퍼비전 이전 회기 계획

당신의 슈퍼바이지와 어떻게 슈퍼비전 회기를 구조화시킬 것인가를 진술하라. 사용할 슈퍼비전 역할은 무엇이며, 어떤 슈퍼비전 이론들이 기초가 될 것인가?

당신의 슈퍼바이지에게 어떤 기대를 가질 것인가? 다른 내담자, 상담사 회기들 속에 이런 학습 내용을 일반화시키도록 하기 위해서 어떤 전략들과 기술들을 사용할 것인가? 이 특별한 문제와 관련하여 슈퍼바이저로서 효과적이었던 부분을 측정, 평가할 것인가? 다루어야 할 어떤 윤리적 혹은 사회 문화적 요소들이 있는가?

통합적 발달 모형과 다른 슈퍼비전 기술들의 사용을 계획하라.

① 슈퍼비전 회기 속에서 당신 자신의 역전이를 염두에 두라.

이론적 해석: 조던의 비판적 부모 역할에 강렬하게 반응할 수 있다.

사례접근: 비디오테이프를 함께 시청하고 조던에게 개방적이며 정직하게 대하라.

② 먼저 자신의 내담자-상담사 회기에 대한 조던의 생각을 구하라.

이론적 해석: 당신의 견해가 슈퍼바이지의 견해와 다를 수 있다. 또한 만약 자신의 상담회기에 대한 조던의 생각을 먼저 알아본다면, 슈퍼비전 회기에 관련된 추가 정보를 제공할 수 있을 것이다. 조던에 대해 피드백을 제공하거나 조던의 역전이 행동들을 직면시킬 필요가 있을 것이다.

사례접근: 비디오테이프를 함께 시청하고 소크라테스 방법인 역할연기를 사용하라.

③ 약물남용자로서 조던의 개인력에 관한 보다 많은 정보 수집을 위해 함께 노력하라.

이론적 해석: 개인력에 관해 수집된 정보는 조던의 성장 배경의 이해를 도울 때 취해진 당신의 슈퍼비전 역할 속으로 통합시킬 수 있을 것이다.

사례접근: 과거와 현재의 약물남용 행동들의 심각성을 평가하고 통찰력 증대를 위한 간이 상담회기를 가지고 가능한 한 학생 정신건강서비스들을 의뢰하라.

슈퍼비전 이후의 피드백과 관찰

당신의 슈퍼바이저 역할, 방식 혹은 기술들이 얼마나 효과가 있었는지를 객관적으로 진술하라. 당신이 얼마나 슈퍼비전을 잘 제공하였는지 측정하기 위해 어떤 방법을 사용하고 있는가? 당신이 사용한 슈퍼비전 방식들에 대해 슈퍼바이지는 얼마나 잘 반응하였는가? 이런 특별한 이슈를 다루는 데 있어 장차 다시 당신이 사용할 접근 방식인가? 다른 슈퍼비전 이슈들에 대해서도 이런 독특한 내용을 일반화시켜라. 이런 방식이 효과적일 수 있는 다른 슈퍼바이지 이슈들은 무엇인가? 조던과의 슈퍼비전 상호작용 시에 당신은 중요한 부모의 목소리에 대해 민감하게 되었을 수 있지만 조던의 자아가 얼마나 취약하고 초급 상담준비생으로서 자기 확신감이 얼마나 부족한지를 인식하지 못했을 수 있다. 예를 들면, 내담자의 상담회기에서 조던은 약간의 훌륭한 감정이입 반응들, 개방식 질문들, 그리고 요약 방식들을 사용하였지만, 그 회기 동안 자신의 방어에 대해 인식하기 시작했다. 당신은 비디오테이프 시청을 통해 지지와 구체적 피드백을 제공할 수 있었을 것이다. 조던의 인식은 자신의 개인력과 가족력의 일부를 자기 내담자에게 사용하였던 비판적 부모태도에 연관지을 때 증가하였다고 믿는다.

당신과 조던은 이런 이슈들을 길게 생각하지 않았지만, 이것이 짧은 치료적 순간이었다고 느꼈다. 이 회기의 가장 생산적인 부분은 당신이 치료사 역할을 보다 더 교사나 훈련자 역할 쪽으로 전이시켰을 때 나타났고 이것은 압박을 완화시켰을 것이다. 또한 조던에게는 다른 내담자 회기들에 대해 정보를 일반화시키기 위한 더 좋은 기회를 제공한 것으로 보인다. 일반적으로 약물남용자들에 대해 갖는 조던의 신념을 밝히고 도전하도록 만드는 당신의 소크라테스식 방식이 그에게는 좌절감을 주었다고 믿는다. 따라서 당신은 곧 그의 완고한 사고 경향을 알게 되었으며, 당신이 견지한 이 슈퍼비전 방식은 상담관계에 긴장을 초래하였을 것이다.

전체적으로, 이 시나리오에서 임상 슈퍼바이저는 여러 가지 역할과 전략들을 사용하여 슈퍼비전 계획 수립에 필요한 의도적 노력들을 행하고 있다. 슈퍼비전 회기의 주된 근심은 조던의 개인적 성장과 개발에 관련된 이슈들이다.

만약 이런 근심이 즉각 해결되지 않았더라면 조던은 다른 내담자 회기들 중에도 동일한 행동을 반복하게 되었을 것이다.

만약 슈퍼바이저가 조던을 '비판적 부모' 의 하나로 언급하였다면 슈퍼비전 관계를 악화시켰을 수 있다고 생각할 수 있다. 뿐만 아니라, 만약 조던의 역전이 문제들이 임상 슈퍼바이저로부터 무시되었거나 인지되지 않았다면, 반복적인 경향으로 고착되었을 수 있고 이것이 확실하게 조던의 개인적 성장과 개발을 저해했을 수 있다. 뿐만 아니라, 역전이가 누적되는 경험은 비전문적인 상담사 행동들로 유도될 수 있다.

이 사례 시나리오의 핵심은 만약 조던이 약물 재활센터에 고용되었다면 그의 감정이입 피로 촉발이 복합적 내담자들을 통해 유발되었을 수 있다는 점이다. 이것이 조던을 일련의 감정이입 피로 경험들이나 상담사 손상 위기에 빠트릴 수 있었을 것이다.

슈퍼바이지의 개발

상담사 슈퍼비전 문헌 속에 수많은 발달 모형이 있다. 각 모형은 상이한 장면들 속에서, 상이한 슈퍼바이지 경험 수준들에서, 그리고 상이한 이론적 접근 방식들을 사용하는 슈퍼비전을 촉진시키는 그 자체의 독특한 특성들을 지닌다. 이 다양한 사고의 결과 연구자들은 슈퍼바이지들과 슈퍼바이저들이 어떻게 발전하는가와 관련하여 상이한 결론을 내리고 있다. Bernard와 Goodyear(2004)는 발달이론 내의 슈퍼비전에 대한 강한 관심은 Blocher(1983)로부터 자극받았을 것이라고 주장하고 있다. Littrell, Lee-Borden 그리고 Lorenz(1979)와 Loganbill, Hardy 그리고 Delworth(1982) 등 1970년대 후반과 1980년대 초반의 몇몇 다른 연구자들 역시 여기에 포함된다. 이 운동에 뒤이어 슈퍼바이지들이 어떻게 실습, 인턴십 그리고 대학원 수준의 전문 경험을 통해 전환되는지를 설명하는 보다 포괄적인 설명들이 있다(Bernard, 1997; Bernard & Goodyear, 2004; Stoltenberg, 1981; Wortington, 1987). 몇몇 발달적 슈퍼비전 모형들은 슈퍼바이저 역할, 슈퍼바이지의 역동 그리고 슈퍼비전 회기 내의 학습환경에 초점을 둔다(Borders & Leddick, 1987). 다른 사람들은 전통적인 에릭슨식 선형 발달단계들과 치유상 복합적이고 보다 진전된 이슈들을 다루며, 기술습득, 문제해결에 필요한 단계적 과정을 제안한다(Russell, Crimmings, & Lent, 1984).

독자들에게 슈퍼바이지 개발에 관련된 문헌의 포괄적 고찰을 제공하는 것은 이 책의 범위와 내용을 벗어난다. 관심 있는 독자는 추가 정보를 획득하기 위해서 본 장에 제시된 참고문헌들을 살펴보기를 권한다.

임상 슈퍼비전 맥락에서의 치유 관여

발달론적 틀 내에서 임상 슈퍼비전의 주요 초점은 슈퍼바이저들이 슈퍼바이지가 지식, 인식 그리고 임상 경험을 획득할 때 자신의 슈퍼비전 회기들을 기대하고 계획하도록 준비시키는 일이다. 초보, 견습, 대학원, 계절제, '발달된' 혹은 '숙련된' 등 슈퍼바이지 치료사가 기능하는 독특한 발달 수준에 대한 주의를 기울여야 한다. Orlinsky와 Ronnestad(2005)는 조기에 슈퍼바이지 평가와 잠재적 상담사 손상 피로 증후군들을 식별할 수 있는 함의점들을 지닌 것으로 보이는 한 가지 독특한 관심 있는 발달 모형을 제시하였다.

치유 관여와 스트레스 관여라고 하는 두 가지 상담실천의 모형을 제시하면서 심리치료 발전의 포괄적 이론상 통합모형을 다루었던 Orlinsky와 Ronnestad가 진술하였듯이 치유 관여는 "치료사들 자신이 개인적으로 헌신되고 부모들과의 관계를 확신하고, 고도의 기본 감정이입적 의사소통 수준에 몰입하며, 상담회기 동안 유연한 정서적 흐름에 대한 인식, 일반적인 효능감의 보유, 그리고 치료 시 문제가 발생할 때 직면하는 어려움들을 건설적으로 다루는 경험을 치료사들이 가지는 참여 모형을 반영하는" 것이다(p. 162). 이와 대조적으로 스트레스성 관여는 "임상실천에서의 빈번한 어려움들, 회기 동안의 불안과 지루한 정서들, 그리고 치료적 헌신을 피함으로써 이런 어려움들을 넘기는 비생산적인 노력들로 특징지어지는 하나의 치료 경험 패턴이다."(p. 162)

이런 모형들은 치료사들이 몇몇 내담자들에게는 가능하지만 다른 내담자들은 가능하지 않은 하나의 관여 모드에 직면할 수 있기 때문에 상호 배타적이지는 않다. 이것은 치료사들의 전체적 실천에서 관조하는 하나의 역동적 모형이다. 보다 중요한 점은 슈퍼바이저들이 상담사 손상에 이를 수 있는 위험에 놓인 상담사 행동들의 조기 발생을 포착하는 모형을 제공할 수 있다는 것이다.

예를 들면, 대학원 수준의 경험이 매우 부족하고 치료의 스트레스성 관여 모형에 따라 기능하는 치료사들은 어떤 치료적 긴장을 느끼고, 형식 지향적 치료를 촉진시키고 내담자의 복합적 이슈들을 다루는 자신의 능력에 관해 불안정하다고 느끼며, 전반적으로 내담자 성공을 잘 경험하지 못한다고 느끼기가 더욱 쉽다.

반면, 치유 관여 모드로 기능하는 치료사들은 자기 내담자들의 대인관계 이슈들을 심도 있게 다루고 강력한 치료적 관계를 형성할 수 있으며, 전반적으로 효과적인 치료사들이다.

따라서 내담자 접촉 시 스트레스성 관여 모드에 따라 기능하는 입문 수준의 대학원 치료사들은 치유 관여 모드에 따라 기능하는 사람들에 비해 더욱 밀접한 슈퍼비전이 필요할 것이다. 많은 상담사들은 다른 사람들에 대해 감정이입적으로 반응하는 능력을 상실할 것이며, 자기 직업에 대해서도 착각에 빠질 수 있다.

발달상으로, 누적적인 신체적, 정서적, 정신적, 영적 소모나 고갈을 경험한 노련한 치료사도 장기간 정체상태에 놓일 수 있다. 이런 소모감이나 고갈은 그 치료사가 대처기술 혹은 탄력적인 기술들을 거의 지니고 있지 않다면 더욱 상승할 것이다. 이런 치료사들은 치료적 상호작용 시에 '치유적 관여' 경험 기회를 탐구해야만 할 수 있다. 이 누적 효과는 시간이 경과함에 따라 개인 성장 능력을 감소시키기 시작한다. 따라서 슈퍼비전 계획 수립과 슈퍼비전 전략들의 선별에는 치료사 발전 수준을 고려해야 한다.

임상 슈퍼비전 문헌 전체를 통해 나타난 내용을 살펴보면 초보와 보다 경험 있는 실천가들에게는 자기 내담자 치료의 치유 측면들에 직접 관여, 긍정적 피드백과 지지가 요구된다는 점이 명확하다. 그렇지 않으면, 슈퍼바이지들이 일련의 전문 피로 증후군들을 유발할 위험에 빠질 수 있다. 대학원 수준의 슈퍼바이지들의 슈퍼비전과 관련된 이슈들을 고려하면서 Orlinsky와 Ronnestad(2005)는 상담사, 교육자들, 슈퍼바이저들에게 다음과 같은 권고를 하였다.

① 상담훈련 프로그램 대상자들은 대인관계 의사소통 기술들을 잘 발전시켜야 하고 다른 사람들과 의사소통할 수 있는 따뜻한 감정이입 방식을 지녀야 한다.
② 학생들에게 초기 오리엔테이션과 상담이론 및 기술상으로 기본 교과과정을 제공하고 난 이후 대학원 교육 초기에 임상 경험을 가져야 한다.
③ 상담전문직에 대한 이론적 및 기술적 오리엔테이션은 본질상 이념적이거나 교조적이지 않아야 한다. 상담교육자들과 슈퍼바이저들은 여러 가지 전략과 기술들로 치료 촉진을 위한 슈퍼바이저의 기회를 극대화시키고 유연하고 개방적인 태도를 취할 필요가 있다.
④ 초입 수준의 치료사들은 치유 관여에서 내담자 성공의 극대화와 스트레스성 관여를 최소화시킬 목적으로 자신의 내담자들과 잘 매칭되어야 한다. 초입 수준의 치료사들은 또한 다양한 집단들 및 내담자들과 상담할 수 있는 기회들을 제공받아야 한다.
⑤ 성장과 발달을 지속시키기 위해 지지적인 계속적 슈퍼비전은 슈퍼바이지의 임상 경험들 전체를 통해 조정되어야 한다

(p. 182).

전체적으로 대학원 수준의 임상훈련 프로그램 교육 후보자들은 개인의 대인관계 기술, 성숙 수준 그리고 개인 및 집단들과 가지는 광범위한 감정이입적 의사소통 능력에 기초하여 선발되어야 한다. 만약 상담교육자들과 슈퍼바이저들이 진정으로 치료사 경력상 조기에 상담사 손상 가능성을 감소시키기 원한다면 자기-보호 방식들을 배양하도록 초기에 원조하는 일이 필수적이다.

고도 감정전문직들과 보호 사이클

상담사, 교사, 간호사, 사회복지사들 그리고 심리치료사들은 감정이입이나 열정피로를 경험할 위기에 놓이기 쉬운 보다 큰 규모의 전문가 집단에 속한다. Naisbitt(1984)은 이 집단이 '고도 감정' 전문가들이며, 그들이 상대하는 사람들의 복지와 건강에서 대인 접촉이 필수적인 분야라고 언급하였다. 상담사들은 특히 정기적 지지와 주의를 필요로 한다. 상담사들의 진로개발 욕구들은 역동적이고 다른 보호들과 자기-보호 욕구의 균형에 있어 지속적인 고려를 요구한다. Skovholt와 동료들(2001)은 이 과정을 "반복적 감정이입 애착, 능동적 관여 그리고 분리감에 관련되는 보호 사이클 과정"이라고 기술하였다(p. 168). 그들은 상담사들이 수행하는 난해한 일에 관련된 문제들을 악화시킬 수 있는 잠재적 위험 범주들로 구분하였다.

- 1범주: "내담자들은 해소되어야 할 미해결 문제를 지닌다." 내

담자들이 무용감에 직면하고 그것을 느낄 때 상담사들은 종종 낮은 자기-효능감을 느끼고 어느 정도 거기에 상응하는 절망감을 느낀다. 원조전문가들이 어떤 내담자 생애에 해결중심의 영향을 미치는 일이 쉽지 않고, 따라서 내담자 대신에 '문제해결' 을 하고 또 그렇게 노력하는 경향이 있다.

- 2범주: "모든 내담자들이 모범 학생들은 아니다." 상담사들은 내담자들이 동기 부여되어 있고 자원과 능력을 지니고 있으며, 환경적 문제들은 거의 없기를 바라는 자연스러운 경향이 있다. 만약 이것이 사실이라면, 원조전문가들은 내담자들을 위해 촉진시키는 변화들에 관해 매우 긍정적으로 느끼고 신속히 성장할 것이다. 그러나 많은 내담자들은 기본과제들과 자원들을 다루는 일에 힘들어 하고 일상생활에서도 잘 기능하지 못하기 때문에 그렇지 못할 것이다.
- 3범주: "종종 전문가와 내담자들 사이에 준비성의 간격이 존재한다." 상담 준비성은 궁극적으로 변화를 위해 노력하는 개인의 헌신과 준비에 달려 있다. 원조전문가들은 변화를 촉진시키기 위해 많은 정신적, 신체적 그리고 영적 에너지를 확장시킨다. 그러나 이것은 특히 초보상담사가 성취하기에는 어렵다.
- 4범주: "아니라고 이야기하지 못하는 무능력." 이것은 우리의 선한 의도들과 인간 욕구에 대한 관심을 포기할 수 있는 감각 사이에 느낄 수 있는 긴장이다. 상담사의 정신, 신체 그리고 영에 갈등이 존재할 수 있다. 이런 포기는 도덕적, 윤리적, 정신적, 정서적 그리고 인지적 관점에서 정당화하기가 지극히 어렵다. 이것은 특히 강도가 높은 업무와 매우 다양한 상담대

상자들로 둘러싸인 전문가들에게 그러하다.

- 5범주: "지속적인 감정이입, 대인관계 민감성 그리고 일방 보호." 고도의 감정전문직에서 일하는 사람들은 다른 사람들과 치료적으로 일하는 데 자신의 재능과 경험을 사용할 수 있기 때문에 성공적이다. 여기에는 측량할 수 없는 노력과 정서 에너지가 필요하다. 빈번히 그 에너지 흐름은 상담사와 내담자 사이에 상호적인 것이 아니며, 상담사의 정서적 소모와 정신적, 신체적 그리고 영적 고갈을 초래한다.
- 6범주: "성공을 포착하기 어려운 상태." 원조관계들 속에서는 치료목적들이 종종 복합적이고 성과 측정은 모호하다. 상담사들의 문제는 자신의 내담자들이 성취하였거나 습득한 것, 혹은 긍정적 변화를 파악하기 위한 노력의 평가다. 성공은 상대적 개념이다. 그것은 '성공'을 보고하거나 재는 것과 관련된 관찰자들에게 달려 있다.
- 7범주: "규준적 실패." 많은 상담사들의 자기-개념은 성공과 실패의 양극 간에서 파악된다. 우리 자신과 내담자들에게 가지는 기대들, 강렬한 욕망과 고도 수준의 헌신, 열정 그리고 감정이입 유지 결정만으로는 내담자 성장을 유발하기에 충분하지 않다. 실천가는 성공과 규준적 실패에 관한 현실적 견해를 개발하고 이것은 특별한 이 직업에서 일하는 본질일 수 있다. Skovholt와 Ronnestad(1995)는 전문가 성장을 느리고, 장기적이며, 일정치 않은 과정으로 서술하였다. 몇몇 상담사들이 유능하다고 느끼고 고도 수준의 자기-효율성을 성취하는 데 수년이 걸리기도 한다. 이런 현실을 이해하는 임상 슈퍼바

이저들은 슈퍼바이지 성장과 개발에 관련된 이슈들의 해결 모임을 활용하여 슈퍼비전 회기들을 계획할 수 있다. 상담 슈퍼바이저들은 많은 전문상담사들이 고도로 만족스럽고 의미가 있지만 어떠한 성쇠와 흐름의 경향을 따르는 진로를 가진다는 점에 계속적으로 유념해야 한다.

이 책의 3부에 있는 몇몇 전략들의 활용으로 임상 슈퍼바이저들은 슈퍼바이지의 정신, 신체 그리고 영적 개발을 통해 상담손상 위험의 감소와 조화, 그리고 균형을 유지하도록 초점을 유지하는 일에서 임상 슈퍼바이지들을 원조할 수 있다. 그러나 훌륭한 임상 슈퍼비전에는 좋은 슈퍼비전 훈련이 필요하다. 상담교육에서 대부분의 박사 프로그램들은 임상 슈퍼비전 과정을 요구한다. Allen, Stebnicki 그리고 Torkelson Lynch(1995)가 개발한 하나의 독특한 방식은 훈련의 첫 번째 요소로 다섯 가지를 구성한다.

① 슈퍼비전에 관한 이론적 기초의 개발
② 슈퍼바이저-슈퍼바이지 회기 내의 자기-인식 배양
③ 법률적, 윤리적, 행정적 슈퍼비전 과업들의 이해
④ 석사 수준의 실습이나 시니어 임상 슈퍼바이저가 슈퍼비전을 행하는 동안에 인턴 슈퍼바이지들의 경험 훈련 제공
⑤ 슈퍼비전 회기 동안 전략과 기술들에 관한 계획 수립

훈련의 두 번째 요소는 박사과정 학생들을 석사과정 실습과 인턴십 슈퍼바이지들의 슈퍼바이저로 활용하는 것으로 박사과정 슈퍼

바이저들이 시니어 교수 슈퍼바이저의 지도하에 슈퍼비전을 제공한다. 이 모형은 박사 수준의 슈퍼바이저가 슈퍼비전하는 시니어 교수와 더불어 훈련받는 석사 수준의 상담사들에 대해 관여하는 전인적 방식을 활용한다.

전반적으로 이 모형은 다른 박사 훈련 프로그램들과 유사하지만 슈퍼바이저-슈퍼바이지 관계에서 상담사 개인 성장을 촉진하는 데 특별한 강조점을 둔다. 개인 성장 활동들로 소요된 슈퍼비전 시간은 슈퍼바이지의 자기-보호 실천을 촉진시킬 수 있다. 원조전문가로서 최적의 기능화는 자기 자신을 돌보고 탄력성 배양을 위해 지속적으로 주의를 기울일 것을 요한다.

자기-보호의 모델 프로그램들: 기꺼움과 행복한 실천

메사추세츠 대학교의 상담교육 및 훈련 프로그램을 통해 촉진되는 하나의 독특한 모델 프로그램(Newsome et al., 2006 참조)은 Jon Kabat-Zinn의 Mindfulness-Based Stress Reduction(MBSR) 프로그램의 기본 철학을 활용한다(1990). MBSR방식은 불교의 명심(마음챙김, mindfulness)의 개념에 기초하고 있다. 슈퍼바이지들이 자신의 '지금-여기(here and now)'에 관한 슈퍼바이지들의 인식 변화를 이끌어 내고 보다 바람직한, 평화롭고 평온하고 이완된 존재 상태 속으로 변환시키도록 하는 의식 상태들을 배양하도록 가르친다.

상담교육 및 훈련 프로그램들의 행복철학 적용은 또한 초기의 상담사 손상 단계들이 촉발되는 것을 감소시키는 데 성공적이었다. Witmer와 Granello(2005)는 이런 철학이 상담교육자들과 슈퍼바이지들 모두에게 건강과 최적의 복지를 촉진시킨다고 말했다. 이것은 행복 측정과 건강한 라이프스타일 습관들의 구분을 통해 이루어진다. 이 모형의 일부로서 프로그램 목적들은 슈퍼바이지의 동료들에게 의사소통되고 실습/인턴십 슈퍼바이저들이 행복 지향 환경을 배양하는 필수적 요소들 속에서 훈련되는 현장배치의 평가로 확인됨으로써 건강한 생활습관을 이룬다.

이 모형에 따라 프로그램 관찰자들은 훈련자의 동료들과 의사소통하고 이 분야에 따른 자리 배치를 위해서 중요한 요소들로 교육받은 슈퍼바이저들은 실습/인턴십을 거친다.

상담교육 및 훈련 프로그램 안에는 그 외에도 접근할 수 있는 방향들이 많다. 특히, 상담훈련 프로그램은 상담사들의 계획과 체계화를 도와준다. 이 프로그램은 다음의 네 가지 과정을 통해 이행될 수 있다.

① 첫째, 상담훈련생을 위한 한 학기의 과정을 이행한다.
② 모든 신입 상담훈련생들에게 한 학기 과정의 세미나가 요구된다.
③ 상담훈련생의 교육과정을 철저히 가르침으로써 프로그램이 이행될 수 있다.
④ 개인 활동의 발달은 예비 실용 강좌를 통해 시작하여 실용 강좌와 인턴십으로 지속된다.

결론

상담사들의 피로는 강도 높은 서비스에 따른 자연적인 결과다. 임상에 대한 감독, 관리는 아마 상담사 훈련 프로그램의 성장에서 가장 중요한 측면일 것이다. 이러한 감독, 관리를 통한 개인의 첫 임상 경험은 회복과 미래를 위한 큰 뒷받침이 될 것이다. 제12장과 제13장은 스스로 돌보고 이행할 수 있는 기초를 내담자들에게 제공한다. 기분 전환, 명상, 심상 등은 스스로를 돌보기 위한 모델 프로그램에 이용되어 왔다. 스스로 돌보고 이행하기 위한 프로그램을 계속 유지하는 일은 장기적으로 전문 직업에 대한 개인의 성장을 돕는 데 핵심이 될 것이다.

제12장

자기-보호의 기본실천 I

—단전호흡, 경청 그리고 인식적 명상—

| 현대의 자기-보호 실천 방식들은 1960년대의 사회적 · 지적 환경 속에서 성숙된 인간 잠재력 운동(Human Potential Movement: HPM)으로 시작되었을 것이다. HPM이라는 용어는 노인잡지 편집인 George Leonard가 실존심리학과 인본주의 심리학에 개념적 뿌리를 두고 지었다고 한다(DiCarlo, 1996). HPM의 철학과 이념은 사람이라면 누구나 행복, 창조성 그리고 자기-충족된 특별한 삶의 질을 누릴 수 있는 능력을 지녔다고 파악한다. 만약 어떤 사람이 마음의 풍부한 자원들(의식의 인식 수준)을 발견할 수 있다면 자기-실현에 이르는 잠재력을 지닌 것이라 할 수 있으며, 에이브러햄 매슬로(Abraham Maslow, 1968)는 이를 개인 삶의 초극적 표현으로 묘사하였다.

심리학 훈련을 받은 사람들 가운데 HPM 운동에 회의를 느낀 이

들 상당수가 캘리포니아 빅 슈어의 리조트 Esalen을 인간 잠재력 연구와 개발이 기원된 장소로 생각한다(Vash & Crewe, 2004). Micheal Murphy와 Dick Price는 1962년 George Leonard의 협조로 Esalen Institute를 설립하였다. Esalen의 목적과 의도는 지적 이상들과 논의, 이론 개발, 치료적 훈련 그리고 실증적 연구 활동들에 강력한 영향을 미칠 수 있도록 하기 위한 것이었다. 이런 운동은 유사과학이나 혹은 심리학의 아류와 같은 정도로 폄하하여 HPM을 다루는 심리학, 의학 그리고 과학의 여러 분야로부터의 비판에 직면하였다. 영적 발전의 정신적, 신비적, 인지적 형태를 강조한 이 초개인적 심리학 운동은 무의식과 인간잠재력에 대한 특별한 상태들과 관련된 연구에 큰 신뢰를 보이는 것 같다. HPM과 초개인적 심리학 운동은 세속적 영성, 대체 의학과 보충 의학, 통합의료, 생리심리사회적 모델, 그리고 정신-신체-영적 접근방법들로부터 큰 영향을 받고 있는 오늘날의 뉴에이지 운동 속으로 흡수된 것처럼 보인다. 이런 방법들 상당수는 중국, 인도, 한국, 일본 그리고 많은 다른 아시아 국가들의 고대 철학에 따라 조성되었다.

수십 년간의 이론적/실증적 발전은 이런 방법들을 확장시켰고 개인 성장과 자기-보호의 발전에서 독특한 공간을 만드는 운동을 촉진시켰다. 그러나 이런 많은 자기-보호이론들의 주요 흐름은 개인 자신의 개발에 초점을 두고 있다. 인간의 정신, 신체 그리고 영의 균형과 조화의 기초를 다지는 선별적 토착문화들과 우리 조상들에 관해 무관심하거나 무시해 온 것도 사실이다. 의식의 연결, 의식과 제전들, 그리고 공동생활에 관한 자료 수집의 기본구조는 자기-보호 실천에서는 명백히 찾아볼 수 없다. 따라서 가족 이상으로 확대된 궁극적인 지지체계(종족 사회)와 관련된 초점을 잃을 수 있는 것이다.

지금은 과거 어느 때보다도 현대 상담, 심리학 그리고 보건 및 복지영역에 많은 치료적 지지집단들(즉, Alcoholics-Narcotics-Emotions Anonymous, Diabetic-Cancer-ALS 지지집단들, AI-Anon 그리고 다른 많은 가족 지지집단들)이 존재한다. 그러나 대부분의 집단들은 주간 2~3시간 정도만 만난다. 나머지 시간에 전문가들과 지지집단 성원들은 일상적인 삶과 더불어 자신의 주요 지지체계로부터 격리되고 분리될 수 있다.

영혼 돌봄은 일상생활의 지지를 필요로 하며, 자기 자신의 신성한 공간을 육성하도록 요한다. 그러나 원조전문가들이 조기에 동호와 우애 조직들로부터 도움을 받을 수 있는 팀워크를 갖는 일이 지극히 중요하다. 완전히 자기 스스로 생존할 수 있는 인간이란 존재하지 않는다. 심지어 수년 혹은 수개월 동안 침묵 속에서 지내고 헌신하는 불교 승려들이나 신부들도 어느 시점에는 다른 사람들에 대한 사랑과 열정을 나타내야 한다. 그렇지 않으면, 비범한 의식 상태, 심연의 인식 세계에 대한 영적 선물들, 그리고 최고도의 영적 경험들은 큰 의미와 목적을 가지지 못할 것이다.

본 장과 다른 장들 속에서 다루어진 활동과 지침들은 명상에 관련된 철학들, 즉 자기-보호의 근원들로 되돌아가도록 한다. 명상은 서구와 동양의 여러 상이한 신앙들 속에서 사람들이 사용한 스트레스 이완방법으로서 고혈압, 심혈관 질환들, 만성 두통, 관절염 그리고 다른 많은 만성 건강조건들을 지닌 사람들에 관한 실험연구들 속에서 성공적으로 사용되었다. 또한 명상은 중독 행동들, 불안,

우울 그리고 분노문제들을 지닌 사람들에게 도움이 되는 것으로 나타났다. 말 그대로 수백 가지 종류의 상이한 명상들이 있으며, 각기 그 자체의 목적을 달성하고 있다.

토착적인 많은 명상은 동호집단의 사람들과 함께 혹은 개별적으로 촉진될 수 있다. 단전호흡, 명상, 각성, 배회 그리고 비주얼리제이션을 통한 각성 촉진의 기본실천은 우리 자신들보다 훨씬 큰 거대한 영적 에너지를 지닌다. 이런 실천은 아프리카에서부터 미국 동부 지역에 이르기까지 어디에나 존재하는 풍부한 치유 자원들을 배양한 토착 집단들의 영적 자원에 대한 지혜를 존경하도록 만든다. 수천 년 이전에 존재한 사람들의 선별적 지혜가 더 이상 무시되거나 경시되어서는 안 된다. 이 책의 부록에 수록된 특별한 자원들은 다음 내용에 나타난 노력들을 반영한다.

호흡 각성과 정화 호흡

호흡은 생명에 필수적인 무의식적 과정이다. 호흡은 정신, 신체 그리고 영을 연결하며, 무의식적 정신과 불수의신경계를 조절하는 자율신경계를 사용하는 기회를 제공한다. 교감계(불수의신경계)와 부교감계(자율신경계) 활동들의 균형을 취하며, 호흡할 때마다 산소를 취하고 이산화탄소와 찌꺼기들을 방출한다. 빈약한 호흡습관은 신체로부터 이런 가스들의 흐름을 감소시켜 생활스트레스 상황들에 대한 대처를 더욱 어렵게 만든다. 가장 중요한 점은 빈약한 호흡습관들이 신체적 및 정신적 피로에 이르게 할 수 있다는 데 있다.

호흡은 모든 신체체계들의 수호천사로 생각된다. 많은 언어들은 영과 호흡을 동일한 단어로 표현하는데 산스크리트어의 프라나(prana), 그리스어의 뉴마(pneuma), 히브리어의 루아크(ruach) 그리고 라틴어의 스필리투스(spiritus) 등이 그 예다. 얕은 호흡이나 제한적 호흡은 대뇌와 신경, 심혈관 그리고 호흡계의 효율성을 감소시킬 수 있다. 제한적 호흡의 정서적/심리적 비용은 부정적 감정, 정서, 불안 그리고 스트레스 관련 장애들을 발생시킨다. 정화 호흡으로 인한 생리적 이익에는 혈압과 심박률의 감소, 신체 순환의 증대, 신체 외모와 피부색의 개선 그리고 소화에 도움을 주는 것까지 포함된다.

정화 호흡은 신체적, 정신적, 영적 복지의 가장 기본적이고 중요한 실천에 해당된다. 또한 다음의 보다 중요한 측면들 중 하나가 된다.

① 신체의 자연 에너지와 신진대사 체계를 채움으로써 통제력 획득
② 명상과 비주얼리제이션의 중심에 두기
③ 인지적 지적 탐구의 초점과 주의 유지
④ 다른 많은 전인적 접근방법들의 통합

Andrew Weil(1995) 박사는 신체의 자연 치유 능력들을 강화시키는 정화 호흡에 대한 주요 옹호자다. 그는 사람들이 호흡을 보다 천천히 깊고 조용하게, 그리고 보다 규칙적으로 혹은 자연스럽게 해야 한다는 호흡법의 원칙들을 제안한다. 사람이 행하는 각 호흡은 자연스럽고 자발적으로 이루어져야 한다는 것을 기억해야 한다. 호흡을 최적화시키고 정화 호흡을 하기 위해서는 다음 사항들을 준

수해야 한다.

① 편안하게 누워라. 등 쪽의 아래 요추 부위의 압력을 감소시키도록 무릎 바로 뒤쪽 두 다리 사이에 베개를 두고 자연스러운 호흡에 주목하도록 한다. 허리선 주변의 복부에 한 손을 올리고 다른 한 손은 몸 중앙 오른편 가슴 위에 두어 공기 흐름에 주의하여 신체에 들어오고 나가는 것을 살펴본다. 들숨과 날숨이 어떠한지 알아보고 약 1~2분 정도 호흡 경향에 초점을 둔다.

② 호흡 경향에 익숙해지면 폐 속의 모든 공기가 배출될 때까지 코를 통해 공기를 내쉰다. 이제 약 4초 동안 복부 속으로 공기를 들이 쉬며 콧구멍을 통해 공기의 정화 호흡을 행한다. 복부는 할 수 있는 데까지 크게 내밀도록 한다. 가슴 부위로 숨 쉬는 것은 얕은 호흡으로 불안이나 스트레스 상태에 놓인 사람들의 특징이다. 코를 통해 공기를 빨아들이고 가슴이 아니라 복부가 얼마나 부풀어 오르는지를 살펴본다. 이 호흡을 천천히 깊고 조용하게 그리고 규칙적인 방식으로 내쉬기 전에 몇 초 동안 멈추어 볼 수 있다.

③ 다음에는 입 속으로 작은 구멍을 만들어 숨을 내쉬어 본다. 이때 7~8초 정도 시간을 유지해야 한다. 공기 배출량은 들이쉰 공기 분량에 관계되기 때문에 약간의 연습이 필요할 수도 있다. 좋은 정화 호흡은 적어도 7초간은 지속되어야 한다.

④ 입을 통해 공기가 폐 속을 떠나는 것을 인식할 때 '쏴' 하는 소리를 내고 싶을 수 있다. 또한 이것을 반복하도록 만들 수 있

다. 날숨 시에 하나의 만트라(주문)를 조용히 읊조리고 싶을 때 사용할 수 있는 것으로는 '아' '하나님' '사랑' 혹은 '평화' 등의 단어가 있다. 언어적으로든 비언어적으로든 자신에게 가장 어울리는 것을 사용하면 된다.

⑤ 약 5~10분간 심호흡을 지속적으로 행하고 자신의 정규적 패턴으로 되돌아간다. 특히 조용한 곳을 찾아 마음을 비우고 이 연습을 위한 시간을 할애하며 자신의 호흡에만 집중해야 한다. 이러한 과정이 자연스럽다고 느껴질 때까지 매일 약 20분간 몰두하도록 한다.

듣기 명상

고대 영적-종교적 문화들 내에서는 영의 상태에 놓이고 영적 경험의 최고조에 이르는 느낌이 매우 자연스러웠다. 그것은 사람들이 조용히 앉아서 오감 모두를 사용하여 듣고, 보다 심층의 개인적인 영적 경험을 성취하도록 자신의 여섯 번째 감각 혹은 직관력을 사용하고 연결시키려고 노력하도록 한다. 오늘날 영적인 의식 상태에 들어가는 것은 자신의 양미간 차크라로 경청하고 침묵에 대해 매우 상이한 관계를 가지는 일이다. 예를 들면, 오늘날 개신교회에서 젊은 크리스천들 사이에 인기 있는 것으로 보이는 활동이 찬양과 예배서비스다. 몇몇 서비스들은 대형 비디오 모니터로 제공되고 인터넷이나 대중용 텔레비전을 통해 생중계된다. 이런 유형의 서비스는 인간성이 결여된 것처럼 보이는데, 특히 오로지 하나님만을 찾는 사람들에게 그러하다. 그러나 영성중심의 성숙한 크리스천들은 찬양과 예배 모두를 경험하고 때때로 한 주간 전적으로 기도와 명상에 몰두하고자 노력한다.

여기서의 핵심은 사람들이 신성한 치유자와 영적 원조자들을, 그리고 경건의 시간을 통해서 듣고 경험하는 방식을 잊어버릴 수 있다는 점이다. 사람들은 영화와 텔레비전을 보고 비디오 게임을 하고, 인터넷을 사용하며, 음악을 듣는 라이프스타일을 스스로 추구했기 때문에 오랫동안 침묵 속에 앉아 있는 것이 익숙하지 않다. 이런 주의 산만한 활동들은 사람들이 신성한 공간을 만들어 내는 데 도움이 되지 않는다. 영적 경험들의 기본은 어떻게 침묵 속에 앉아 있는 일에 익숙해지고 신성한 공간을 만들어 내는 일에 편안해지느냐를 배우는 것이다. 먼저 사람들은 가족, 직업 그리고 주간에 일어나는 모든 활동들과 관련하여 스스로의 삶에서 균형을 찾도록 헌신해야 한다. 우리의 삶에서 숨겨진 영적 메시지들은 물(감촉), 음식(미각) 그리고 깊은 명상(우리의 직관을 사용한) 속에서 발견할 수 있을 것이다. 대부분의 명상실천의 첫 번째 단계는 무의식의 영적 상태들에 접촉하고 이르기 위해 내적 및 외적 환경 속에 신성한 공간을 만드는 것이다. 다음과 같은 사항들을 유념해야 한다.

① 약 5~10분 정도 심호흡을 한 이후에 자신의 주의를 자연적 외부 환경으로 돌린다. 주위 소리의 빈도, 높이, 톤, 질에 대해 판단하지 않고 경청한다. 듣기 명상을 하는 동안 눈을 감거나 눈 주위에 스카프를 감아서 생각의 초점을 모으는 것도 도움이 될 수 있다. 잠깐 동안 외부 소리들을 구분하도록 노력해 본다.

② 어떤 사람들에게는 소리치료, 이완 혹은 레이키 CD를 들으면서 깊은 의식적 경청 상태를 촉진시키는 것이 효과적일 수 있다. 그러나 이때 음악이나 소리에 자신의 주의를 전적으로 집중시키면 보다 고도 수준의 의식을 사용하는 듣기 기술들을 발전시킬 수 있는 기회를 놓칠 수 있다.

③ 바라지 않은 소리들과 생각들이 종종 자신의 주의를 분산시키지 않는지 확인하고 호흡을 모니터해서 깊고 규칙적이며 느린지를 점검한다. 이런 행동은 의식적 고독 상태에 머무르도록 도울 것이다.

④ 자신의 내적 및 외적 환경 모두를 경험하기 위해 창조적 상상력을 사용하도록 한다. 어떤 비일상적 신체감각, 정신적 이미지, 정서 혹은 깊은 경청 상태에 있을 때 나타나는 다른 진동들을 느끼고 주목하도록 한다.

듣기 명상은 개인적 욕구의 토대 위에 배양되어야 한다. 명상 프로그램을 시작하는 사람들은 여기에 매일매일 15~20분 정도 사용하고 스케줄이 허락하는 한 이 시간을 증대시키길 원할 수 있다. 프로그램 참여자들은 각각의 회기 말미에 경험한 것들을 정리할 시간을 가져야 한다. 동호인들로부터의 동료지지는 어떠한 영적 활동을 지속시키는 중요한 요소가 된다. 가장 중요한 것은 자신의 듣기 명상 경험들에 대한 일지의 작성이다. 개인적 의미와 통찰력을 위해 이런 경험들을 점검하는 일이 필수적이다.

인식적 명상

인식은 의식적이고 의도적인 방식으로 현재 순간에 대해 유념하는 것이다. 인식은 우리의 일상 활동들을 통해 의식을 유지하는 방식이다. 크리스천, 불교인들, 미국 인디언들 그리고 다른 사람들은 정신, 신체 그리고 영적 건강에 주의를 기울이는 것이 행복의 통로를 유지하는 비결이라고 강조한다. 그것은 우리 마음을 부드럽게 하고 개방하여 다른 사람들에 대한 열정과 감정이입을 전달할 수 있게 만든다. 사고하고 지각하며, 신체적 감각을 느끼고 영적인 복지가 어떻게 우리 자신과 다른 사람들에게 영향을 미치느냐에 관해 인식하는 것은 개인적이고 전문적으로 성장할 수 있는 커다란 기회를 우리에게 제공한다. 전문가로서 우리 동료들과 내담자와의 치료적 관계들 그리고 우리 가족과 친구들을 어떻게 대하느냐를 이해하려고 노력할 때 자기-관찰의 원칙을 발전시키고 있는 것이다.

우리에게 즉시적인 피드백을 제공할 수 있는 자연환경에서 단서들을 찾으려고 자신을 개방하는 것이 매우 중요하다. 현재 순간에서 삶에 접근하고 의도적으로 선택된 내용들을 관찰할 때 우리 자신의 경험과 어떻게 연결되어 있느냐에 관한 질적인 측정이 가능한 것이다. 이렇게 해서 우리는 여러 가지 스트레스가 수반되는 사건들을 통틀어 정신, 신체 그리고 영적 생활에 관해 유념할 수 있다. 우리 사후에 어떻게 기억되고 싶은가라는 질문은 우리가 여러 가지 상황들 속에서 사람들과 사건들에 대해 반응하려고 하느냐에 관한 어느 정도의 이해 수준을 요구한다. 우리가 다른 사람들과 의사소통하는 것은 강력한 형태의 에너지 혹은 진동을 보내고 있는 셈이다. 『머무는 곳의 존재(Wherever You Go There You Are)』라는 책에서 Kabat-Zinn(1994)이 주장하였듯이, 우리는 현재 순간의 정서와 생생한 삶을 완전히 느낌으로써 모든 사물들과의 상호 관계에 대한 진리를 수용할 수 있다. 따라서 현재 우리 삶에 대해 인식하고 유념하는 일은 단순한 의식적 삶의 예술이다.

불행하게도, 우리들 대부분은 삶에 대한 자신의 반응에 대해 의식적으로 생각하지 않는다. 우리의 내부와 외부 환경에 대한 에너지 교류 방식에서의 무지가 자기-관찰과 자기-탐구 과정을 가로막는 것이다. 예를 들면, 만약 우리가 한 주간에 누적된 정서적-신체적 스트레스에 주의를 기울이지 않는다면 스트레스 상태에 놓이게 된다. 어떤 사람들에게 스트레스 반응은 그것을 실제로 인식하기 오래전에 나타나는 것 같다. 따라서 스트레스는 그 개인의 정서적 및 정신적 영역과 더불어 근골격계에 문제를 일으킨다. 지금-여기에서 자신의 정신, 신체 그리고 영에 관심을 기울이는 일은 부정적 효과들을 인식하기 이전에 주간, 매일 그리고 월간에 일어난 스트레스의 경험으로부터 탄력성 있게 만든다. 우리의 정신, 신체 그리고 영은 우리 과거 스트레스원들의 강도를 벗어나거나 잊어버릴 수 있도록 돕는 방식을 제공한다. 이처럼 현재 순간의 수용은 장래의 일상, 주간 그리고 월간에 발생할 수 있는 사건들에 대응할 수 있도록 돕는다.

장래의 스트레스, 근심 혹은 불안에 대한 기대는 어떤 사람들에게는 특별한 도전이 된다. 그것은 우리 정신, 신체 그리고 영과 서로 얽혀 연결된 신념체계, 지각 혹은 태도가 될 수 있다. 그 결과 사람들은 알 수 없는 원인으로부터 기인된 것으로 보이는 긴장과 통증과 같은 근골격계 조건들을 경험할 수 있다. 부정적이고 해독적이거나 비합리적인 사고들, 지각, 태도 그리고 신념들이 만성적이고 지속될 때 이것은 생리적/정서적 복지 속에 자리잡기 시작한다. 이어서 감정이입 피로와 신체 피로를 증대시키는 신체적 정서적 피로, 통증 그리고 여타 감각들에 반응하게 된다. 호흡과 듣기 명상을 자기-보호의 의도적 활동 속에 통합시키는 것은 우리의 일상적 자기-파괴적 행동을 초래하는 사회적, 정서적, 생리적, 지각적, 영적 그리고 직업적 긴장을 해소시키는 데 매우 중요하다. 다음의 주요 원칙들은 정신과 영의 명상에서 진행성 신체적 이완 활동들을 통합시키도록 도울 것이다.

① 신체에 내재된 어떠한 긴장이나 스트레스를 해소하도록 깊은 호흡에 기반한 인식적 명상을 수행하면서 시작한다. 자신을 중앙에 두고 편안하게 눕거나 앉아서 신체 긴장을 찾아 본다. 이어서 신체의 어느 부위가 가장 큰 긴장과 스트레스를 느끼는지 알아본다.
② 심호흡할 때 자신을 정화시키고 순화시키며, 유사한 영 에너지로 긴장과 스트레스를 대체시키도록 스스로 비주얼라이즈(visualise) 한다.
③ 이 호흡을 수초 동안 정지하고 입으로 숨을 내쉬고 신체에 내재된 부정적, 해독성의 원치 않는 어떠한 에너지를 제거하도록 비주얼라이즈 한다.
④ 약 15~20분 동안 신체를 통해 어떠한 긴장이나 스트레스를

지속적으로 스캔하며, 자신의 정신, 신체 그리고 영을 정화시키도록 바람직한 정화 호흡을 사용한다.

결론

전통적인 점진적 근육이완 활동들은 대부분 순수한 인지-정서 혹은 인지행동주의 경험을 사용하여 촉진되었다. 이런 활동 속에 영적 영역을 병합시킬 때 어떤 사람들에게는 더 깊은 의미와 목적이 추가될 수 있다. 또한 점진적 근육이완의 전통 모델에서는 여러 신체 부위, 관절, 근육 등으로부터 시작하는 구조에 집착하는 경향이 있다. 이것은 어떤 사람들에게는 지루하고 좌절스러운 과정의 시작이 될 수 있다. 이 전통적 방법의 또 다른 응용 형태는 가장 긴장을 느끼는 3~4곳의 중요한 신체 부위들(즉, 머리, 목, 어깨, 위장)을 이용하여 정화, 해독 그리고 이완을 위해 의식을 집중시키도록 하는 것이다.

제13장은 신체, 정신 그리고 영의 안녕을 통합시키도록 하기 위해 더 깊은 영역들로 들어가도록 돕는다. 비주얼리제이션, 지시적 및 숙고적 명상의 실천으로 다른 신체감각들을 자극할 수 있다(즉, 시선 집중, 듣기, 만지기, 냄새와 맛보기). 이런 진보된 방법들은 우리의 대인관계상의 영적 안녕으로의 여행에 필요한 다른 기회들을 만들어 내는 경향을 띤다.

제13장

자기-보호의 기본실천 II

—지침화된 명상, 숙려 명상, 보행 명상, 비주얼리제이션 명상—

명상 수행은 감정이입 피로를 치유하도록 하는 변환 여정이나 경로를 제공하는 효과가 있다. 명상은 우리의 정신, 신체 그리고 영에서 내적 지혜를 발전시키는, 단순하지만 강력한 하나의 수단이다. 명상 수행은 하나의 독특한 문화 혹은 종교적/영적 신념체계를 발견하는 것이 아니다. 명상 그 자체는 종교나 이념이 아니며, 전 세계 사람들의 문제와 문화들이 지구상에 존재하는 것과 같이 많은 상이한 형태와 방식들을 띠고 있다. 명상에 관한 연구는 매우 광범위하고 연구와 적용에 관한 포괄적 논의는 본 장의 범위를 넘어선다. 그러나 초급 수준의 정신건강 치료사들의 훈련에 필요한 마음중심의 명상들을 사용하는 것에 대해 언급한 몇몇 가치 있는 최근의 질적 연구들이 있다(Newsome et al., 2006; Shapiro et al., 2007 참조).

이런 연구들은 통합적 자기-보호 실천방법들, 특히 임상 슈퍼비전 장면들 속에서 강한 함축적 의미들을 지닌다. 특히 눈에 두드러지는 것은 대학원 첫 학기 동안 명심(mindfulness) 명상을 경험한 상담사 슈퍼바이지들에게 나타난 몇 가지 영역들이다. 이 슈퍼바이지들은 자신의 신체적, 정서적, 태도상의, 영적인 그리고 대인관계 인식에 매우 중요한 단기적 영향을 미쳤다고 보고하였다. 이 명상 훈련의 결과, 슈퍼바이지의 내담자들 또한 이익을 얻었다. 슈퍼바이지들은 다음과 같은 내용을 보고하였다. ① 내담자 회기들 동안의 안락감이 조용히 증대되었고, ② 치료과정에 더욱 초점과 주의를 두게 되었으며, ③ 자신의 자아와 내담자들의 보건과 치유 측면들 내에서 정신, 신체 그리고 영적 연결에 관한 태도가 변화되었다. 다른 연구결과들은 명심 기반(mindfulness-based) 훈련을 통해 슈퍼바이지들이 ① 현재 순간에 관해 보다 사려 깊게 인식하게 되며, ② 내담자 문제들의 과식별이 감소하고, ③ 부정적 자기-사고들의 감소에 초점을 두며, ④ 심리적 복지와 정신적 및 신체적 건강을 강화시키기 위해 자신의 스트레스 수준을 감소시키는 능력을 강화시킨 점을 지적한다. 다양한 소비자들, 내담자들 그리고 보호자들을 대상으로 하는 수백 개의 다른 연구결과는 명상 과정을 실천하는 사람들이 보다 나은 신체적/정신적/영적 복지를 지니게 된 것으로 보고하고 있다. 가장 중요한 것은 명상이 우리의 인식, 열정 그리고 다른 사람들에 대한 감정이입을 증대시킨다는 점이다.

명상은 확실히 지난 10~20년 동안 미국에서 인기를 끌었으며, 프로선수들의 집중력 강화, 이완 반응의 촉진 그리고 기록 향상을 위해 스포츠 심리학자들이 사용하여 왔다. 또한 만성 질환과 장애를 지닌 사람들의 통증을 감소시키기 위한 통합적 의료 방식으로 사용되어 왔다. 명상은 다양한 정신건강과 물질남용 관련 장애를 지닌 사람들에게 도움을 제공해 왔다.

많은 서구인들은 불교와 관련된 명상을 알고 있다. 명상은 모든 불교인들의 수행에서 핵심이지만, 기독교인, 힌두교인 그리고 다른 문화들을 포함해서 전 세계의 많은 종교 집단들의 구성원들도 수행한다.

매일매일 행하는 명상은 건강한 정신, 신체 그리고 영의 기초가 된다. 명상은 인식, 열정, 내적 평화 그리고 다른 사람들에 대한 감정이입을 심화시키므로 세상에 많은 사람들이 존재하듯이 명상의 형태도 매우 많다. 명상은 우리가 수행하는 정신적 과제들이나 인지적 및 행동적 활동들의 유형들과는 매우 상이하다. 그것은 보다 높은 수준의 의식 속에서 신체가 떠다니는 것과 같은 경험을 하게 만든다. 매일의 수행으로 자신의 사고, 정서들 그리고 신체적/영적 복지를 관찰하는 능력을 개발할 수 있다.

명상은 개인적으로 혹은 동호인들과 함께 집단 속에서 수행될 수 있다. 보다 높은 수준의 의식 상태들에 이르는 경로를 시작하도록 돕는 다음과 같은 명상 지침들이 있다.

① 앉거나 누울 수 있는 편안한 장소를 찾아 일상적인 호흡에 주의를 기울인다. 개별 호흡을 하나하나 생각하려고 하지 말고 정상적인 호흡패턴도 조절하거나 변화시키려고 하지 마라. 오히려 신체의 경험에 맡기고 호흡을 관찰한다.

② 당신의 정신, 신체 그리고 영이 자유롭고 자연스럽게 느끼도

록 하라. 스쳐 가는 어떠한 생각들, 지각들 혹은 경험들이 우주의 빈 공간 속으로 떠오르고 떠다니게 하라.

③ 당신이 그 순간에 살아 있다는 생각을 견지하라. 당신 앞에 펼쳐져 있는 현재 순간이나 '지금' 을 살펴보라. 조용한 명상 상태들 속에서 내일이나 어제는 없다. 단지 현재 순간에 살아 생존하는 것이다. 침묵에 대해 각별한 주의를 기울인다. 당신 자신의 조용한 공간을 찾고 현재 순간에 경험하는 어떠한 스트레스, 긴장, 근심 혹은 걱정을 떨쳐 버려라.

④ 당신 자신이 원치 않았던 어떤 정서들이나 지각들을 우주의 공간 속으로 융해시키도록 하라. 당신 마음 속에 정신과 사고들이 일치되도록 하라. 특별한 의도나 요청 없이 단지 당신 자신에게 '나는 평화로울 수 있어.' '나는 나의 마음속에 거할 거야.' '나는 치유될 거야.' 라고 속삭여라. 당신 자신의 열정어린 말들을 조성해 낸다.

⑤ 사랑, 열정 그리고 친절에 대해 심성을 열고 메시지를 되뇌어 소통하라. 행복, 즐거움, 전체성 그리고 온화감의 진동을 느낀다. 이런 전체성 속에 자신을 이끌어 내고 이 경험을 심화시키고 각 호흡을 내쉴 때마다 동일한 정서들과 경험을 배양하라. 사랑스러운 친절과 당신 내의 열정적 영을 탐구하라.

이런 동일한 목적들을 달성할 수 있는, 다른 인기 있는 유형의 명상들도 있다. 여기에는 지침화된 명상, 숙려 명상 그리고 보행 명상이 포함된다. 각 명상은 당신 자신의 독특한 욕구들을 충족시킬 수 있도록 변형시킬 수 있다. 또한 이런 통합적 접근 방식들에 종사하기 위한 개인적 의도를 결정할 수가 있다. 다음과 같은 매우 잘 수용된 명상들은 감정이입 피로의 치유 여정에 또 다른 기회들을 제공한다. 이 책에서는 각각의 간략한 설명이 제공된다. 이 책의 자원들을 당신의 지식, 인식 그리고 명상 수행을 통해 살펴보라. 전인적 삶의 방식을 경험하는 기술들을 확장하도록 개방적이 되라.

지침화된 명상

지침화된 명상은 전형적으로 소리 혹은 음성이 녹음된 오디오 테이프를 듣는 동안 이루어진다. 일반적으로 명상에 임하는 사람들은 구조화된 명상회기를 오디오테이프의 음성에 따라 수행한다. 치료로서 음성의 사용은 전형적으로 이런 구조화된 명상 속에 융합된다. 지구의 소리들(즉, 태양, 바람, 동물들 그리고 기타 자연음들) 혹은 영가, 드럼 연주, 토착의 악기들을 마스터한 고대인들의 음악은 확실히 지침화된 명상 경험을 강화시킬 것이다. 지침화된 명상을 하는 동안 당신의 합리적 사고 속에 독특한 이미지들이 발생할 수 있다. 그 환경 속에서 들리는 소리에 당신의 주의가 이끌릴 수 있다. 그러나 즐거운 이미지들과 지각들의 과잉 상태가 탐구되고 각 회기마다 보다 상세하게 재창조될 수 있다. 당신의 정신, 신체 그리고 영이 당신을 안내하도록 하고 경험하도록 한다. 이런 명상 형태로 도전하는 일은 의도의 초점을 유지시키는 것이다. 그 목적은 이완 반응을 배양하고, 계몽감을 발전시키고 어려운 개인 문제들의 해답을 찾고, 당신의 정신, 신체 그리고 영의 상호 연결점들을 강화시키는 것이다. 생생한 소리이든 CD이든 동일한 지침화된 명상의 복합적 회기들에도 불구하고 당신은 내내 새롭고 계획되지 않고 탐구되지 않았던 후발 정보와 경험들을 습득할 가능성들에 대해 수용적이어야 한다. 이런 명상의 새로운 요소들은 어떻게 샤먼 여정들이 반복적인 매회의 드럼 연주나 동일한 리듬의 수피댄스들을 통하여 이루어지는지 이해하지 못할 수 있다. 사람들은 각 회기마다 완전히 다른 경험들을 할 수 있다. 그러나 마음을 열고 편안히 앉아 주의를 기울이고 지침화된 경험 속에 당신을 나타낼 수 있는 새로운 통찰력과 에너지를 바라보라.

숙려 명상

20세기 영적 신학자들과 가장 다작을 행한 작가들 중 한 명인 트라피스트 수도사 Thomas Merton 신부(1961)는 숙려 명상이 인류의 지적 능력과 영적 생활의 최고 표현들 중에 하나라고 기록하였다. 의식의 가장 높은 수준에서 영적 비전의 선물을 갖게 되는 것이다. 숙려의 독특한 한 형태는 그 개인이 자신의 눈을 손으로 잡을 수 있는 특정한 대상에 고정하도록 한다. 돌, 조개 껍데기, 나무 조각, 양초, 낙엽 혹은 다른 자연물들과 같은 대상들이 이 명상에서 가장 적합한 것으로 보인다. 북미 인디언들의 영성에는 지구상의 모든 사물들이 서로 연결되어 있다. 따라서 식물, 동물 그리고 사람들은 동일하게 모두 존경받는다. 그 물체를 살펴볼 때 색채, 감촉, 크기 그리고 모양에 주목하라. 당신이 이전에는 결코 그런 사물을 본 적이 없었던 것처럼 이 물체를 탐구하는 데 몰두한다. 무조건적 사랑과 친절 메시지를 소통하고 열정, 행복, 환희, 전체성 그리고 사랑을 표현하도록 마음을 열어라. 당신과 당신이 선택한 물체 사이에 진동에너지를 느껴보라. Merton 신부는 자신의 가장 유명한 책 『새로운 관상의 종자들(New Seeds of Contemplation)』에서 "숙고는 자신 내에 격리되는 것이 아니라 겸손과 순수한 마음을 통해 외적이고 자기중심적인 자아로부터 해방되는 것이다."라고 말한다(p. 66). 진정으로 당신이 선택한 행복이나 물체의 진동에너지와 은밀하게 소통하기 위해서는 생명이 우리에게 신비스러울 뿐만 아니라 해법들 또한 명료하다는 점을 이해하여야 한다. 숙려의 씨앗을 뿌리고 배양하는 것은 우리 영혼에 숨겨진 어둠의 빛을 드러나게 한다. 숙려 명상 동안의 춤에 대한 관찰(수피댄싱에서처럼)은 침묵 속에 앉아서 새로운 인식에 이르게 하고 드러나는 우리의 내적 음성을 경청할 수 있는 또 하나의 기회를 제공한다.

보행 명상

영적 여정의 변환 상태에 이른 사람들이 보행 명상을 수행한다. 유대교와 기독교의 성경 구절에 있는 많은 중요한 이야기들이 영적 여정의 하나로서 보행을 가리킨다. 예를 들면, 모세와 그 민족은 약속의 땅을 여행하고 요셉과 마리아는 베들레헴으로 걸어간다. 사막, 험산 혹은 숲속에서 주신의 어떠한 의미와 목적을 발견하기 위해 여행하는 것을 언급한 수백 개의 북미 인디언 이야기들이 있다. 감정이입 피로의 치유를 위한 최초의 발걸음을 내딛기 위해 행하는 선택은 매우 강력한 메시지를 전달한다. 보행 명상에서 당신은 결코 혼자가 아니다. 그 경로상 당신보다 앞서 걸어갔던 다른 사람들이 존재한다. 보행 명상은 내부로 향하는 여정이다. 당신이 걷게 되는 실제상의 물리적 경로는 심혈관 건강을 좋게 만들 수 있다. 그러나 이런 형태의 명상 경험의 목적은 어떤 목적지에 도달하는 것이 아니다. 오히려 계속되는 탐구와 발견과 같은 당신의 지속적 여정을 위해 정신, 신체 그리고 영의 준비를 할 것이다.

명상, 기도 그리고 의식에서 미로 사용이 부활되는 경향이 있다. 이 미로는 하나의 우회적 경로(위로부터 미로처럼 보이는)이며, 사람들은 수천 년 동안 보행 명상을 위해 그러한 미로를 사용하였다. 이런 미로들은 여러 모양과 형태들을 띠지만, 그 경로는 항상 그 사람을 중앙으로 이끌기 때문에 미로 이상의 기능을 한다. 세상의 대다수 종교와 영적 신념체계들과 신비스러운 관계들을 가지는 일은 아주 영적인 경험이 된다. Schaper와 Camp(2004)의 책 『외부에서 내부로 향하는 미로: 영적 통찰력을 얻기 위한 초보자지침서(Labyrinths from the Outside In: Walking to Spiritual Insight – A Beginner's Guide)』는 미로의 영적 중요성을 이해하는 데 필요한 자료를 풍부하게 제공한다. 이 책은 보행 시의 지침화된 명상들을 설명하고 미로 구성에 필요한 교육을 제공한다. 북미대륙에는 500개 이상의 미로들이 존재하고 여기에는 보행 명상들의 기초가 되는 여러 종교들의 활동이 포함된다. 고대의 세계, 심지어 트로이 멸망이나 거석군 이전 시대로 되돌아간 시간과 연결되는 현대의 21세기 영성 상징들이 있다.

보행 명상은 실내나 실외에서 모두 이루어질 수 있다. 그러나 숲속, 해변, 산책길 혹은 기타 자연환경 속에서 가장 잘 수행되는 것 같다. 미로를 걷거나 비구조화된 환경 속에 보행을 하더라도 지켜야 할 몇 가지 사항들이 있다.

① 걷기 전에 지형과 날씨 상태를 파악하고 필요한 신발, 생수, 복장 그리고 다른 필수품들을 챙긴다.
② 10킬로미터 달리기나 걷기에 임하는 것이 아니다. 보행 명상은 당신이 원하는 경로에 주의집중하기 위한 숙려 활동들이다. 이런 형태의 명상 활동은 얼마나 멀리 가는가 혹은 빨리 가는가보다는 경험의 질에 초점을 둔다.
③ 전반적인 의식의 명상 상태에 이르기 위한 경험, 호흡, 보폭 그리고 속도에 주의를 기울이도록 한다.

보행 명상은 내부로부터의 여정이다. 당신이 취하기를 원하는 영적 경로에 주목하라. 당신은 능동적으로 이동하라는 소리를 듣도록 되어 있다. 그 여정을 신뢰하고 눈으로 보고 소리를 듣고, 정서를 느끼고 상이한 지각이나 감사의 태도로써 삶을 경험하려는 생각에 마음을 연다.

비주얼리제이션

비주얼리제이션은 건강과 치유 목적으로 당신의 창조적 상상력을 사용한다. 사람들이 다양한 만큼 비주얼리제이션 경험도 풍부하다. 이 접근방법은 창조적 상상과 더불어 시각, 청각, 촉각, 후각 그리고 미각 등의 감각의 통합을 요구한다. 당신은 정신, 신체 그리고 영에서 보다 나은 미래를 배양할 수 있는 에너지, 인식 그리고 창조성을 지녔다는 가능성에 대해 마음을 열어라. 당신의 비주얼리제이션 경험을 다른 활동들과 유사하게 시작하고, 자신의 호흡에 주목하여 완전한 자연 정화호흡을 행하고, 전적인 이완 상태 속에 놓이도록 집중하라.

감각들의 개발

당신의 비주얼리제이션 경험은 다음과 같은 상이한 감각들을 개발하고 탐색함으로써 시작할 수 있다.

- **관측:** 상상이든 아니면 실제의 과거, 현재 경험에서이든 혹은 긍정적으로 여기는 미래이든 간에 상관없이 비주얼 이미지를 창조하라. 그리고 아름답고 경이로운 최고도의 시각적 경험을 얻으려고 노력하라.
- **소리:** 당신의 환경 속에서 즐거움을 주는 친숙한 소리에 집중하라. 이것은 편안한 음성, 낙수, 새소리, 파도, 나뭇가지 사이의 바람소리, 초인종 혹은 심지어 산꼭대기의 조용한 침묵과 같은 자연환경 속에서 듣게 되는 소리나 음성들일 수가 있다.
- **촉감:** 당신이 듣거나 볼 수 없는 무엇인가에 주목하라. 매우 유쾌한 신체감각, 사물, 사람 혹은 자연 속의 물체를 지향하라. 상상 속에서 창조한 무언가에 주의를 집중시킬 수 있다. 이러한 접촉의 감각을 느껴 보라. 부드럽고 거칠고 따끔따끔한 초감과 차갑고 뜨겁고 따뜻한 온도에 대해 숙고하고, 이 물체를 둘러싼 에너지를 느껴 보라.
- **냄새:** 당신이 접촉한 아로마 향이나 유쾌한 냄새에 초점을 둔다. 당신의 신체가 어떻게 이렇게 독특한 냄새에 반응하고 경

험하는가와 그것이 후각 기억에 기록되는 방식에 주목한다. 당신의 환경 내(바다, 야생화들, 계곡의 물 흐름)에 있는 어떠한 자연의 냄새들에도 민감하게 반응하거나 특별한 행사들(크리스마스 쿠키, 생일 케이크)과 관련된 냄새들을 느끼고, 일상에서 놀라웠던 일(막 구워낸 빵 냄새, 꽃꽃이 꽃들)들에 주목한다.

- 미각: 당신의 주의를 입과 혀에 집중하라. 당신의 미각점을 찾고 이런 미각을 사용하여 경험했던 최고조의 감각들을 탐구한다. 이런 감각들은 짠 바닷물, 야생 딸기 혹은 맛있는 과일의 맛일 수가 있다. 몇몇 사람들은 다른 사람들에 비해 특별한 미각들을 더 쉽게 개발한다는 점을 알 수 있다. 이 경우도 당신은 이런 전체적 경험을 발전시키는 시간을 갖도록 하라.

시각의 분석

시각, 소리, 감촉, 후각 그리고 미각의 감각 인식력을 개발할 때에 명상 상태들을 통해 보다 깊은 수준에서 이런 감각들을 탐구하도록 시작하라. 먼저, 다음과 같은 일들을 경험하는 것은 매우 정상적이라는 점을 인식한다.

① 어떤 심상들과 감각들은 다른 것들에 비해 비주얼라이즈하기가 더욱 용이하다. 비주얼라이즈는 대뇌 속에서 실제 상황처럼 상상하는 것이다.

② 원하지 않거나 회피, 억제하고 싶은 이미지들이 있다.

③ 다른 것들과 분별하기가 어려운 이미지들이 있다.

④ 심도 있게 탐구하기가 어려운 이미지와 감각들이 있다.

당신의 오감을 생생하게 하고 더욱 증진시키기 위한 노력에는 실천이 요구될 수 있다. 어떤 경험들은 다른 것들에 비해 기억 속에 보다 용이하게 입력될 것이다. 다음 절에서는 시각적 경험들을 증대시키기 위한 권고 사항들을 담고 있다.

시각 기억의 강화

『변화를 위한 비주얼리제이션(Visualization for Change)』에서 Patrick Fanning(1994)은 시각 기억을 증대시키는 방법들을 다루었다. 여기서 부엌서랍, 침대 그리고 서랍장을 열고 그 속에 있는 대상들을 10초 동안 살펴본다. 그러고 나서 눈을 감고 그 속에 있었던 물체들을 기억해 본다. 이때 떠올리기 어려운 기억 속의 맹점이 어떤 것인지를 파악한다. 이제 눈을 뜨고 다시 그 물건들을 살펴보고 당신의 시각 기억 속에 입력되지 않았던 것이 무엇인지를 파악한다. 다시 눈을 감고 '제3의 눈'으로 살펴보거나 직관력을 사용하고 얼마나 더 많은 물건들을 기억할 수 있는지 알아본다.

『치유의 손: 인간 에너지 장에서 치유지침(Hands of Light: A Guide to Healing Through the Human Energy Field)』에서 Barbara Brennan(1988)은 신체 오로라의 관찰 목적으로 사람들에게 있는 에너지 수준과 진동들을 끌어올리기 위해 고도의 감각을 사용하는 시각 기법들을 다루었다. 명상에 대한 개인의 접근 방식과는 관계없이 자연적 탐구자들은 내성적 안목의 증대를 위해 직관력을 발전시키는 방식들을 갈망한다. 다양한 유형의 명상을 수행하는 사람들에게 있어 하나의 도전은 모든 신체계들을 정신, 신체 그리고 영의 전체 경험 속으로 통합하는 일이다.

창조적 비주얼리제이션과 새로운 발견들

당신이 비주얼리제이션 기법을 사용할 때, 자신이 촬영 각도, 소리, 빛, 원근초점 그리고 다른 특수기법들이 채택 가능한 공중 부양 비디오카메라라고 상상해 본다. 렌즈의 위치에서 당신의 시각 이미지를 창조하고 모든 감각들을 동원해 본다. 한때 당신이 거주했던 특별한 집에 대해 생각해 보거나, 정원에서나 보행 중 발견한 특별한 화초, 해변이나 산속에서의 휴가 장면들, 주변 환경 속에 있는 다른 사물들을 생각해 보라. 당신의 시각적 이미지에 관한 새로운 사물들을 발견하라. 이런 이미지로 이루어진 세계에서 360° 방향 어디든 걸어다니는 능력을 가졌다고 상상해 보라. 오른쪽, 뒷쪽, 위에서 기타 등등 모든 각도에서 그 사물들을 바라보라. 그 이미지를 근접하고 멀어지게 하며, 축소와 확대를 하고 회전시키고 사라지게 하거나 다시 나타나게 하는 특수기법을 계속해서 사용해 보고, 즐겁고 창조적이고 상상력을 풍부하게 하는 명상방법들을 당신의 비주얼리제이션 경험 속으로 통합시켜 보라.

당신에게 특별한 공간의 시각 이미지를 창조하기

명상의 목적들이나 상이한 직업 목적들, 관계, 혹은 직장에서의 문제 상황들을 시각화하는 상이한 비주얼리제이션 방법들을 배울 때 매우 긍정적이고 복지와 관련된 형태의 장소, 활동, 행사들 그리고 정신, 신체, 영 속에 통합될 수 있는 최고의 영적 경험들을 창조하는 것이 중요하다. 영화, TV, 비디오 게임들 그리고 인터넷상에는 매우 부정적이고 원하지 않는 이미지들이 풍부하게 존재한다. 이런 이미지들이 당신의 창조적 비주얼리제이션 속에 가끔 뛰어들어 올 수 있다. 그러나 매일 혹은 매주 가지는 명상 수행은 강한 안전감, 안정, 개인적/신체적/사회적/정서적 그리고 영적 안락감을 대표하는 그런 이미지들에 초점과 주의를 집중하도록 강화시킬 것이다. 다음 사항은 자기-지침화된 비주얼리제이션으로, 당신의 정신, 신체 그리고 영을 당신 스스로 창조한 신성한 환경 속에 자유롭게 들어갈 수 있는 단순한 공간으로 안내할 것이다.

① 당신의 비주얼리제이션 경험을 따뜻하고 안락하고 안전하고 고무적이거나 영적인 특수 공간을 창조하면서 시작하라. 긴장과 스트레스를 방출하도록 마음속으로 들어갈 수 있는 장소를 생각하라. 그것은 상상 속의 장소 혹은 실제의 장소가 될 수 있다.

② 당신의 성격에 맞게 특수한 장소(당신의 삶을 위해서 만들어진 맞춤 형태 혹은 당신이 누구라고 하는 진술이 가능한 특수 장소)를 창조하라.

③ 특수한 장소, 즉 꿈속이나 실제의 집 속에 있는 좋아하는 방, 해변가의 특정한 장소, 산속이나 사막 혹은 숲 속의 장소를 생각해 보라.

④ 당신의 특별한 장소 주변을 살펴보고 다른 각도에서 그 장소 주위를 걸어보라. 당신은 이 환경의 구조나 혹은 특별한 효과를 통제할 수 있는 사람이다.

⑤ 당신의 특별한 장소를 묘사하는 데 있어 모든 오감을 사용하고 그 주위를 걸어 보아 편안해지도록 한다. 직관적으로 이것은 당신의 정신, 신체 혹은 영의 긴장이나 스트레스 방출을 위

해 가고 싶은 장소라는 점을 이해하라.

⑥ 당신의 특별한 장소 속에 사물들을 저장할 수 있는 지역을 만들어 보라. 이것은 보물 상자, 수제 가방, 나무 속의 구멍 혹은 철로 강화된 자물쇠나 안전 장치와 유사할 수도 있다.

⑦ 이 특수한 장소에 정서, 생활 경험, 낚시대, 보트, 혹은 다른 무엇을 저장할 수 있다고 생각하라. 당신은 특수한 장소에 숨겨 두었던 이것을 찾아 가서 항상 꺼내 볼 수 있고 안심하고 되돌아올 수 있다.

결론

사용할 수 있는 명상 활동들은 헤아릴 수 없이 많다. 반드시 불교, 기독교, 유대교 혹은 북미 인디언들의 수행을 통해서만 원조전문직 내에서 일하는 데 필요한 탄력성과 견고성을 증대시키고 이익을 얻을 필요는 없다. 이 장에서 제시된 자료들은 의료 보건과 약물 남용 조건들에 따른 만성 통증에서부터 암과 같은 생명위협 질병들에 이르기까지 만성 질병과 질환들을 효과적으로 치료하는 목적을 띠는 행동주의 건강 운동 내에서의 오랜 역사를 반영한다.

단전호흡, 이완, 비주얼리제이션 그리고 명상의 전반적 목적은 정신, 신체 그리고 영의 치유를 위한 새로운 길을 여는 것이다. 개인 내의 치유자 발견은 자기-보호의 강력한 역량강화 행동이다. 이것은 특히 자신이 선택한 전문직 내에서 어느 정도 감정이입 피로를 경험한 사람들에게 적절하다. 다음 제14장은 개인이 감정이입 피로나 전문가 손상에 관련된 문제, 해결 이슈들을 창조적으로 다루는 데 필요한 치유자 발견과정을 다룬다. 한 개인의 내적 음성을 경험하거나 영혼 속에 있는 신성한 존재를 지각하는 방식의 습득은 보다 고도의 의식 영역을 탐구하려고 하는 많은 사람들에게 특별히 의미가 있을 수 있다.

제14장

현대 샤먼으로서의 상담사들

—내적 치유자의 발견—

내적 치유자를 찾는 일은 우리 자신에 대한 하나의 여행이다. 칼 융(Carl Jung)은 화성이나 달에 가는 일이 우리 마음을 꿰뚫어 보는 것보다 더 쉽다고 말한 적이 있다. 우리의 내적 치유자에 대한 탐색을 위해서는 하나님, 자신의 신령이나 초월적 존재 혹은 주신(Great Spirit)과 접촉하고 영적 소통을 가져야 한다. 이러한 존재나 힘에는 주로 당신의 정신, 신체, 영의 보다 심연의 전환적 명상단계를 통해 무의식상으로 접근할 수 있으며, 몇몇은 신비로운 여행이나 내면의 음성 또는 내면인도자의 말을 경청하고 영적으로 개방함으로써 발견할 수 있다. 어떠한 기법을 사용하든 간에 보다 깊은 의식 상태에 이르기 위한 여행의 목적은 순수 지성적인 현명하고 전지전능한 당신의 내면인도자에게 접근하는 것이다. Fanning(1994)은 이 인도자가 어떤 이에게는 특별한 의미를 지니는 존재, 고인 혹은 신화나 전설을 통해 창조된 사람이 될 수 있다고 주장한다. 이렇게 내면인도자는 여러 형태의 에너지와 다양한 문화적 신념체계들을 통해 나타난다. 그들은 꿈 속에서 환상이나 음성, 육감적인 경험 혹은 상징적인 형태로 나타날 수 있다. 내면의 음성에 대한 경험은 융이 언급한 "의미 있는 동시 사건" 이라는 개념을 통해 묘사되며, 이는 오직 통계적인 가능성에 따라 둘 이상의 사건이 동시에 발생하게 되는 동시다발적인 특성을 가진다고 설명하고 있다(Campbell, 1971 참조).

반가운 소식은 인간의 내적 특성에 따라 누구나 내면인도자에게 접근할 수 있다는 점이다. 인체는 중력 때문에 땅에 고착되어 있음에도 불구하고, 강력한 창조성과 상상력은 우주의 구조나 시간을 초월하여 다른 차원의 세계로 우리를 데려갈 수 있다. 많은 사람들은 가고 싶어 하지 않지만, 꿈은 의식적인 정신, 신체, 영을 초월적인 장소로 데려다주는 한 예라 볼 수 있다. 아인슈타인은 문서상에 옮겨 적기 훨씬 이전에 수학적 상대성이론을 발견하였고, 라이트 형제는 비행실험을 하기 위해 오하이오를 떠나 캘리포니아 북부의 키티 호크에 도착하기 훨씬 이전에 비행기를 발명할 수 있었다. 이와 유사하게 우리의 신념들, 지혜 그리고 창조적인 상상력은 어떤 현실의 상태나 일반적인 의식의 평범한 각성 상태보다 훨씬 이전에 우리의 일상 가운데서 실현된다. 곧 창조적이고 상상적인 내면의 음성, 고귀한 지혜, 인식 또는 의식 상태가 행동하기 이전에 형성된다는 말이다. 이것은 영적인 영역을 의도적으로 돌파함으로써 성취될 수 있다.

초기 영적 상태와 복합적 영적 상태의 간격 메우기

달라이 라마(Dalai Lama, 1999)는 『새 천년의 윤리학(Ethics for the New Millenium)』이라는 저서에서 지난 수백 년 동안의 엄청난 변화(민주주의, 자유주의, 사회주의, 기계화)들은 우리가 가장 바라 왔던 국제적인 이익들을 실현하는 데 실패했다고 밝혔다. 그는 우리의 생각, 정서 그리고 일상의 존재방법들이 과학과 기술의 진리라고 믿는 것과 사회, 정치, 법적 체계의 법률들에 따라 지배되었다고 말하고 있다. 인간 행동의 도덕성과 품위를 견지하는 데 실패한 이러한 시도들을 보며 그는 영적 혁명의 필요성을 외쳤다.

영적 혁명에 대한 생각들은 인류 모두에게 이익이 되어야 한다. 이런 감명적인 생각들은 원조 혹은 치료전문직 종사자들의 정신적, 신체적 그리고 영적 핵심이 되어야 한다. 특히 자기-보호 실천에서 스트레스를 해소하고 대처 능력을 향상시키기 위해서는 인지행동 접근 이상으로 더 많은 것들이 필요하다. 바로 우리 내부의 영적인 혁명을 요구하는 것이다. 영적인 접근 방식들은 우리를 참된 존재의 중심으로 인도하며, 감정이입 피로를 치유하는 데 매우 본질적인 부분이라고 생각할 수 있다. 이것은 우리의 정신, 신체, 영을 조화와 균형 있게 연결시켜 줄 초기 영적 상태(spiritual ordinary)와 복합적 영적 상태(spiritual non-ordinary)의 격차를 어떻게 메울 것인가에 대한 각성과 인식이라 볼 수 있다.

여러 가지 영적 신념이나 종교적 신념에 따르는 헌신적인 상담 실천가들은 자신이 왜 처음에 상담직에 들어왔는지를 회상해 보아야 한다. 우리는 영적 의식의 특수한 상태에 접근할 수 있는 능력을 가지고 있으며, 우리가 창조한 다른 영적 세계를 여행할 수 있고 어떤 고도의 지혜, 인식 그리고 목적에 안전히 되돌아올 수 있는 영적인 존재라고 믿는 사람들이 많다. 보다 높은 의식 상태들에 대해 객관적으로 관찰하기 위해 자신의 마음을 열고 기꺼이 스스로 객관적인 관찰자가 되도록 노력할 때, 우리 삶뿐 아니라 우리가 상담하고 있는 사람들의 삶에 놀라운 일들이 일어날 수 있다. 이런 영적 현상들은 우리 자신의 합리적 지성과 인지적 신념들의 사용으로 나타난다기보다는 통섭적 경험들이어서 신체, 정신 그리고 영의 아우른 표현들인 셈이다.

다른 반가운 소식은 우리가 의식의 보다 높은 단계로 들어간다거나 내면의 영적인 지도자와 접촉하기 위해 실제로 신비주의자나 무당, 요가수행자 혹은 강신술사가 될 필요는 없다는 것이다. 이런 상태들과 안내는 영적으로 잘 성장한 멘토들과 인도자들로부터 나타나는 운명적 존재들에게 유용하다. 영적 안내자는 우리 내면이나 주위 환경에서 찾을 수 있다. 우리의 멘토는 다른 차원의 문을 열 수 있기 때문에 우리는 마음으로 부처와 직접 대면할 수 있으며, 비전을 공급하는 신이나 주신의 음성과 지혜를 들을 수 있도록 촉진시킬 수 있다. 어떤 사람들에게는 이 여행이 합리적인 사고를 벗어나고 자연적인 이해를 초월하는 것이며, 다른 사람들에게는 UFO나 외계인들과의 접촉과 영성의 높은 단계에 도달하는 것과 유사하다. 그러나 영적인 문제들이나 영적 중요성은 본질상 매우 세속적이다. 단지 호흡하는 것처럼 자연스럽다. 샤먼이나 영적 지도자를 찾는 것은 감정이입 피로를 치료하는 경로에 주목해야 하는 매우 심오하고 중대한 경험이다.

영국 아서왕을 섬긴 예언자 마술사 멀린의 교훈 이후, Deepak Chopra(1995)는 자신의 저서 『마법사의 길(The Way of the Wizard)』에서 영적 안내자를 찾는 일에 대해 언급하였다. Chopra는 우리 모두에게 존재하는 영적인 근원을 어떻게 찾는가에 관한 20개의 가르침을 제공하였다. 그가 마법사라고 하는 은유 기법을 사용하여 제공한 고무적인 가르침의 몇몇 내용들은 다음과 같다.

① 마법사는 보이지 않는 세계 안에서 모든 것의 근원을 볼 수 있다.
② 우리의 몸과 마음은 잠들지만 마법사는 항상 깨어 있다.
③ 마법사는 계시적인 순간들을 통해 지난 세기의 집약된 지식들을 가지고 있다.
④ 지각의 문이 완전하게 깨끗할 때 미지의 마법사 세계가 보인다.
⑤ 인간의 질서는 법칙에 따라 만들어지지만 마법사의 질서는 규칙이 없고 생명의 자연법칙에 따른다.
⑥ 영이 항상 신호하기 때문에 영적 탐구자들은 절대 길을 잃지 않는다.

20개의 가르침에서 Chopra는 사람이 세상을 위해 할 수 있는 가장 위대한 일은 마법사가 되는 것이라 말하고 있다. 비유적으로 마술사인 그는 많은 문하생들을 남겼다. 내면의 여행을 통해 감정 결핍을 초월하고 20개의 가르침을 이해함으로써 마법사가 될 수 있었는데, Deepak은 "첫째, 우주의식(cosmic consciousness)이라 불리는 기적들을 당신은 체험할 것이고, 둘째, 신성한(divine) 의식이라 불리는 상태 속에서 당신이 기적을 수행하게 될 것이며, 셋째, 통합의식으로 알려진 상태 속에서 당신이 바로 기적 그 자체가 될 것이다."라고 말하고 있다. 이 세상의 건강과 행복은 목적의식과 유대감의 영적 영역 속으로 진입할 때 사용하는 창조적인 상상력에 달려 있다.

샤먼의 내적 발견

전문적인 원조자는 토착의 샤먼치료자들과 아주 비슷하다. 우리는 모두 주로 강렬한 문제를 가지는 개인들이나 집단과 함께 일하는 다양한 전문 분야의 상담사라고 볼 수 있다. 많은 내담자들은 심리적, 사회적, 감정적 혹은 행동적인 특성에 제약되어 있거나 그들의 삶에 드라마를 연출하는 성격 특성들을 가진다. 그들은 종종 자신의 현안과 문제들이 단지 표면 단계(surface level)에서 유발되는 것이라고 인식하게 되고 따라서 하나의 안내자로서 행동하는 샤먼 형태의 사람이 필요하다는 것이다. 현대의 샤먼이 고객/내담자/환자의 의식이나 정신을 깊이 탐침할 때, 능력 있는 치료사들은 이들의 마음과 신체 그리고 영이 분리되어 있는 것을 지각하고 어떻게 그 내담자를 전인적 측면의 상태로 되돌려 놓을 것인지 단서를 제공한다. 부정적인 정신건강 조건들(우울, 불안, 약물남용)을 지닌 많은 내담자들은 관련 신체 질환(두통, 어깨나 허리 통증, 관절염, 무기력, 내분비 장애)을 지녔으며, 그들의 삶을 다루는 실존적 혹은 영적 갈급성을 지닐 수 있다. 즉, 고통의 원인에 대한 단서를 찾지 않고 신에 대해 비난한다. 따라서 그 내담자는 의미와 목적을 찾도록 노력할 것이며, 샤먼과 같이 전문치료사는 개인이 균형이나 조화를 다시 획득하도록 하고 그런 노력을 할 수 있도록 개인의 정신, 신체, 영혼의 상호 연결점들을 다루어야 한다.

천주교성직자이면서 심리학과 신학에 있어 다작의 저자인 Morton Kelsey 신부(1986)는 "우리 사회는 영적인 현실을 다루는 방법들을 강조하지 않는다. 샤먼들은 삶을 변화시켜 줄 신과의 대면 방식을 찾는 인도자를 안내할 필요가 절실하다."라고 말한다. 나아가 현대 샤먼들은 타인과 신뢰관계를 구출할 수 있도록 하기 위해 반드시 경청과 열정에 관해 훈련받아야 한다고 말한다.

Nouwen(1972)은 『손상된 치유자(The Wounded Healer)』에서 현대 샤먼은 언어적으로는 명료하고 열정적이어야 하며, 행동적으로는 심사숙고할 필요가 있다고 말한다. 이들은 전인성을 추구하는 타인을 돕기 위해 그들 자신의 고통과 상처들을 기꺼이 사용해야 한다. 궁극적으로 우리 내담자들의 고통과 상처를 감정이입할 수 없다면 내담자들을 돕기 어려울 것이다. 그러나 하나의 관계 속에서 이 수준의 감정이입과 열정을 위해서는 대가가 필요하다. 따라서 현대 샤먼은 타인들을 돕기 위해 내면의 영적 지도자의 안내를 반드시 받아야 한다.

옛 샤머니즘의 교훈

지난 수만 년 동안 샤머니즘으로 알려진 실천은 전 세계에 많은 상이한 문화들로부터 개인의 건강과 치유를 가져왔다. 최초의 샤먼 의식 중 일부에 관한 증거는 시베리아 퉁구스 부족에 의해 기록되었다. 서양 인류학자인 Harner(1990)는 이 인류학 분야의 광범위한 저서를 남겼고 전 세계에 걸쳐 샤먼 의식에 대한 특이한 내용들을 모았다. 그는 "샤머니즘은 가장 널리 퍼져 있었으며, 인도적으로 알려진 고대 마음, 신체 치유에 대한 고대 방법론적 시스템을 보여준다."라고 밝히고 있다(p. 40). 기본적으로 환자나 부족민의 정신, 신체, 영혼을 치유하도록 요구되는 지식, 힘, 영적 원조를 위한 초기 영적 상태와 복합적 영적 상태에 접근하기 위해 부족이 임명한 사람은 샤먼이 될 수 있었다. 또한 이들은 자신과 타인의 정신적, 신체적, 정서적, 사회적 그리고 영적 복지를 성취하고 유지하는 데 사용할 수 있는 비법한 고대지식과 기법들을 지닌 자들이었다. 흥미롭게도 많은 샤먼식 방법들은 세계적으로 유사하다. Mircea Eliade(1964)의 고전적 저서 『샤머니즘(Shamanism)』에 따르면, 아시아, 호주, 아프리카, 남미, 북미와 같이 수천 년 동안 대양과 대륙이 분리되어 있음에도 불구하고 각 샤먼들의 역할이나 기법들은 비슷하다고 한다.

오래전 고대 샤머니즘 세계에는 의사(신체 질환을 진단, 치료), 상담사, 심리학자, 정신의학자(정서적, 정신적 그리고 인지적 장애들을 진단하고 치료하기 위해)와 체계적인 종교의식들이 있었고, 모든 상태를 치료하는 샤먼이 있었다. 그들은 부족민들의 정신, 신체 그리고 영적인 복지를 유지시킬 책임을 가지고 있었다. 몇몇 샤먼들은 이를 가업으로 물려받았으며, 또는 주신(Great Spirit)으로부터 선택되고 난 이후 치유 활동에 대한 평판을 바탕으로, 개최된 부족회의를 통해 승인받기도 했다. 샤먼이 되기 위한 훈련이나 도제살이에서 비상한 의식 상태와 염력을 획득하는 방법을 배우는 데 종종 수십 년이 걸리기도 했다. 이것은 건강과 치유를 목적으로 한 영적 조력자들이나 강력한 동물들을 찾기 위해 저승, 중간, 현실 세계를 여행함으로써 성취된다.

대부분의 샤먼들은 죽음과 부활을 투영하는 혹독한 진입 경험들을 통과해야만 했다. 어떤 훈련은 무자비하며, 불이나 물, 악령과의 격투, 환각제를 사용하여 피훈련자를 광적 상태에 빠뜨리는 것과 같은 의식이 요구되었다. 샤먼이 치유적 관계에 있는 사람들의 정신적, 신체적 그리고 영적 고통을 이해하는 것이 필수적이었다.

페루의 작가 Carlos Castaneda(1925~1998)는 미국 인디언의 샤머니즘 훈련과정에서의 경험을 묘사했고, 1960년에 샤먼탐구 여행 동안 만난 야퀴(Yaqui)족 샤먼, Don Juan Matus를 만났다고 주장했다. 캘리포니아 대학교의 로스앤젤레스 캠퍼스에서 인류학 석사와 박사 학위를 취득하는 동안 그는 샤먼 여행에 대한 경험을 토대로 3권의 책을 저술했다. Castaneda가 저술한 이 책들은 8백만 권 이상이나 팔렸으며 17개의 다른 언어로 번역되었다. 그중 가장 널리 알려진 책은 『돈 주앙의 교훈: 야퀴의 지식체계(The Teaching of Don Juan: A Yaqui Way of Knowledge)』(1968)로 정신활성 물질들의 사용을 통한 몇 가지 믿기지 않는 여정들에 대해 묘사되어 있다. Castaneda에 따르면, 개인의 삶에서 가장 중요한 것들 중 하나는 인식의 이해와 여러 가지 기초 의식단계, 통합적 의식단계의 상태들에 대한 통제다. 이것이 바로 선불교와 매우 유사한 고도 수준의 명심(mindfulness)에 이르는 원칙과 기술들이다. Castaneda는 통합적 의식단계에 대한 Don Juan과의 대화를 기술한 내용 속의 모순으로 가장 많은 비판을 받았으며, 그 내용의 신빙성에 대한 의문도 제기되었다. 또한 생애 후반기에는 보다 자연적인 정신기법들을 사용하였지만, 보다 높은 의식단계에 도달하기 위해 정신활성 약물을 복용한 것에 대해서도 비판을 받았다. 어떤 환각제도 사용하지 않고 자연적인 상태에서 여정을 가지는 강력한 샤먼들도 많다(Robinson, 2005).

Don Juan의 실제 존재를 증명하는 것은 어리석은 짓이다. 중요한 것은 Castaneda가 개인적 수행에 이르는 깊은 인식과 직관 단계를 성취하는 데 있어 현대적인 패러다임을 제공했다는 점이다. 이러한 상태들은 Castaneda가 영적 지도자들과의 친밀한 관계들을 통해 획득된 것이다. 따라서 다른 차원의 세계 안으로 여행하는 것은 최고의 안녕을 위해 정신, 신체 그리고 영혼의 균형을 바로잡고 조화를 이루는 방법들을 사람들에게 제공할 수 있다.

영혼 상실

샤먼의 경험에 따르면, 정신적, 신체적 그리고 영적인 병의 주된 원인 중 하나는 영혼 상실(soul loss)이라고 한다. 영혼 상실이 발생하면 정신, 신체 그리고 영적 자아에 손상된 부분을 치유하도록 그 개인의 생명 에너지(life-energe)가 반드시 회복되어야 한다. 영혼 상실을 치유하기 위해서 샤먼은 그 개인이 전인성을 다시 되찾는 영혼 회복의 고대 영적 의식을 수행해야 한다.

Ingerman(1991)의 저서 『영혼 회생(Soul Retrieval)』은 에너지를 흡수해 버린 다른 사람의 면전에서 흔히 우리는 영혼과 영적 감각들이 고갈된 것처럼 느낀다고 매우 자주 설명한다. 그녀는 우리의 영적 에너지를 다른 사람에게 빼앗기지 말라고 충고한다. 당신이 섬기는 동물이나 영적 조력자를 불러오거나 치유의 빛(healing light)을 마음속에 떠오르게 하여 타인의 부정적인 에너지로부터 자신을 보호할 수 있는 경계선을 만들 수 있다. 현대의 샤먼은 영혼 상실을 확실히 인식하거나 훼손된 영혼에 대한 경험에 이를 수 있다.

고대 시대의 샤먼 문화 안에서는 많은 사람들이 그들의 신체에 대한 과거의 특이한 스트레스적이고 외상성의 사건들을 가지고 있다고 믿었고 이것들은 여러 가지 신체 구조(body system)에 초점이 모아진다(신경, 내분비, 면역, 심혈관, 호흡계 등). 직관적인 현대 의학과 정신건강 전문가는 내담자들이나 환자가 이러한 봉쇄된 에너지를 어떻게 신체적으로 풀어낼 수 있는지를 알고 있다.

우리는 내담자들의 무감정, 우울, 빈약한 외모, 느리고 멈추고 더듬거리는 언어 패턴을 관찰하고, 이 내담자가 한동안 이러한 문제를 가지고 있을 것이라는 직관을 가지게 된다. 내담자들은 얼마나 일상생활상의 기능과 대처가 빈약한지를 말해 주며, 우리가 진정으로 감정이입 피로를 치유하기 위해 신체와 정신 속에 영적 에너지를 통합시키려고 한다면, 우리 내담자들에게 주의를 기울여야 할 뿐만 아니라 치료적 상호작용들이 일어나는 동안 경험할 수 있는 역전이(counter transference)에 조심해야 할 것이다. 몇몇의 현대 샤먼들은 영적 에너지에 영향을 미치는 영혼 상실을 경험할 수 있다. 영적 경계선을 강하게 지키는 일이 우리의 영혼을 약하게 만드는 이 에너지 영역에 스며들 수 있는 바라지 않는 어떠한 힘으로부터 보호하도록 할 것이다.

세계 샤먼들의 새로운 통합 노력

토착문화들 속에서 모든 샤먼들은 치유의식을 위해 함께 노력했다. 그들은 의료 모델과 통합 의료 방식들을 모두 사용하는 치료 프로그램들과 상담 및 심리전문가들이 활동하는 개인 임상장면들 속에서, 내담자/소비자들을 놓고 현대의 현실 속에서 나타나는 것처럼 상호 경쟁관계에 있지 않았다. 어떤 샤먼의 치유기술은 모든 유형의 정신과 신체 조건, 만성 질환, 질병 혹은 장애를 치유하는 데 효과가 없을 수 있다. 많은 경우에 치유 경로를 촉진시킨다든지 그 개인을 치료하기 위해서 샤먼들의 공동 노력이 이루어진다. 아마 보완적이고 대안적인 임상방법들을 의료와 통합하는 데 대해 습득해야 할 교훈들이 있다. 다른 사람들의 치유 관련 실천방법들을 향상시키고 촉진시키도록 함께 노력함으로써 영혼 상실 경험을 피하는 데 도움을 얻을 수 있다. 오늘날 많은 자연 치유자들은 복잡한 질병을 만났을 때 서양의학, 토착치유법 혹은 민간요법의 양식들을 모두 사용할 것이다. 그러나 부족 치유자는 그 개인에 대한 치료방법을 찾기 위해 먼저 영적인 세계와의 의사소통을 생각할 것이다.

진정한 치유자들은 자신의 의식과 기도들을 시작했을 때 희망적인 요소가 나타났음에도 불구하고, 좀처럼 그 사람을 고치겠다고 약속하지 않는다. 그 치유자가 전환 상태에 들어감으로써 영적 세계를 듣게 되고 이로써 그 개인의 질병에 대한 진단이나 치료의 지시를 받는다.

Reeve(2000)는 Caboclo라는 아마존 하류 유역의 토착민족들에 관한 연구를 실시하였다. 그녀는 현대 Caboclo 공동체 가족들에게 그들의 건강과 질병 치료를 유지하는 데 토착과 서구 방식들을 모두 사용하는 것에 관하여 인터뷰하였다. Reeve는 토착민 단체의 신념체계를 통하여 지역 치유자들의 역할이 매우 중요하다고 보았는데 육체적인 병은 초자연적인 이유들 때문이라는 것이었다. 따라서 지역사회의 신뢰로운 치유자들은 부족민들에게 가장 믿을 만한 자원이라는 것인데, 이들은 만성 질환과 병의 진단과 치료를 위해 영적 세계에 접근할 수 있다는 것이었다. 이웃 공동체의 토착민이 아닌, Non-Caboclo 치유자들 또한 환자의 요구에 따라 초빙될 수 있다. 몇몇의 치유사들은 영적이지 않은 질병을 서구식 훈련을 받은 의사들에게 의뢰하였다.

전체적으로 볼 때, 치료는 역동적인 치유자들의 집단과의 관계와 사회정체성 면에서 강하게 결속되어 있다. 이는 사람들이 치료를 위해 찾아가는 의사와 보건 전문가들과 매우 냉담한 관계를 가진 현대 임상클리닉과는 아주 다른 체계인 것이다.

Caboclo 사회에서 샤먼과 서구의 양쪽 치료 관행은 개인의 이익을 위해 모두 바람직하다. 토착민의 치료양상들 속에서 샤먼은 치유되기를 원하는 개인과 매우 사적이고 공간적인 관계를 가지고 있다. 왜냐하면 샤먼 문화들 속에서 의학기술(즉, 혈압측정기, 청진기, 온도계)이 사용되지 않기 때문에 개인을 위한 진단과 치료를 위해 샤먼의 직관을 사적이고 밀접하게 사용하기 때문이다. 이는 심장혈관과 호흡기관들을 관찰하기 위해 가슴에 귀를 대고, 몸의 특수한 부위들이 있는 피부와 근골격계를 관찰하기 위해 환자를 살펴보며, 또 질병의 검사, 평가 그리고 치료를 위해 직접 신체 위를 접촉하고, 강렬한 손동작과 같은 기법들을 쓰는 일이 이례적이지 않다는 것이다.

토착민 집단들 가운데 몇 가지 질병들은 빈번히 출현에도 불구하고 토착적인 임상방법들을 대신한 서양의학의 사용은 수용되지 않는다. 공중위생의 부족, 적절하지 못한 식습관이나 영양섭취, 면역과 질병예방 프로그램들의 부족으로 인해 그런 질병들이 만연한 것이다. 서양의학 그 자체만으로는 해결할 수 없는 문제들이다. 세계의 몇몇 토착민족들의 신체적 건강이 쇠퇴하고 있음에도 불구하고 서구인들은 이러한 공동체 내의 정신적, 영적 건강에 대해 보다 많은 것을 배울 필요가 있다. 예를 들면, 여기에서는 지역사회의 서비스 제공자들과 치유자들의 강력한 윤리적/인종적 정체성이 나타난다는 것이다. 이 정체성은 부족과 그 구성원들에게 하나의 보호요인으로서 확실하게 이바지한다는 것이다. 토착민들에게 생활 방식 그 자체는 맞춤식 주택, 신용, 경쟁고용과 경쟁적 스포츠와 거의 관련이 없기 때문에 스트레스를 적게 받는다. 게다가 라디오, 텔레비전, 영화, 인터넷, 비디오 게임들 그리고 폭력과 범죄와 같은 스트레스 유발성 사건들에 적게 노출되어 있다. 아마도 우리는 이러한 세상을 재발견하고 우리의 필수적 욕구들에 대해 다른 시각으로 살펴볼 필요가 있을 것이며, 이는 곧 우리의 정신, 신체 그리고 영을 향상시켜 줄 것이다.

오늘날의 샤먼들은 고대 사회의 샤먼과는 차이점이 매우 많다. 이들 대부분은 대안적 실천가들로 도시나 시골 교외의 샤먼들이다. 전통적 직업들로부터 탈출하여 동호인들로 가득찬 장소에 재배치되기 위한 재정 수단을 가진 사람들은 흔하지 않다. 대부분의 사람들에게 사회적 격리는 그렇게 바람직하지 않다. Haner(1990)는 비영리단체인 샤먼연구소(Institute for Shamanic Studies)를 통하여 'core shamanism' 이라는 특수한 훈련 프로그램을 개발하여 샤먼 문화의 기초들을 부흥시켰다. 이러한 훈련 방식은 샤머니즘을 실행해 온 많은 토착민들에게 존경받았다. 흥미롭게도 여기서의 핵심 철학들과 신념들은 서구 태생의 워크숍 참가자들에게 주로 나타났다. 이것은 내셔널지오그래픽 잡지에서나 볼 수 있는 토착민 전통 의상의 전통적인 방식들을 사용하지 않고 이루어졌다. 기초 샤먼연구(FSS, 2007)는 초입, 중급 그리고 고급 샤먼 훈련에 필요한 지속적 워크숍들을 촉진시켰다.

Harner는 서구 치유의 맥락 속에서 의미 있는 프로그램을 개발하였고, 많은 샤먼 문화들에서 공통되는 여러 치유과정과 치료의식에 관한 훈련을 촉진시켰다. 전형적인 서구의 상담과 심리치료와 함께 사용되는 통합적 토착 치유기법들에 대한 연구에 참고할 수 있는 많은 다른 지원들이 이 책의 부록에 수록되어 있다.

영혼의 지지체계

감정이입 피로를 경험한 원조전문가들은 내담자/소비자들의 삶을 통해 비상한 스트레스와 외상성 사건들에 노출되어 있을 수 있다. 이러한 극한 수준에서 감정이입적 관계들 속에 종사하는 일은, 물론 그 개인에게 감정이입 피로 혹은 열정피로의 위험 상태에 빠뜨릴 수 있다. 그러나 이 책의 제1부와 제2부의 내용에서 알 수 있듯이 위기상담이나 재난상 정신보건 종사 경험이 없는 전문가들이 상담사 손상과 같은 일을 겪을 수 있다. 사실상 그들에게 필요한 것은 태도의 변화다. 어떤 사람들이 직업 소진을 극복할 수 있는 것은 그들이 용기와 탄력적 태도를 개발해 왔기 때문이다. 이러한 사람들은 내면 자원으로서 유머나 직감, 인내, 창조적 상상력 그리고 열정과 같은 소수의 방법들을 사용해 온 것이다. Seaward(2006)는 개인이 종종 극한 스트레스 경험을 통하여 희생자가 되거나 적절하게 이를 벗어날 수 있다고 설명했다. 좀 더 강하고 탄력적인 내면의 자원들을 개발하기 위해서 Seaward는 영혼의 지지체계들(muscles of the soul)을 소개했다. 다음 내용들이 영혼의 지지체계들을 개발하기 위해 요구되는 간략한 내용들이다.

- **열정**: 자신 또는 타인에 대한 무조건적 사랑
- **격려**: 역경을 딛고 전진하기에 충분한 용기
- **창조성**: 주로 상상력을 의미하지만 영감(inspiration)과 고상한(perspiration) 노력, 상상력과 독창성을 종합한 것
- **호기심**: 삶의 여정에서의 정보, 대안들 그리고 아이디어들을 탐구
- **믿음**: 주로 신성한 것을 의미하지만 낙천주의와 사랑을 요구하는 것
- **용서**: 폭행을 당했거나 실수했다고 느낄 때 다른 사람들을 용서할 수 있는 포용력을 가지는 것, 폭행이나 희생당한 후에 해방되도록 하기보다는 우리 자신에 대해 열정적인 태도를 가지는 것
- **겸손**: 남을 섬기는 것으로 다른 사람들을 우리가 대접받기를

원하는 대로 대접해야 한다.

- 유머: 인류 최고의 축복 중 하나이며, 치유력을 환기시켜 의도적으로 분위기를 향상시키는 것
- 성실성: 행동규범, 역경 속에서도 가장 높은 이상을 바라보는 것, 쉬운 길로 빠지지 않고 진실되려고 노력하는 것
- 직관: 즉각적인 통찰력들의 사용, 지혜와 직감 등을 사용하는 것
- 낙천주의: 역경 속에서 긍정적으로 되는 것, 현실을 회피하지 않지만 힘든 상황 속에서 최선을 발견하고 뭔가 배울 수 있는 것
- 인내: 적합한 시기와 침묵의 힘을 알고, 직관적으로 기다릴 수 있는 능력
- 끈기: 선한 마음가짐으로 자신의 모든 대안들을 시도하는 것
- 탄력성: 역경을 회복하고 다시 일어나는 것으로 신념, 노력, 자기 의지가 요구된다.
- 무조건적 사랑: 상황이나 기대를 따지지 않고 당신의 마음에 사랑과 열정을 넓히는 것으로 영혼 지지체계의 특징이다.

우리가 세계 최고의 샤먼, 현자, 신비주의자, 영적 치유자들의 치유 원칙들과 철학을 들을 기회가 있다면, 우리의 영혼 지지체계에 반영되었을 지혜를 들을 수 있을 것이다. 이러한 지혜는 신, 주신 또는 신성한 원천을 통해 나온 것이며 이는 전세기에 걸쳐 모든 문화들의 전체적 삶에 기초들이 되었다. 이것이 내적 치유자를 발견하기 위한 여정이 된다.

내적 치유자의 메신저로서의 천사

13세기 이론가 성 토마스 아퀴나스(Tomas Aquinas)는 천사들이 존재하지 않는 불완전한 우주에 관해 언급하였다. 천사들은 신과 인간의 정신, 신체 그리고 영을 중재하는 중요한 수단이다. 그리고 그들은 우리가 고요한 명상에 있을 때나 명상적인 삶에 몰두했을 때 내부로부터 나타난다. 천사의 명령을 찾아내는 일이 우리 자신에게 필수적인 자원이 될 수 있는데, 이는 우리의 영감, 지식, 인식, 답변, 해결책들을 통해 우리를 강화시키며 탄력 있는 영혼을 개발하는 데 도움을 주어 삶을 윤택하게 만들기 때문이다. 천사들은 우리를 깨어 일으킨 새로운 우주론의 일부라고 볼 수 있으며, 건강과 치유의 중요한 자원을 공급한다(Fox & Sheldrake, 1996; Hauck, 1994). 현대 샤먼들은 자신이 발견할 수 있는 모든 영적 치유자들을 사용할 수 있다.

서구 문화에서는 천사의 재탄생을 볼 수 있다. 천사들의 재탄생은, TV쇼, 영화, 문학이나 달력, 티셔츠, 커피머그, 보석과 같은, 천사의 존재에 관심을 가지는 사람들에게 판매되는 많은 상품들에서 찾아볼 수 있다. 몇몇의 작가들은 우리가 천사 마니아 시대로 가고 있다고 말한다.

12년 동안이나 가톨릭 성자로 살았고 심리학 및 신학과 관련된 많은 책들을 저술한 토마스 무어(Tomas Moore, 1996)는 우리가 문자, 물질적 혹은 비유적인 감각을 사용하여 천사를 표현하면 안 된다고 말한다. 오히려 그들을 존경하고 눈에 보이지 않는 세계 안에 익명의 존재로 남겨 우리에게 보다 큰 의미를 지니도록 이해해야 한다고 말한다. 천사 마니아의 상업적인 성공은 우리의 문화가 좀 더 높은 영적인 면과 초의식에 접근하려는 것에 반영될 수 있다.

많은 사람들에게 천사는 신의 메신저로 여겨지며, 우리의 정신, 신체 그리고 영들을 치유하도록 초빙될 수 있는 매우 영적인 존재로 나타난다. 몇몇 사람들에게 천사들은 여기 지구상에서는 도달할 수 없는 하늘의 초자연적인 힘의 상징으로 지각될 수 있다. 또 다른 사람들은 천사들을 전 우주에 존재하고 있는 강력한 자연상의 영적 조언자들로 생각한다. 사실상 천사들은 신성한 치료의 빛을 가지고 있는데, 이 빛은 우리가 명상에 잠길 때 우리의 신성한 치유력을 지니고 우리 내면의 경험들에 접근하는 하나의 도구가 된다.

이 장에서 천사들에 관한 참고문헌들은 주로 유대교-기독교의 문서들을 바탕으로 하였지만, 천사들을 영적인 믿음 속으로 통합시킨 다른 고대 세계종교들, 문화들, 그리고 인종과 민족 집단들이 존재한다.

여러 사람들과의 개별 인터뷰를 종합해 완성한 Wester-Anderson (1994)의 보고서에 따르면 어떤 사람들은 천사와의 만남에 대한 다문화적인 경험이 있다고 한다. 몇몇 천사들은 아시아인, 아프리카인 혹은 토착민들에게 나타났다. 천사들을 만난 사람들은 초절정의 영적 경험을 통해 그들의 삶이 전체적으로 풍부해졌다는 사실을 믿어 의심할 여지가 없다. 사람들은 자신의 신념체계에 기초하여 어떠한 종교적 혹은 영적 원칙들을 수용하거나 거부한다. 그러나 문화중심의 관점에서 바라보면, 상이한 영적 관점들은 우리의 기원(우리가 출생 전에는 어디서 왔으며, 죽은 후에는 어디로 갈 것인가? Pederson, 2000

참조)에 대한 신비를 강화시키는, 동일하게 공유된 현실로 연결시킨다.

많은 사람들에게 우리가 어디서 왔으며, 또 어디로 가고 있는가에 관한 물음은 합리적 설명을 요구하는, 하나의 실존에 관한 의문이 된다. 비록 과학적 패러다임 내에서 아무도 이룰 수 없지만 아주 풍부한 순수치료 에너지에 우리 마음을 열 때 고대의 지혜와 오래전에 존재하였던 의식에 사람들이 공동 접근을 할 수 있다. 그런 신성한 메신저를 발견하는 것은 영적인 역량강화와 목적의식을 우리가 갖도록 해 준다.

역사적으로 살펴보면, 천사들은 세상이 시작될 때부터 존재했다. 그들은 영적인 신앙구조와 고대 로마, 그리스 그리고 동양신화의 한 부분이었던 것이다. 인간은 천사나 신성한 존재의 환상을 목격하는 것과 같은 신비스런 경험을 항상 가졌는데, 이는 이전 세기들에서 숙련된 미술가들의 여러 그림들을 통해 나타난다(1504년 천재 화가 히에로니무스 보슈가 그린 〈오천 속의 천국과 승천〉, 1800년대 후반 구스타프 도레의 〈오천의 전경〉, 1507년 라파엘의 〈세 가지 대신덕〉, 1520년 라파엘의 〈그리스도의 변모〉 등이다.). 어떤 유럽 작품은 천사들을 공간을 날 수 있고, 악기를 연주하고, 하늘의 메시지를 전달하는 의사소통자로 상징되는 신비스러운 존재들로 묘사한다.

오늘날 천사들은 우리의 상상력이나 영혼들을 뒤흔든다. 그들은 하늘의 메신저들과 같은 핵심 역할을 하며, 우리의 뜻에 따라 안내하거나 보호하는 신성한 존재들로 여겨진다. 우리 중 대다수는 어린 시절 천사들이 편안하고 따뜻하고 열정이 있고 우리를 보호한다고 배웠다. 천사들은 신의 사랑과 세상의 선한 모든 것들을 나타내는 그런 존재의 확장이다.

세계적으로 정신의학과 심리학 분야에서 여러 상을 수상한 Raymond Moody(2005)는 죽음 체험(Near Death Experience: NDE)에 대한 연구의 선두 주자다. 그는 1960년대부터 NDE 주제에 대해 1,000명이 넘는 사람들을 인터뷰해 왔으며, 이 주제에 관한 자신의 저서를 1,300만 권 이상 팔았다. Moody가 문서화한 대부분의 사례들에서 NDE를 체험한 사람들이 말하는 전형적인 내용은 다음과 같다.

① 사망은 수술이나 자연적인 수단 중 하나를 통해 발생한다.
② 개인은 사망 즉시 터널을 통과하여 이미 죽은 사람들(즉, 가족, 친구들)과 대면한다.
③ 사망한 사람은 신성한 존재, 따뜻하고 광채가 나며, 신성한 빛을 동반한 천사와 같은 존재를 만난다.
④ 지구 안에서의 개인적 삶에 관련된 중요한 메시지에 대해 이 천사들로부터 어떤 교감을 받는다.
⑤ 그 개인은 지구상에 육체로 되돌아갈지, 아니면 이런 천사들과 함께 머무를 것인지 선택한다.

대부분의 사람들이 지상에서 육체가 마무리하지 못한 일들 때문에 지구상으로 되돌아가기를 선택한다. 서구인들은 토착민들과는 매우 상이한 슬픔, 비애 혹은 죽음을 경험한다. 대부분 토착민들은 죽음을 생명의 일부로 간주하고 제전과 의식에 참여함으로써 망자에 대한 경의를 표한다. 또한 망자가 남기고 간 육체들을 기억하는 것이 우주의 존재와 목적을 인식하고 모든 사물의 상호연결성을 이해하는 방법이라 생각했다.

죽음에 대한 문화적인 경험과는 상관없이 NDE 이후에 개인 내에서 발생하는 변환은 세상에서 목적이나 의미감을 급격히 재규정하는 사람의 영혼 회복으로 간주될 수 있다(Mckenna, 2000). 이러한 극한의 영적 경험은 다른 우주의 공간과 시간의 영역에서만 발생할 수 있다. Ken Wilber(2006)는 자신의 통합적 영성 모델에 따라, 이러한 의식단계를 "보편적 사람의 느낌에 수반되는 강렬한 내부 발광의 미묘한 상태 경험"이라고 설명하고 있다(p. 91). Wilber는 이러한 의식단계에서 그 개인은 영적, 종교적 경험을 영적 발달단계에 따라 마술적, 신비적, 합리적, 다원론적 혹은 통합적 방식으로 해석할 수 있다고 주장한다. 그럼에도 불구하고 이러한 변환 경험은 영적인 삶의 어떤 부분에서도 일어날 수 있다. 어떤 사람은 죽음의 천사는 없고 생명의 천사만 있다고 말한다. 천사가 존재한다고 믿는 사람들에게는 우리의 건강과 치유를 안내하는 천사 메신저들이 있다는 사실이 놀랍지 않다.

자기-보호 실천으로서의 인간 에너지 장과 레이키

인간 에너지 장(human energy field: HEF)은 신의 신성한 빛, 혹은 우리 주변에 살아 있는 모든 것을 둘러싼 우주에너지의 원천으로 설명되어 왔다. 이는 수천 년 동안이나 인식되어 왔으며, 수많은 난해한 학설을 통해 기록되었다. 예를 들면, 고대 힌두베다문서들 속에서 발견되었으며, 북미 인디언 치료사들과 같은 원주민들의 영적 행위들을 통해 전승되어 왔고, 티벳 사람들, 인디아 사람들, 일본 선불교 그리고 유대의 신비 신지학계(theosophy system) 속에 전승되었다. HEF는 수많은 예수상의 그림들이나 신성한 빛에 둘러싸인 다른 영적인 그림들 속에서 발견된다. NASA에서 물리학자로 일했던 Barbara Brennan(1987)은 자신의 손과 HEF를 이용한 치료 기법들을 적용하고 연구하였다. 『빛의 손(Hands of Light)』에서 그녀는 에너지 의학과 인간의 접촉을 통한 치유에 사용되는 임상 지침들을 제공하고 있다. 그녀는 모든 인간들에게 존재하는 7층의 에너지 파동이나 일본 레이키의 인체 차크라나 혹은 일곱 개의 기로 구성된 신체체계를 설명하고 있다.

에너지 의학을 이해하기 위해 우리는 먼저 신체가 어떻게 창조되었으며, 빛과 소리, 열, 화학반응 그리고 중력에 따라 방출된 전자, 자석 그리고 전자석의 영역들에 대해 신체가 어떻게 반응하는지 논의할 필요가 있다.

우리 신체들 속에 있는 이러한 에너지들은 건강을 향상시키고 만성적인 정신적 및 신체적 질환을 치료하도록 사용될 수 있다. 기본적 물리법칙인 앙페르 법칙(Ampere' s law)에서는 전선이나 살아 있는 조직들과 같은 전도체들을 통해 전류가 흐를 때 주위의 공간에 자장이 생긴다고 설명한다. 따라서 살아 있는 조직들은 전도체이기 때문에 생체기학적인 분야 내에서 우리의 마음, 근육, 뇌 그리고 주변의 신경계들은 치료 효과를 생성하는 능력을 가진 전도체가 될 수 있다는 것이다(Oschman, 2002).

Brennan은 다양한 색의 빛 혹은 신체 아우라를 보는 것, 체온의 다양한 변화를 느끼는 것, 그 밖의 다른 직관적 방식들과 관련된 인간 에너지 장을 감지할 수 있었다. 에너지 의학을 훈련받은 사람들은 환자의 에너지 단절과 흐름을 느낄 수 있다. 에너지 파동들이나 신체 차크라가 개방되거나 자유롭게 흐를 때 그 개인의 정신, 신체 그리고 영은 조화를 이룬다고 말한다. 따라서 우리의 정신적, 정서적, 신체적 그리고 영적인 복지를 책임지고 있으며, 최적의 개인 건강이나 치료를 성취하도록 돕기 위한 접촉 치료 기법을 통해 조절될 수 있는 HEF 내에는 특수한 부위들이 존재한다.

우리의 신체가 화학적, 전기적 자극들을 방출한다는 점은 과학적으로 의심할 것이 없다. 이 과정은 다른 인체체계들을 통해 활성화된다(즉, 신경, 호흡, 심혈관). HEF의 존재는 CAT스캔, PET스캔, MRI와 같은 다양한 생물자장의 측정방법들로 증명된다. 현대 의학기술은 피부 신경자극기구들이나 심장박동 조절장치, 세동 제거기, 레이저, 맥박 자장치료와 같은 전기자극을 바탕으로 한 인명구조 및 고통경감의 장비들을 개발하였다.

핵심은 모든 생명 있는 존재들은 파장이 다양하게 진동하는 맥박 에너지를 담고 있다는 점이다. 이러한 인간 에너지가 어떤 경로로 이동하는지에 관한 탐구를 통해 깊은 정화호흡을 취하는 것과 마찬가지로 신체 오로라를 정화하기 위한 개인의 자기-보호 실천 방식을 사용할 수 있다. Oschman(2000)은 레이키, 지압요법, 오로라 균형법 그리고 고대 동양의학의 다른 측면들과 같은 수동적인(hands-on) 치료법에 관한 연구에서 전문치료자들은 인체 차크라들을 개방할 수 있도록 자극하는 아주 강력한 생물자성(biomagnetic) 영역을 투사할 수 있다고 주장한다. 대부분의 고대 이야기들에 의하면 인간의 에너지 원천이 신체의 기(ki, 일본)나 지(chi, 중국) 내에서 동일한 빈도로 진동하고 강도가 충분한 지점에서 시작된다. 따라서 에너지 의학의 물리학은 에너지 흐름을 인간의 조직과 세포들 속으로 유입하여 치유 효과를 만들어 낼 수 있는 생물자장을 생성한다.

베스트셀러 『물의 메시지(The Hidden Messages in Water)』에서 Masaru Emoto(2004)는 다른 사람에 대한 긍정적 정서들의 투사는 인간의 건강과 치유에서 엄청난 잠재력을 지닐 수 있다고 주장한다. 일본과학자인 Emoto는 물의 분자 속에서 긍정적 또는 부정적인 형태의 에너지(정서와 사고들)에 대한 효과를 증명했다. 그는 초고속 카메라를 사용하여 정서에너지가 어떤 방식으로 물의 결정체의 지속성이나 패턴을 변화시키는지 보여 주었다. Emoto의 실험에 따르면, '사랑'과 '감사'와 같은 단어들을 말했을 때 가장 아름다운 물의 결정체가 보였다는 것이다. 그는 생각이나 단어, 고도의 감정이입 방식으로 표현하려는 노력은 우리 환경 내에서 타인의 마음을 부정적 태도에서 감사의 태도로 변화시킬 수 있다는 것을 증명하려고 노력했다. Emoto의 이론을 여기서 간략하게 서술해 보면, 우리의 인체는 90%가 물로 형성되어 있기 때문에 높은 감정이입적 정서 상태들이 신체 유동액들의 생리학적 구성을 변화시킬 수 있다고 주장한다. 감정이입의 표현은 우리의 정신이나 신체 그리고 영적 상태에 긍정적으로 영향을 미칠 수 있다. HEF의 원리와 생물자성 에너지 장의 원칙들을 바탕으로 Emoto는 모든 부정적인 감정에는 교감되는 정확히 반대의 긍정적인 감정이 있다고 주장한다. 이것은 우리 자신의 자가 치료뿐만 아니라 타인의 치료에도 유용하게 실행될 수 있다. 달리 말하면, 우리는 증오의 감정을 감사로, 분노를 친절로, 공포를 용기로, 불안을 평안한 마음으로, 그리고 스트레스를 마음의 침착으로 대체할 수 있다. 기적과 같은 치유력을 가진 것으로 알려진 프랑스의 로우즈(Lourdes) 생수와 매우 유사하게 사랑, 열정, 감정이입 그리고 감사의 힘은 개인의 정신, 신체 그리고 영에서 기적들을 일으킨다. Emoto는 "인간 종족의 중심은 보이지 않는 것에서부터 유발되어 명백한 물질 세계를 향해 있다."고 말했다(p. 80). 그는 우리가 창조해 온 문화 속에서 기술적인 발전들이 있었음에도 불구하고 주변의 신성한 에너지 장이 다가왔을 때 아마 먼 곳을 바라보고 있었을지 모른다고 밝혔다.

자가 치유 방식으로서의 레이키

HEF 내의 독특한 치유 방식 중 하나로 레이키의 적용을 들 수 있다. 레이키는 필수적인 에너지 의학 접근 방식이며 인류에게 알려진 가장 뛰어난 고대 치료방법들 중 하나를 기초로 한다(Honervogt, 1998; Mitchell, 1994; Rand, 2005). 이는 주로 수동(hands-on) 치유 접근 방식으로 발전되어 왔으며, 동양과 유대교-기독교의 철학적 믿음들에 기초하고 있다. 오늘날의 보충적, 대안적, 통합적 그리고 서구적인 방식들에서 레이키 실행자들은 지압사, 접골사, 에너지 치료사 그리고 물리치료사 등의 전문가들과 함께 일해 왔다. 북아메리카의 대다수 의과대학 부속병원들은 만성 질환 및 다른 질병을 가진 사람들을 치료하기 위해서 레이키를 사용하는 다양한 연구들을 수행하였다. 이러한 연구들은 전체적으로 국제레이키훈련센터에서 온라인상으로 분석될 수 있었다(ICRT, 2007). 관심 있는 독자들은 이 자료와 기타 신뢰로운 자원들을 살펴보면 도움이 될 것이다.

레이키 치료기법은 일본인 성직자이며 그리스도의 수동치료를 연구한 Mikao Usui 박사(1865~1926)가 발명하였다. 그는 또한 고대 인도 언어인 산스크리트어(Sanskirit)뿐 아니라 불교의 원판을 연구한 사람이었다. 레이키 총본부장인 Usui 박사는 영적 경험의 최절정을 통해 레이키를 발견하고 2명의 다른 본부장들에게 레이키를 되물림하였다. 그 2명은 일본 의사인 Chujiro Hayashi(1870~1941) 박사와 Hawayo Takata 부인(1900~1980)으로, Takata 부인은 1938년 미국에 레이키를 도입하였고 단지 22명의 다른 제자를 양성하였다. 레이키가 영적 에너지의 원천이긴 하였지만, 이는 종교적 의식이나 따라야 할 교리가 아니었다.

일본어의 'rei' 는 영, 영혼 또는 보편적인 신을 의미하고 'ki' 는 에너지, 삶의 호흡, 생명, 삶의 힘을 의미한다. 5,000년 동안 중국인들은 이런 에너지를 'chi' 라고 불러 왔으며 식물, 동물, 인간들, 물, 공기, 지구, 태양 등 모든 살아 있는 것들을 증명하는 영적 에너지의 형태로 인식해 왔다. 일어로 '레이키' 를 느슨하게 번역하면 '보편적인 삶의 힘' 혹은 '자가 치유' 라는 의미를 가진다. 레이키 치료의 주된 의도는 신체 자체 에너지를 풍부하게 하고 균형 잡으며 새롭게 하는 수동 방식을 통해 신체와 정신건강을 촉진하는 것이다. 이것은 스트레스를 감소시키고 면역기능을 향상시키는 안전하고 자연적인 치료법이라 볼 수 있다.

레이키는 어떻게 작용하는가

레이키는 치료적 접촉기법으로 치료자들은 영적인 에너지를 위한 핵심 부위가 위치한 신체 지점이나 상이한 차크라들에 대한 보편적 생명 에너지 혹은 레이키를 전달하기 위해 특별한 패턴으로 그들의 몸에 손을 부드럽게 움직여 준다. 레이키 시술사는 자연 치유력이나 보편적 생명 에너지를 치료적 접촉의 사용으로 강력하고 압축된 형태로 순환시킨다. 전형적인 레이키 시간은 30~45분 정도이며 호흡, 비주얼리제이션 그리고 명상과 같은 다른 치료적 접근 방식들을 포함하여 약 1시간 정도 지속시킨다고 볼 수 있다. 레이키의 전체적인 목적은 다음과 같다.

① 신체에너지를 조절하고 조화를 이루는 것
② 신체의 자가 치료를 위한 자연 능력을 지원하는 것
③ 정서적 방해 요소를 해소하는 것
④ 평온하고 명상적인 의식 단계들을 성취하는 신체 능력을 증대시키고 촉진시키는 것

레이키 치료법들은 주로 마음, 정서, 신체의 진정과 스트레스 경감, 그리고 정신적, 신체적, 영적 안온을 성취하도록 돕는다. 레이키 치료자는 어떤 의학적 혹은 신체적 조건들을 진단하거나 의료 과정이나 치료 방식들을 사용하지 않는다. 또한 처방전을 사용할 수도 없다. 유능하고 윤리적인 유자격 레이키 실천가는 정규 의사나 보건전문가를 통해 당신이 염려하는 의료적, 신체적 조건들을 다루도록 권장할 것이다.

레이키가 감정이입 피로를 가진 사람들의 행복을 성취하도록 어떻게 도울 수 있을까? 먼저, 우리 신체가 정신, 신체 그리고 영적 행복의 높은 단계를 성취하기 위한 자연적인 능력을 가지고 있다는 생각을 가지는 것이 중요하다. 다른 보충적이거나 통합적인 의료 방식들과 결합해서 사용하는 레이키는 스트레스를 경감시키며 면역기능을 향상시키도록 돕고 정신, 신체 그리고 영의 조화를 회복시킨다. 또한 레이키는 레이키 실행자나 자가 레이키 접근 방식을 사용해서 시술될 수 있다. 신체 차크라들의 구체적 부위들과 손의 위치에 관해 학습한 이후 교육생들은 자신의 에너지 장으로 정신, 신체 그리고 영을 치유하도록 실험해 볼 수 있다. HEF를 사용하는 일에 관심을 가지는 사람을 위해 손의 위치나 신체 차크라들을 가르쳐 주는 온라인 웹 사이트가 여럿 있다. 또한 관심 있는 독자들은 이 책의 인용문헌들을 참고하거나 자가 레이키를 실행하기 위해 'Reiki hands position' 의 주제로 인터넷을 검색하면 될 것이다. 레이키치료자들로부터 치료를 받은 사람들의 많은 증언에도 불구하고(Honervogt, 1998; ICRT, 2007; Mitchell, 1994; Rand, 2005), 전문상담사는 그들 자신의 정신적, 육체적, 영적인 행복을 증진시키기 위한 자가 치료법의 실천 방식을 통해 역량을 강화해야 할 것이다.

이처럼 매일 일과 중 고대 에너지 의학에 관한 지혜와 고대 치유 방식들을 통합하는 일이 정신, 신체 그리고 영의 균형을 재정립하는 데 많은 도움을 줄 것이다.

내면 가이드 발견을 위한 여정

당신의 내면 가이드는 여러 가지 상이한 형태들을 띨 수 있으며, 그들은 천사, 마법사, 성직자, 현인, 고인이 된 친구나 가족들, 그리스 신, 동물, 형태가 없는 빛나는 신성한 에너지로 나타날 수 있다. 그것은 개인이 결정하기에 달려 있다. 내면 가이드는 당신의 문제를 해결하거나 충고를 제공하며, 필요한 다른 자원들로 안내하기도 한다. 즉, 이들은 당신이 가장 필요로 하는 것에 접근할 수 있도록 원조한다.

내면 가이드는 우주상의 큰 신성한 자원으로부터 메시지들을 전하는 채널이나 관의 역할을 하는데 이는 자아나 아젠다를 가지지는 않지만 당신을 돕기 위해 존재하는 것이다. 내면 가이드와의 상담으로, 일상의 의식 상태에 있을 때 표출하지 못했던 자신의 숨겨진 정서들이나 속마음, 혹은 경험들을 불러오게 된다. 따라서 이는 호흡법, 명상, 비주얼리제이션을 활성화시키는 데 큰 도움이 된다. 합리적인 생각을 통해서는 내면 가이드와 접촉하는 데 어려움이 있을 것이라는 생각에 열려 있어야 한다. 이것은 약간의 창조성과 개방성을 필요로 하기 때문에, 이를 위해 당신은 복권숫자를 맞출 때의 흥분한 상태가 아닌 아주 고결한 의도로써 내면 가이드를 찾아야 한다.

당신의 내면 가이드는 무엇보다 당신의 생각, 감정, 당신이 겪었거나 앞으로 경험할 모든 일들을 알고 있다. 이것은 각 여정 혹은 갑자기 정하게 되는 잡다한 정보일 수도 있는 임의의 엄청난 힘이다.

또한 당신의 가이드는 전혀 기대하지 않았거나 의심스러운 순간에 정보를 드러내거나 소통할 수 있다. 따라서 조용히 귀를 기울이고 내면 가이드를 초청하기 위해 다음 사항들을 유념하도록 한다.

① 내면 가이드를 찾기 이전에 당신의 경험을 강화시켜 줄 신성한 공간을 만들라. 당신은 주의의 모든 물질적 혹은 물리적 주의산만으로부터 자유롭다는 것을 확신하라. 그리고 당신의 경험 속에서 선한 풍수(Fung Shui)를 창조하라. 어떠한 토착 음악을 조용히 듣거나 혹은 이전 경험을 떠올리도록 아로마향을 음미할 수 있다.

② 앉거나 누워 있는 편안한 자세로 눈을 감고 이완시켜야 한다. 선한 생각들을 유도하면서 당신의 가이드와 간단하지만 아주 깊은 대화를 나누어라. 여기서 질문은 내용이 단순하지만 심오해야 한다.

③ 이전에 제시된 대로 호흡을 시작하고 이완 활동들을 취한다. 보다 깊은 의식 단계가 시작되면 특별한 유형이나 형태를 파악할 수 있는 지침화된 비주얼리제이션 기법들을 사용하라. 당신의 내면 가이드와 접촉하기 위해 모든 감각들을 사용한다. 이것이 만약 어떤 다른 시기에 의도적으로 여정을 함께했던 가이드이거나 꿈속에서 만난 가이드였다면 그 가이드가 이전에 도움이 되었는지 아닌지를 생각한다.

④ 당신의 가이드를 초빙하도록 다양한 경로들을 탐색해야 할 생각에 대해 개방을 한다. 샤먼들은 지하의 세계, 중간 세계 그리고 천상의 세계를 여행하여 영적 원조자들, 가이드들 그

리고 초강력 동물들을 발견하도록 특별한 공간들을 여행할 수 있다.

⑤ 당신은 명상여행을 통해 내면 가이드가 나타났다고 확신이 드는 경험을 가졌을 때 의사소통을 시작한다. 먼저, "당신이 나의 가이드입니까?" 라고 물어본다. 당신은 여러 번 물어봐야 할 수도 있으며, 당신의 가이드가 아닐 경우는 그를 찾을 수 있도록 도움을 요청하라.

⑥ 당신의 가이드를 발견했다는 느낌을 가졌을 때 언어적으로나 비언어적으로 소통할 수 있는 많은 방법들이 있다는 것을 기억하라. 당신은 조용한 장소에 앉아서 받은 메시지들에 대해 마음을 열게 된다.

⑦ 당신 자신을 이러한 여행에서 돌아올 수 있도록 허락해야 하며, 내면 가이드를 통해 받은 대답이나 반응을 필기하라. 이것이 여행을 하는 동안 있었던 일들을 유지하도록 도와주는 최고의 기록일 것이다.

결론

달라이 라마(1999)는 우리가 만나는 타인의 고통에 지속적으로 노출되고 만나는 개인 경험은 무용감과 절망감을 자극할 수 있다고 인식했다. 그는 이러한 정서들을 점검하지 않으면 타인의 고통에 무감해진다고 말한다. 이런 일이 일어나기 시작할 때, 잠시 휴식하고 이 민감성을 새로이 깨닫도록 조심스러운 노력을 기울여야 한다. 여러 상담장면들 속에서 일하는 전문가들은 상담사 피로 경험을 유발할 위험이 있다. 그 자신의 최고 이익 속에 나타날 수도 있고 자신의 내담자/소비자의 이익 속에 나타날 수도 있다. 상담사는 반드시 위기 반응이나 정서적, 신체적 혹은 영적으로 손상된 재난 정신보건 상황에서 일할 필요는 없다. 감정이입 피로는 오랜 시간의 경과에 따라 누적된 하나의 스트레스와 비애 반응의 결과다. 따라서 자기-보호 전략들의 개발에도 역시 시간이 소요된다. 직업소진으로 위기에 있거나, 감정 혹은 열정피로 경험에 처한 전문가들은 그들의 내담자들을 만족시키고 스스로 선한 일에 대한 긍정적인 태도를 발전시켜 왔기 때문에 더욱더 그러하였다. 이런 용기나 탄력성을 발달시키는 것은 내면의 자원들을 배양하도록 보다 깊은 수준의 의식을 요구한다. 이 책 제3부의 '감정이입 피로' 에서는 자가 치료를 위한 특별한 전략들을 제공하고 있다. 자가 치료법의 실행은 개인의 정신적, 신체적, 영적 복지의 경로에 지속적인 주의를 기울일 것을 요구하고 있다. 제15장에서는 어떻게 여행을 시작하며, 복지의 경로에 지속적으로 머물 것인가에 대한 특별한 지침을 제공할 것이다. 또한 독자에게 그 경로의 여정 흐름과 변동을 다룰 수 있는 가이드라인들을 제공하는 형태의 예방 프로그램을 제시할 것이다.

제15장

참여하고 주목하며 개방하라

—조화와 균형을 회복하기 위한 3단계 개인 성장 프로그램—

석사와 박사과정의 기간 동안, 나는 상담 분야에서 여태껏 만난 사람 중 가장 유능하고 인정 많고 감정이입적이며, 통찰력 있는 사람들에게 교육받을 수 있는 기회를 가졌다. 그중 한 사람이 지금은 일리노이 대학교 카본데일 캠퍼스의 명예교수인 해리 앨런(Harry Allen) 박사다. '해리' 라고 불리는 것을 더 좋아했던 앨런 박사는 아주 창조적인 개인 재활상담 교육자이자 훌륭한 연구자였을 뿐만 아니라, 동료들 사이에서 탁월한 실천가이자 일종의 샤먼으로 높은 평판을 받고 있었다. 해리는 '감정이입 연구실' 이라는 대학원 수준의 기초 상담의 선행 실습과목 강좌를 개발했다. 사실상 연구실은 학생들에게 실습과 인턴십 기간 동안에 어떻게 실제 내담자 문제에 반응할 것인가를 준비시켰다. 해리는 학기의 첫 번째 시간에서 학생들에게 "이 강좌에서 학생들이 필요한 것은 오직 세 가지뿐이다. 참여하고 집중하고 결과를 받아들여라."라고 말하면서 시작했다. 내가 기억하는 한 이 문구 이상의 설명은 거의 없었다. 하지만 학기가 계속되면서 나는 이 단순한 세 가지가 무엇을 의미하는지 정확히 탐구하고 이해하기 시작했다.

해리의 임무, 비전 그리고 연구실의 목적을 진실로 이해하기 위해서는 학기 중의 다양한 실험적 활동에 참여할 필요가 있다. 나의 경험으로는, 이 연구실이 나 자신과 다른 사람들에 대한 대인관계의 인식을 촉진시켰다. 이것이 나의 정서적 IQ와 매 순간 나의 내담자에 관한 생각과 감정들을 경험하는 방식에 대한 이해를 증대시켰다. 이 연구실은 또한 원조전문직에 대한 기초를 획득할 기회를 제공해 주었고, 이는 고도의 감정이입과 열정을 지니고 다른 사람들에게 반응하는 행동을 포함했다. 그것은 바로 타인과 진실되고 신뢰로운 관계를 수립하는 것이었으며, 내담자들과 상담관계를 맺도록 돕는 학습 전략들이다. 이것은 비디오테이프로 녹화된 내담자-상담사 역할연기와 관계 수립을 위한 또 다른 인간중심의 기술을 통해 성취되었다. 가장 중요한 것은, 세상에서 열정적으로 그리고 감정이입적으로 다른 이들을 돕는 목적을 지닌 영혼을 기르도록 다른 사람들을 역량강화할 수 있는 매우 직관적인 사람으로부터 배울 기회를 가졌다는 점이다. 또한 이것은 원조전문직에서 어떻게 개인적으로 그리고 전문적으로 성장할 수 있는지를 배우는 하나의 기회가 되었다. 감정이입 연구실은 강좌를 통해 배울 수 있는 모든 내용을 손쉽게 경험할 수 있는 곳이었다.

이러한 경험을 통해 자기-성장 프로그램(personal growth program: PGP)이라고 부르는 3단계 프로그램 모델의 원칙들이 생겨났다. 이것이 바로 감정이입 피로를 예방하기 위해 대학원 수준의 임상 경험 내에서 시작될 필요가 있는 자기-보호 방식들이다.

자기-성장 프로그램: 감정이입 피로를 치료하기 위한 3단계 접근

자기-성장 프로그램(PGP)은 상담사로서 자신의 대인관계 성장과 발전을 탐색하기 위한 역동적이고 상호작용적이며 문제해결 중심의 접근방법이다. 이는 감정이입 피로와 같은 상담사 손상에 대한 문제의 초기 발견, 평가 그리고 권장할 만한 중재에 필요한 기회를 제공한다. 몇 번의 수정을 거친 이 접근방법은 재활상담 교육자이자 임상 슈퍼바이저, 연구자 그리고 1995년 이후의 민간 영역의 상담사로서 나의 경험에서 나온 개인적 관찰 및 사례연구에 기반하고 있다. 가장 중요한 것은 PGP가 자기-보호 프로그램을 시작하고 유지하는 모델을 제공한다는 점이다.

전문상담사들의 필수 직업 기능과 실천 범위는 지극히 인간중심의 환경 속에서 일하기를 요구하기 때문에, 감정이입 피로와 같은 상담사 손상에 관련된 잠재적 이슈들을 다루는 것이 매우 중요하다. 현재와 미래의 내담자/소비자들은 전문적인 서비스를 찾고 가장 높은 수준의 주의력, 열정 그리고 감정이입을 요구한다. 따라서 PGP는 원조전문가들로 하여금 참여하고, 주목하고, 결과에 대해 개방적 태도를 취할 것을 요구한다. 보다 구체적으로 말하자면, PGP는 원조전문가들이 이 책, 특히 3부에 있는 자기-보호 전략들로 제시되는 여러 가지 대인관계 성장과 자기-인식 경험들을 획득하도록 요구한다. PGP는 신뢰할 만한 동료들로부터 도움을 요청하고 의도적 방법으로 자기 자신과 다른 사람들에 대해 헌신하도록 하며, 강렬하고 중요한 욕구를 지닌 내담자/소비자들을 상담하는 동안 효과적인 자기-보호 실천방법들을 개발하도록 요구한다.

몇몇 전문가들에게, 전문가 동료들이나 치료 팀 성원들과의 강도 높은 상호작용을 하는 동안 몇 시간 혹은 며칠이 지나갈 수 있다. 동료와 친구들로부터 고립되면, 전문가들은 정신적, 신체적, 영적 그리고 직업적 피로 경험에 취약해지기 쉽다. 자기-보호 프로그램을 육성하여 자기-인식, 성장 그리고 자신의 내담자/소비자들로부터 전이된 행동들, 정서들, 변화시킬 수 있는 희망에 대한 기회들을 만나도록 원조할 수 있다.

PGP의 한 가지 독특한 특징은 이것이 집단 방식과 개인 방식 모두를 채택한다는 점이다. 따라서 개인적 변화는 개인적으로나 동료지지집단 환경 속에서 성취될 수 있다고 인식된다. 단계-변화 방식에서는 상담사 손상이나 감정이입 피로와 관련된 문제들과 기회들을 다루기 위해 PGP가 사용된다. 기본적으로, PGP는 당신 삶의 무언가(즉, 사고방식, 다른 사람들에 대한 인식, 직업 행동)를 바꾸기 위한 전문가로 변화되기를 당신에게 요구한다. 이것은 당신의 내담자/소비자들에게서 관찰했을 수도 있는 변화의 치료적 단계들과 아주 유사하다. 이 3단계 접근에 포함된 질문들을 살펴봄으로써 변화가 일어날 수 있다. 당신의 정서, 생각, 경험들을 일지나 저널로 기록하는 것도 유용할 수 있다.

1단계: 출석하고 참여하라

출석은 모든 구조화된 자기-보호 프로그램의 첫 번째 단계다. 만약 당신이 이 책의 서문을 읽는 것으로 시작했고 여기까지 왔다면 출석한 것으로 간주된다. 당연히 당신은 환영받는 것이다. 이 단계에서 주된 강조점은 정신적으로, 신체적으로 그리고 영적으로 지금-여기에 존재하라는 것이다. 당신 자신을 개방적이고 정직하고 유연한 상태에 두고 당신이 하는 일과 관련된 몇 가지 이슈들을 어떻게 보다 효과적으로 또 창조적으로 다룰 수 있는지를 개념화하기 시작하라. 이 이슈들은 당신의 소모되거나 고갈된 감정과 관련된 것일 수 있다. 당신은 이제 막 일을 시작한 사람일 수도 있고 장차 직업적 스트레스가 예기되는 사람일 수도 있다. 출석은 당신으로 하여금 성장을 방해할 수도 있는 요소들에 대해 유념하도록 한다.

이 과정을 시작하기 위해 당신 삶에서 바꾸기를 원하는 것들에 주의를 집중하고 유념해야 한다. 집 혹은 야외에서 조용한 장소를 찾고, 모임에 나가 다음 질문들에 답할 수 있도록 당신 자신을 탐색한다.

① 현재 나는 다른 사람과의 관계에서 정신적으로, 신체적으로, 영적으로, 전문 직업적으로, 교육적으로, 학문적으로 어떻게 느끼고 있는가?
② 내 인생의 어떤 분야들에서 나는 성장하고자 하는가? 어떻게 변화하길 원하는가?
③ 인생의 특정 분야에서 변화하거나 성장하기 위해서 나는 무엇을 할 수 있는가?

④ 나의 목표들을 성취하기 위해서 내가 해야 할 일들은 무엇인가?
⑤ 내가 성취하고자 설정한 목적에 어떻게 이르렀는지, 혹은 어느 지점에 있는지 어떻게 알 수 있을까?

이 첫 번째 단계에서 당신 자신과 다른 사람들과 가졌던 순간들에 유념하고 보다 의식적이고 의도적인 삶의 방식을 선택할 수 있는 생각에 개방하도록 하라. 이 책 전체, 특히 제3부에 있는 지침과 활동들이 당신의 자기-보호 프로그램에 기여할 수 있다. 당신은 이미 자기-보호 프로그램을 개발했을 수 있지만, 다른 활동들을 창조적이고 통합적으로 만드는 것은 다른 방식으로 당신의 정신, 신체 그리고 영혼을 고무시킬 수 있다.

2단계: 주목하고 유념하라

주목하고 유념하는 일은 사실상 인지되는 인식과 이해 수준에서 다루는 것 이상을 의미한다. 이것은 당신의 정서들, 감정들, 정신적/신체적 건강을 인식하게 되는 의식 수준의 변화를 요구한다. 명상과 같은 활동들을 통해 당신의 보다 깊은 의식 수준에 주목하는 일은 당신 삶의 의미와 목적에 대한 솔직한 느낌을 배양하는 데 도움이 될 것이다. 이것은 다른 영역들의 문을 열 수 있고 자기-보호 실천 능력을 배양하도록 당신을 도울 수 있는 신성한 존재에 대한 당신의 직관력에 접근하도록 원조할 수 있다. 정신, 신체, 영혼을 침묵시키는 것에서 이익을 얻기 위해 당신 자신을 영적인 존재로 생각할 필요는 없다. 정신, 신체, 영혼을 침묵시키는 데 주의산만을 초래하는 일들이 너무 많아 헬스, 다이어트, 명상 그리고 다른 건강 증진 활동들 이상으로 이 침묵이 어려워진다. 만약 당신이 이미 건강 증진 프로그램이나 자기-성장 프로그램에 참여하고 있다면 이미 신체에 영양을 보급하고 있는 것이다. 당신의 정신에 영양을 보급하는 것은 이전보다 훨씬 더 깊은 다른 의식 수준에 주목하도록 한다. 당신은 또한 구조화된 혹은 구조화되지 않은 다양한 자기-지침 활동들을 통해 당신이 사용하지 않은 기회와 자원을 발견할 수 있다.

이 단계에서 가장 중요한 강조점은 자신과 환경 내의 다른 사람들과 의사소통하는 것이다. 이 과정을 시작하기 위해서는 매일매일의 일지나 저널을 작성하는 일이 도움이 될 수 있다. 자신의 사고, 정서, 느낌, 인식 그리고 경험들을 기록하는 일은 서로 다른 수준의 의식을 분석하도록 만든다. 만약 자신의 신체를 훈련시키는 것처럼 생각을 자극한다면, 건강하고 적절한 정신을 개발시킬 수 있다. 모든 생각, 정서 그리고 경험을 쓰고 나면 기록 내용들을 해석하고, 나누고, 그 의미를 찾아야 한다. 이런 개인 기록들을 나누고 논의할 수 있는 다른 사람이나 집단 내 동료를 찾을 수도 있다.

몇몇 사람들은 일지 내용 속에서 질문을 던질 수 있다. 다른 사람들은 구체적으로 측정 가능한 목표나 객관적인 지지적 개인 성장을 담은 자기-보호 계획을 언급할 수 있다. 만약 당신이 구체적인 행동적 목표들을 가지고 삶에 접근하는 그런 유형의 사람이 아니고 그날그날 만족하며 살아가는 사람이라면 이것도 괜찮다. 사람들은 각기 자기-보호 계획을 제시함으로써 스스로 주의집중하는 방법을 찾을 수 있다. 최소한 당신은 주의를 집중하고 삶을 보다 의식적으로 살고, 자신의 사고, 정서, 행동들을 보다 잘 인식하는 방법을 학습하도록 해야 한다.

몇몇 사람들에게 자신과 다른 사람들에 대한 삶의 의무들을 기록하거나 비전을 개발하는 것은 다른 사람들에게 행하는 선한 일들의 의미와 목적을 설정하는 데 도움이 된다. 따라서 당신 삶에 공간을 만들고, 당신이 어떻게 정신적으로, 신체적으로, 영적으로 그리고 기타 다른 방법으로 느끼기를 원하는지 비주얼라이즈하기 시작하라. 오래된 문제들에 접근하는 새로운 방법들을 찾는 데 창조적으로 행동하라. 왜냐하면 이것이 당신의 개인적인 저널이라면 비전, 목표 그리고 변화 계획들을 어떻게 노출시킬 것인지에 대한 결정을 내려야 하기 때문이다.

3단계: 결과와 경험들에 대해 개방하라

이 단계에서 PGP 저널을 검토하고, 간과했을 수 있는 의미 있는 주제들이나 정보를 조사하길 원할 것이다. 당신의 저널 내용들의 줄 사이사이를 꼼꼼히 읽도록 하라. 쓰인 내용의 문자상 의미 이상의 것들을 탐구하라. 당신이 작성한 매일의 어떠한 진보, 창조적 생각 혹은 성공에 관해 검토하라. 자신의 건강 유지상 직면한 어떠한 도전들이나 장벽들을 저널 내용 중에서 탐색하라. 우리는 제어할 수 없는 모든 외부 상황(즉, 날씨 상태, 만성적인 건강조건, 장애 혹은 사회경제적 신분)에서 대부분의 장벽들을 만들어 낸다는 것을 기억하라.

원숭이와 코코넛에 대한 오래된 힌두 이야기가 있다. 한 무리의 사냥꾼들이 원숭이를 잡으려고 나무에 코코넛을 매달아 두고 양쪽에 작은 구멍을 뚫어 그 속에 바나나를 넣어 두었다. 그들은 몇 시간 동안 기다렸고 마침내 원숭이가 다가왔다. 원숭이는 코코넛 양쪽의 작은 구멍에 손을 넣어 바나나를 두 손으로 잡았다. 하지만 원숭이는 코코넛 바깥으로 바나나를 빼낼 수 없었는데 왜냐하면 그의 손이 주먹을 쥐고 있었기 때문이다. 만약 원숭이가 바나나를 그냥 놓았다면 쉽게 손을 뺄 수 있었을 것이다. 하지만 바나나를 코코넛에서 빼고자 하는 욕심이 바나나를 그냥 포기하려는 마음보다 훨씬 더 컸다. 기본적으로, 원숭이는 코코넛에서 바나나를 빼내고자 하는 마음에 사로잡혀 자신을 구하는 방법을 잊은 것이다. 그리하여 사냥꾼들은 원숭이를 잡을 수 있었다(Pirsig, 1976).

우리를 함정에 빠뜨리는 것이 무엇인지를 알고 해로운 상황에서 빠져나올 수 있는 방법을 알고, 어떻게 빠져 나갈 수 있는지 학습하는 일은 중요하다. 우리의 비평적 사고와 문제-해결 기술들은 원숭이의 것들보다 훨씬 복잡하다. 하지만 가끔 우리는 힌두 우화에 나오는 원숭이처럼 함정에 빠진다. 따라서 우리 자신을 자기-보호와 PGP 진보상태에 대해 개방적이고 정직하게 평가함으로써 성과들에 대해 마음을 열어야 한다. 우리의 정신, 신체, 영혼을 배양하고 지지할 수 있는 삶 속의 사물들을 이해하고 자연스럽게 만드는 방법을 익히는 일이 필수적이다. 우리의 대안들, 자원들 그리고 자연적 환경 지지의 확장이 우리를 함정에 빠지지 않도록 도와줄 것이다.

시작하기: 개인 성장에서 변화 단계

이제 당신은 3단계 프로그램을 알았다. 실제로 어떠한 형태의 프로그램이라도 시작이 가장 어렵다. 자기-보호 프로그램을 시작하는 데는 책임과 동기화가 필요하다. 전체적으로, 이는 우리 신체의 보호(즉, 운동 프로그램), 우리 정신의 보호(즉, 자기-보호 책 읽기), 그리고 우리 영혼의 보호(즉, 예배, 요가 혹은 명상집단에 참여)를 요구한다. 우리는 자기-보호 방식으로서의 신체운동과 육성 계획에 만족해서는 안 된다. 그것이 좋은 출발이기는 하지만, 최적의 기능을 유지하기 위해서는 정신, 신체, 영혼 전체로 느껴야 한다는 사실을 유념해야 한다.

종종 프로그램의 시작은 몇 주 혹은 몇 달이 걸릴 수 있다. 많은 상담교육자들, 연구원들 그리고 실천가들은 개인의 변화와 자기-성장이 동시에 일어나지 않는다고 강조한다. 사람들의 정신적, 신체적 그리고 영적인 안녕의 존속을 보장하기 위해 다른 사람들이 행한 중요한 삶의 변환들을 논의하는 책, 기사, 온라인상에 많은 사람들의 간증이 있다. 의학적, 신체적 혹은 정신적 건강조건의 자발적 치료를 기록한 연구저널들 속에는 질적 연구들도 있다. 이러한 많은 연구들은 연구 참가자의 심오한 영적 전환에 대한 상세한 내용들을 전한다. 다른 사람들은 자신이 성취한 복지와 생활스타일의 변화들에 대해 증언한다.

PGP는 당신이 정신적, 신체적 혹은 영적인 건강에 대한 탐구를 성급하게 시도하기를 제안하지 않으며 오히려 이는 대부분의 사람들에게 부자연스러울 것이다. 당신은 힌두 우화에 나오는 원숭이보다 현명하다. 당신들 중 일부는 PGP를 특별한 자기-성장이나 전환의 경험을 시작할 수 있는 기회로 삼을 수 있을 것이다. 그러한 정신, 신체, 영혼의 재활은 전형적으로 오랜 기간에 걸쳐 발생한다.

우리가 취할 수 있는 안녕을 위해 내딛는 걸음마에 대해 유념하는 일이 필수적이다.

만약 당신이 미래의 전문상담사라면, 보다 낡은 정서적 인습을 버림으로써 자기-성장을 촉진시켜야 한다. 만약 당신이 숙련된 전문가라면, 정신, 신체 그리고 영혼의 균형을 잡는 방법, 자아존중감, 자의식, 자아, 신체상 혹은 다른 이슈들을 점검할 필요가 있다. 당신이 기능하는 전문적 발달 단계에 관계없이 되돌아가서 탄성 원칙을 검토하는 일이 도움이 될 수 있다. 탄력성 관련 논문이 제시하는 것과 같이 모든 부정적 행동, 정서와 사고들은 정신-신체의 탄력성 유지에 생리학적 비용을 초래한다. 이처럼 영성에 관한 문헌들도 모든 부정적 행동, 감정 그리고 사고가 영적인 탄력성에 영향을 미친다는 것을 가리킨다. 따라서 탄력 있는 정신, 신체, 영혼은 당신의 복지, 특히 인간중심 환경 속에서 다른 사람들과 강도 높게 일하고 있을 때 필수적이다.

보다 깊은 의미와 목적을 배양하는 질문들

열정 혹은 감정이입 피로를 치료하는 것은 자기-보호 관련 책을 읽거나 상담사 소진에 관한 워크숍에 참가하는 것 이상의 더 많은 노력을 요구한다. 우리 시대의 영적인 선구자들 중 일부는 보다 깊은 수준으로 우리를 끌고 가는 우리의 의식 내에 공간을 만들 때 정신, 신체, 영의 전환이 일어난다고 굳게 믿는다. 인간 영혼에 대한 접근은 명상적 혹은 특별한 상태의 의식에서 오는 것이지, 보통의 일상적인 수준의 의식에서 오는 것이 아니다.

다음의 실존적이고 영적인 질문들은 당신이 자기-보호 프로그램을 배양하기 시작할 때 도움이 될 수 있다. 이 질문들 중 일부는 세계의 가장 위대한 영적 치료사들[즉, 테레사 수녀, 노먼 빈센트 필(Norman Vicent Peale), 달라이 라마, 람 다스(Ram Das), 랍비 잘먼 샤흐터 샬로미(Schachter-Shalomi)]을 면접하여 개발되었다(Eliott, 1996 참조). 다음 질문들을 다룸으로써 당신 내부의 목소리를 듣고 집중하여 당신의 여정을 전체로 이끌어 줄 보다 높은 수준의 지혜와 통찰력을 얻을 수 있다.

오감을 모두 사용하여 깊이 이를 수 있는 질문들

당신 자신에게 다음 사항들을 질문하라.

① 내 인생에서 어떤 주요 믿음, 진실 혹은 가치에 기반을 두고 있는가?

② 나는 내 인생에서 궁극적으로 열정과 그 목적을 가진 힘의 신성한 원천, 주신 혹은 초월적 존재를 믿는가?

③ 내 인생의 궁극적 목적을 나는 어떻게 특징짓고 묘사해야 하는가?

④ 사람이 인생에서 도달할 수 있는 가장 높은 이념은 무엇인가?

⑤ 내가 진실로 원하던 목표를 어떻게 성취시키거나 얻었는가? 나 자신이 이 목표를 성취시키기 위해 지나온 과정은 무엇이었는가?

⑥ 내 인생에서 원하는 것을 얻는 데 가장 큰 방해물은 무엇이었고, 또 현재는 무엇인가?

⑦ 인생에서 궁극적인 행복이나 조화를 내가 성취하고 있다고 보는가? 만약 그렇지 않다면, 이것을 방해할 수 있는 것들은 무엇일까?

⑧ 지금 이 순간 내 인생의 의미나 목적은 무엇인가?

⑨ 내 인생에서 뭐든지 바꿀 수 있다면 무엇을 바꾸고 싶은가?

⑩ 나의 특정한 삶의 이슈에서 가족 구성원, 친한 친구, 멘토, 상담사 혹은 영적인 지도자는 어떤 조언을 하는가? 이것들 중에 유효한 것은 무엇인가?

⑪ 역사를 통틀어 누구나 만날 수 있다고 한다면, 누구를 만나고 싶은가? 나는 그 사람에 대해 무엇을 알고 싶고 묻고 싶은가?

⑫ 내 인생에서 일어난 일 중 가장 큰 일이나 사건은 무엇인가(긍정적이든 부정적이든)? 그것이 나에게 어떤 영향을 끼쳤으며 그것으로부터 얻은 교훈은 무엇인가?

⑬ 일부 사람들은 어떤 것들이 자기-성장을 하는 데 방해가 된다고 믿는다. 내 인생에서 나의 성취 능력을 방해한다고 생각하는 것은 무엇인가?

⑭ 만약 내가 죽기 전에 며칠이 남았다고 한다면, 내 친구들, 가족들, 아이들 그리고 다른 사람들에게 어떤 조언을 해 줄 것인가?

⑮ 만약 내가 죽기 전에 며칠이 남았다고 한다면, 내가 죽을 때 다른 이들이 무엇을 알기를 바라며 나에 대해 어떤 말을 해 주길 바라는가?

이제 당신은 이 15개 질문을 검토하면서 직접적으로나 혹은 구체적인 방법으로 대답하기가 얼마나 어려운지 알았을 것이다. 어떤 것들은 당신에게 도전이 되는 특별한 사고, 정서, 인식, 통찰력, 반영을 요구하는 난해한 질문들이다. 이 질문들에 대한 어떠한 정답이나 오답도 없다. 사실, 당신이 상담한 많은 내담자/소비자들은 당신에게 이러한 질문들을 간접적으로 했을 수도 있다. 아마 그들은 자신의 잠재의식 수준에서 특히 삶이 위기에 빠져 있을 때나 고통, 상실, 피해 혹은 극도의 스트레스적인 사건들을 겪었을 때 스스로 이 질문들을 했을 것이다. 이러한 질문의 본질을 숙고하는 동안 존재하는 불확실성에도 불구하고, 우리가 정신, 신체 그리고 영혼의 보다 깊은 곳을 탐구하는 일이 매우 중요하다. 내적 치유의 과정은 우리가 어둠으로부터 나와서 변화하는 우리 삶에 대한 두려움에 맞서기 위해 빛 속으로 나아가는 것을 요구한다.

해결중심 질문들: 문제의 핵심에 접근하기

보다 고도로 숙련된 전문가들은 내담자 변화를 촉진시킬 올바른 전략들의 착수가 중요하다는 점을 안다. 원조전문가들이 내담자들의 이야기를 듣고 그들의 변화에 대한 동기화 정도를 평가한 이후에, 내담자가 선택한 계획들을 실천으로 옮기는 데 도움이 되는 구체적인 상담이론과 기술들을 선택할 것이다. 그러나 이 과정이 진행되기 전에 내담자들을 성공적인 대처 혹은 문제해결 전략들로 이끌 방향을 정하는 것이 중요하다. 만약 자신에 대해 스스로 치료사로 행동하고 싶다면, 당신 자신에 대해서도 비슷한 전략들을 사용할 수 있다. 다음의 해결중심 질문들이 자기 치료사로서 당신이 변화하기 위해 필요한 것들에 관한 보다 명료한 생각들을 지니도록 방향을 제공할 것이다.

① 당신이 변화시키고 싶은 것은 무엇인가?
② 현재 상황에서 당신 삶의 어떤 변화들이 의미가 있는가?
③ 만약 그러한 변화들이 성취되었다면, 지금 당장 당신의 삶에서 바뀌는 행동들은 무엇인가?
④ 이러한 변화들이 어떻게 여겨지는가?
⑤ 어떤 특정의 행동, 사고, 감정, 경험들이 다르게 느껴지거나 행동하게 만드는가?
⑥ 당신이 현재 하지 않는 것을 당신은 장차 행할 것인가?
⑦ 당신의 목표/비전을 지지하는 데 어떤 자원들이 도움이 될까?
⑧ 만약 당신이 더 이상 이런 이슈들을 다루고 있지 않다면, 다른 사람들은 당신에 관해 어떻게 상이하게 인식할 것인가?

자기-보호에서 변화 단계들

다음 모델은 변화이론의 단계들에 기반하고 있다. Prochaska와 DiClemente(1982), Prochaska, DiClemente 그리고 Norcross (1992)는 사람들이 복잡하고 단순한 행동 패턴들을 변형시키기 위한 다섯 개의 서로 다른 단계들의 변화를 통해 어떻게 진보하는지를 설명하면서 이 분야에서의 기본적인 연구를 수행하였다. 여기에서 제시된 모델은 원조전문가로서 그 개인의 자기-보호에 관련된 활동들을 평가하고 예측하고 모니터하도록 고안되었다. 이 기본적 연구는 고려 전 단계, 고려 단계, 준비 단계, 행동 단계 그리고 지속 단계 등 다섯 단계를 따른다.

여기서 제안된 이 모델의 내용은 자신과 다른 사람들로부터 발견될 수 있는 부정적이거나 원하지 않는 사고, 행동, 정서, 인지 그리고 성격 상태들 혹은 특성들의 패턴을 예측하는 것이다. 단계 변화 모델과 PGP를 통합하는 목적은 정신, 신체, 영혼의 최고 안녕을 성취시킬 수 있는 당신의 능력을 방해할 수 있는 바라지 않는 행동, 사고, 경험들과 자기 패배감에서 파생된 몇몇 사항들을 평가하고 예측할 수 있도록 하는 것이다. 이 특별한 변화 모델은 전문가가 일정 수준의 상담가 손상, 장애, 소진, 열정 혹은 감정이입 피로를 갖고 있다고 가정한다. 만약 당신이 이러한 어떤 문제들도 경험하지 않고 있다면, 당신은 감정이입 피로를 겪고 있는 다른 전문가들을 도울 수 있는 집단을 개시할 수 있다.

고려 전 단계

- 이 단계의 이슈들: 이 단계에서 당신은 전형적으로 특정한 행동, 사고, 정서 그리고 감정들에 관심을 가지지 않을 수 있다. 당신이 삶에 어떤 중요한 문제들을 안고 있다는 점을 부정하기 쉽다. 기본적으로 이 시기에는 행동할 만큼 동기화되어 있지 않다. 인지적으로 동료들, 친구들 그리고 가족으로부터 통합되지 않고 다소 이완되어 있다고 느낄 수 있는데 이는 당신이 부조화스러운 내부적 대화 혹은 정신, 신체, 영혼 사이의 상호작용에 과도하게 사로잡혀 있기 때문이다. 당신이 상처받기 쉽거나, 가족, 친구, 관계 혹은 직업과 견고하게 연결되지 않거나, 취약하다고 느끼는 정서적 소모감이 생길 수 있다. 당신은 또한 정신적, 정서적, 사회적, 신체적, 영적 혹은 직업적 소

모를 느낄 수 있다. '이것은 내가 선택한 직업이기 때문에 이겨내야만 해.' 라는 감정을 가지고 직업이나 일상의 생활이 의미 없다고 생각할 수 있다.

- 이 단계에서 경험되는 전형적인 정서들: 이 단계에서 당신은 정신, 신체, 영혼을 배양할 기초를 제공할 수 있는 체계나 자연적 지지들에 대해 어떠한 가능성도 없다고 느낄 수 있다. 자신과 주위의 다른 사람들에게 문제들을 야기시키는 부정적 사고 패턴을 노출시킬 수 있다. 당신은 자신이 변화되기를 강요받기보다는 다른 사람들을 변화시키고 싶다고 느낄 수 있다. 당신은 스스로 행한 선택들(즉, 음주운전/약물복용, 이혼, 만성의 정신적/신체적 질병)과 빈약한 대처 능력들 때문에 변화를 강요당하거나 강제받을 수 있다. 이것이 더 큰 저항과 방어에 이르게 한다.
- 체크인 자기-평가: 스스로에게 이렇게 물어본다. 내 정신, 신체, 영혼의 어떤 특성들을 논의할 때 나는 방어적 혹은 저항적으로 변하는가? 정신, 신체, 영의 건강과 안녕에 대해 적절하고 중요한 정보를 피하는 경향이 있는가? 정신, 신체, 영을 조화시키거나 다시 균형을 잡기 위한 책임을 피하는가? 이후 며칠, 몇 주 혹은 몇 개월 후에 이 이슈들에 대해 무엇인가 행하려는 생각이 있는가? 나는 언제 변화를 위해 노력할 것이라고 기대하는가?
- 중재: 정신, 신체, 영이 얼마나 균형에서 벗어났는가에 대한 당신의 생각을 공유하고 소통하라. 이 문제들을 당신과 가까운 누군가와 의논하라. 변화를 피하거나 개인적 성장을 가로막는 이유를 이해하도록 노력하라. 스스로에게 '내가 만약 이렇게

한다면 상황이 어떻게 바뀔까?' 와 같은 문제중심의 질문을 하고, 개인 변화 혹은 성장을 향한 작은 노력들을 행하라.

고려 단계

- 이 단계의 이슈들: 이 단계에서 당신의 삶이 왜 그렇게 균형에서 벗어났는지를 이해하고자 할 것이다. 스트레스와 불안이 절정에 다다랐을 수 있다. 변화에 대한 필요성을 느끼고 있기 때문에 변화와 성장은 어느 정도 서로 연관되어 작용하는 신체, 정신 그리고 영의 어떠한 현실을 요구하고 있다는 사실을 이해하기 시작한다. 당신은 자기-파괴적인 라이프스타일의 습관, 부정적 사고, 자기-패배적인 정서들이나 기타 다른 부정적 행동 패턴, 성격 상태 혹은 성격 특성을 포기해야 할 수 있다.
- 이 단계에서 경험되는 전형적인 정서들: 이 단계에서 변화에 관한 당신의 행동들이 미성숙하거나 혹은 실패에 대한 두려움을 가질 수 있다. 많은 사람들은 자신의 문제에 대한 완벽한 해결책을 추구하고 자연스럽지 않은 변화들을 위한 시도를 하려고 하기 때문에 주의해야 한다. 많은 사람들은 자기-파괴적인 라이프스타일과 습관을 바꿀 것이지만(즉, 금연, 금주, 영양습관 개선), 정신, 신체, 영이 최적의 복지 수준에 이르기 위해 조화를 추구하는 것이 중요하기 때문에 이러한 변화들은 표면적일 수 있다.
- 체크인 자기-평가: 나는 이것을 누군가와 함께 다른 사람들을 비난하지 않고 논의할 만큼 기꺼워하는지 자신에게 물어보라. 특별한 이슈들에 대해 통찰력과 인식을 증대시키거나 교육받

는 데 대해 관심이 있는가? 이 문제에 대해 행동을 취할 의지가 있는가? 이런 문제 행동, 사고 패턴, 역기능적 대처 능력이 내 삶의 더 높은 목적을 성취하는 데 도움이 되는가?

- **중재:** 정신, 신체, 영의 균형을 잡음으로써 문제를 인식하고 자각하도록 하라. 호흡각성, 이완, 명상 혹은 비주얼리제이션을 포함하는 자기-보호 프로그램을 통한 변화를 꾀하라. 이것이 당신 삶에 어떻게 영향을 끼치는지 주목하라(즉, 직업, 다른 사람들과의 관계, 라이프스타일). 어떤 것들이 제일 처음 현실적으로 접근되어야 할까? 정신, 신체, 영을 변화시키고 다시 균형을 잡을 수 있는 능력을 방해할 수 있는 어떤 반응, 촉발 요인 혹은 장벽들을 확인하라.

준비 단계: 성공을 위한 기초 다지기

- **이 단계의 이슈들:** 만약 당신이 진정으로 이 단계에 있다면, 아주 가까운 미래에 행동을 취하기 위한 노력을 해야 한다. 행동 계획이나 목적에 대해 보다 분명한 비전을 개발하고 다른 사람들을 상담하는 일의 좋은 의미를 개발시킴으로써 이를 인식할 것이다. 당신은 경로에 따른 방향을 결정하고 행동 착수에 필요한 첫 번째 단계들을 취하기 시작할 것이다.
- **이 단계에서 경험되는 전형적인 감정:** 당신은 변화를 위한 시기상조적인 도약을 할 수 있다. 이는 모호한 활동 계획 때문이거나 아마도 당신의 정신과 신체가 준비되었다고 느끼기 때문이다. 당신은 전문적인 손상이 너무 커서 이것이 당신의 일, 결혼 혹은 정신적, 물리적 영적 건강에 영향을 끼칠 것이며, 당신이

자기 변화나 개발에 마냥 떠밀리고 있다고 느낄 수 있다. 당신은 어려운 인생 결정과 과도기에 진입할 준비가 되어 있지 않을 수 있다. 이 단계에서 무시되어서는 안 될 또 다른 문제는 매우 비지지적인 환경이다. 당신은 또한 자신의 변화 혹은 성장을 지지해 줄 자원이 부족할 수 있다.

- **체크인 자기-평가**: 당신 자신에게 물어보라. 나는 자신을 바꾸지 않거나 자기-성장을 하지 않는 것에 대한 변명을 하고 있는가? 나의 정신, 신체, 영혼을 재조화시키는 문제에서 내가 제어할 수 없는 현실적 문제가 있는가?(예, 뇌 화학호르몬) 만약 내가 내 삶에서 무언가를 바꾼다면, 나는 이러한 변화에 대한 결과를 생각해 보았는가? 내가 무엇을 포기해야 하는가? 어떠한 어려움이 나를 기다리고 있을까? 변화에 대한 긍정적 사항이 부정적 사항보다 더 많은가? 나는 변화에 따른 미래의 이익에 초점을 맞추고 있는가? 나는 나의 행동, 사고, 감정을 어떻게 바꾸는지에 대해 구체적 생각을 개발했는가?
- **중재**: 공약을 만들거나 다른 사람들에게 도와달라고 함으로써 당신의 약속을 실천으로 옮기기 시작하라. 당신의 정신, 신체, 영혼을 위한 구체적 목표, 목적, 의미를 가진 계획을 작성하라. 구체적 시작 및 완료 시간을 적은 분명한 비전을 말하라. 당신의 환경을 준비하여 자기-변화와 성장을 지지할 수 있게 하라. 책임감을 가지고 당신 자신의 책무를 담당하도록 하라.

행동 단계: 변화 시도하기

- **이 단계에서의 이슈들**: 이 단계에서 환경뿐만 아니라 행동, 사고,

정서적 반응들이나 부적응적(종속된) 행동들을 변화시킬 정직한 시도를 하고 있다는 점을 분명히 인식할 것이다. 여기서 궁극적 목적은 최상의 안녕을 획득하고 당신의 정신, 신체, 영에 대해 보다 나은 통제를 하는 것이다. 당시의 환경 속에서 다른 사람들과 지지체계들 역시 이러한 변화들을 알아차려야 한다. 대부분의 사람들은 가족, 친구들 혹은 동료들의 지지적 네트워크로부터의 도움을 필요로 한다. 만약 이런 변화의 행동 단계에 있다면, 다른 사람들에게 도움을 요청하는 것을 부끄러워하면 안 된다.

- **이 단계에서 경험되는 전형적인 감정:** 당신은 희망적으로 느낄 수 있다. 이 단계에서는 잘 준비되어 있기 때문에 개인의 정신, 신체, 영적인 발전에 대한 계획에 저항하거나 종료시키려는 변화들은 보다 적다. 실패에 대한 생각들이 때때로 일어날 수 있지만 자신감은 풍부하다. 왜냐하면 이전의 강렬한 정서들을 통해 변화해 왔고 자신의 사고, 정서, 경험들에 대한 약간의 감각과 의미를 조성해 왔기 때문이다. 이 시점에서 자기-변화와 성장을 하는 데 대한 불안감은 당신의 정신, 신체, 영의 전형적인 주요 특징이 아닐 수 있는데, 이미 행동을 취했기 때문이다. 당신이 목격한 작은 변화들이나 혹은 진보에 대해 그렇게 손상되거나 좌절되지 않을 수 있다. 변화하는 것들에 대해 보다 덜 압도되는 것처럼 느낄 수 있다. 뒤로 조금 후퇴하는 것은 완전한 추락이라기보다는 살짝 미끄러진 것으로 보인다. 직장에서, 치료과정에서, 대인관계에서 나쁜 날보다는 좋은 날들을 더 많이 보낸다. 당신이 경험하는 약간의 실수는 완전

한 실패나 재앙으로 해석되지 않는다. 성취한 성공의 수준 때문에 포기는 고려되지 않는다. 이 단계에서 매우 지지적인 환경 또한 이 단계에서 당신의 성공에 관련이 있다.

- 체크인 자기-평가: 스스로에게 물어보아라. 나의 행동, 사고, 정서, 환경, 정신, 신체, 영에서 능동적으로 개인 변화와 성장을 추구하기 위해 노력을 지속하고 있는가? 나의 이익을 위해 계획, 지지 그리고 다른 자원들을 사용하고 있는가? 잘 고안된 나의 계획에 관한 어떤 의심이나 이슈들을 무효화시키거나 대항할 능력을 갖추고 있는가? 개인 변화나 성장을 지탱하고 강화시키기 위해 내가 어떤 인센티브들을 사용하고 있는가? 내 계획이 효과가 있다고 실제로 느껴지는가? 정서적으로, 신체적으로, 영적으로, 인지적으로 이전에 비해 더 낫게 느끼는가? 내 인생은 더 많은 의미와 목적을 가지고 있는가? 내 정신, 신체, 영에서 보다 조화롭게 느끼는가?
- 중재: 다양한 환경들이나 장면들을 사용하여 중재방법들을 재구조화시켜라. 당신이 정신, 신체, 영의 균형을 통제하고 유지하기 위한 능력을 가진 사람이라는 것을 온전히 잘 이해함으로써 자신의 부정적 요소, 사람들 그리고 장소들에 대한 노출을 회피하거나 최소화하려고 노력하라. 당신의 계획을 설계하여 환경적, 인지적, 행동적, 사회적, 정서적, 심리적, 영적 혹은 직업적일 수 있는 부정적 사고나 일련의 사건들을 식별하고 중단시킬 수 있게 하라. 인생에서 당신이 통제할 수 있는 것들과 없는 것들에 대한 보다 깊은 인식을 갖도록 하라.

일상의 유지와 효과적인 것들을 사전에 다루기

- 이 단계에서의 이슈들: 이 단계에서 당신은 장기간의 개인 변화, 성장, 정신, 신체, 영의 안녕에 대한 자신의 계획에 필요한 헌신을 유지하도록 정직하고 진정한 노력들을 수행한다.
- 이 단계에서 경험되는 전형적 정서들: 전형적으로 어떤 시기에 당신에게 잘 작용해 준 예방적 요인들이나 전략들이 있을 수 있다. 이러한 것들이 현재에는 작용하지 않을 수 있다는 점을 인식하라. 행동 계획 내의 진보나 발전은 당신 자신과 다른 사람들에게는 성공으로 간주될 수 있다. 가끔 당신이 자신을 너무 일찍 합리화시키고 칭찬하고 혹은 스스로 보상할 수 있다는 점에 유념하라. 이는 퇴보를 불러일으킬 수 있다. 따라서 정신, 신체, 영적 안녕을 성취하는 것은 최종 목표가 아니며 삶에서 균형의 유지는 연속적인 과정임을 유념해야 한다.
- 체크인 자기-평가: 자신에게 내 계획에서 고위험 상황들을 어떻게 대처할 것인지 알고 있는가를 질문하라. 나의 정신, 신체 그리고 영은 내가 실패하거나 퇴보했는지를 충분히 알고 있을 정도로 각성하고 있는가? 변화하는 생활 욕구들을 충족하기 위해 내 계획의 어떤 요소를 수정하거나 조정해야 할 필요가 있는가? 나는 다른 가능성들과 결과들에 대해 끊임없이 개방적이고 유연한가? 나는 바람직한 수준의 자기-충족에 있어 충분히 창조적인가?
- 중재: 일을 하는 데 한 가지 정답만 있는 것은 아니라는 사실을 받아들여라. 어떠한 실패나 퇴보는 배워야 할 교훈으로 간주하도록 노력하라. 초점과 균형 잡힌 긴 여정이 당신의 목표와

목적들의 주요 성취 기준이 된다는 점을 이해하라. 아기의 걸음마로 되돌아가는 것이 도움이 될 수 있다. 가장 중요한 것은, 당신의 행동 계획은 당신이 성장하고 개발됨에 따라 변해야 한다는 점이다.

당신의 PGP를 성취하기 위한 브레인스토밍 전략들

브레인스토밍은 심리학자 Gerald Egan(1998)이 과도하게 제한되거나 협소한 생각들과 문제해결을 극복하도록 사람들을 돕는 데 사용하는 기법이다. 이것은 보다 나은 미래를 위해 사람들이 기회와 가능성 모두를 개발할 수 있도록 돕는 하나의 도구다. 좋은 브레인스토밍 회기는 당신 삶을 통제하고 어떤 장벽들을 예견하며, 보다 기능적이고 건강한 미래를 계획하도록 역량강화시킨다.

Egan은 브레인스토밍 회기를 촉진시키기 이전에 몇 개의 선행조건들을 제시한다. 여기에는 ① 어떻게 세상이 돌아가는지에 대한 자신의 편견과 판단의 중지, ② 비록 거칠더라도 생각을 늘리도록 고무시킬 것, ③ 상상할 수 있는 한 많은 가능성들을 생각하고 그 해결책들의 질이나 현실적 측면들을 다룰 것, 그리고 ④ 새로운 생각들을 궁극적으로 도출하는 하나의 해결책을 결합시킴으로써 다른 사람들을 자극할 것 등이 포함된다. 당신이 한 사람으로 개발됨에 따라 새로운 행동들을 시도할 것이고, 어떤 행동이 효과적인지 알고, 계획에 따라 적응할 것이기 때문에 브레인스토밍은 하나의 지속적인 과정이다. Egan 박사는 브레인스토밍 회기들 동안 다음과 같은 해결중심의 질문들에 기반하는 탐구를 해야 한다고 주장한다.

- 어떻게: 당신이 성취하고자 원하는 것에 이르는 어떤 방법들이 있으며, 어떤 방향으로 가고 싶은지를 어떻게 알 수 있는가?
- 누가: 목표 성취에 도움을 줄 수 있는 사람은 누구이며, 이 목표를 성취하는 데 필요한 자원으로 누가 일할 수 있는가?
- 무엇을: 내·외부적으로 어떤 자원들이 목표 성취에 도움을 줄 수 있는가?
- 어디서: 목표 성취에 도움이 되는 장소들은 어떤 것이 있는가?
- 언제: 목표들의 성취를 위해 언제 행동해야 하는가?

자기-보호 프로그램 육성을 위한 한 가지 방법은 더 나은 미래를 만드는 것이다. 당신은 이미 다음의 해결중심 질문들을 스스로 행함으로써 얻은 통찰력과 인식을 검정하고 싶을 것이다. 이 질문들이 모두 미래 지향적이라는 점을 기억하라. 이는 행동과 계획 수립 단계들 속에서 당신을 도울 것이다.

- 만약 상황을 잘 다룬다면 이 문제 상황의 해법이 어떻게 보일까?
- 현재 상황/인생에서 내게 어떤 변화가 일어나야 하겠는가?
- 만약 내가 하고 싶은 변화를 해냈다면 문제 상황과 관련하여 나는 어떻게 달리 행동하겠는가?
- 지금 현재 어떤 변화들을 통해 내 인생이 나아질 수 있는가?
- 지금 현재 내 인생에서 어떤 일들과 정서들을 제거하고 싶은가?

- 내 인생에서 어떤 일들을 제거했다면 어떤 느낌이 들까?
- 이러한 변화들을 가져오기 위해 언제 계획해야 할까?

다양한 자원들의 발견

좋은 브레인스토밍 회기는 당신 삶에 긍정적인 변화들을 가져와야 한다. PGP의 한 가지 기본요소는 당신이 자기-보호 프로그램을 시작하거나 혹은 유지할 다양한 자원들에 대한 접근을 확실히 하는 것이다. 여기에 몇 가지 자원들이 있다.

- **개인들:** 만성적인 건강 조건들과 관련된 문제들을 위해 자격 있는 의사에게 도움을 요청하라. 다른 문제에 대해서는 다른 전문적인 상담사, 영적 지도자들, 민속 치유사, 침술사, 마사지 치료사, 레이키 요법사, 가까운 친구들, 가족 혹은 일대일 치유를 행한다고 생각하는 다른 사람들에게 자문을 요청하라.
- **역할 모델:** 다른 사람들을 치유한 적이 있었던 사람들을 찾아보라. 당신에게 필요한 지혜, 지식, 조언, 상담을 해 줄 수 있는 사람들을 찾아보라. 당신이 겪었던 것을 사람들과 더불어 당신의 환경 속에서 정서적, 신체적, 의학적, 영적 그리고 직업적으로 생각해 보고 그들과 이야기해 보라.
- **지역사회/집단:** 치료적이고 지지적인 공동체와 집단들을 찾아보라. 당신 자신의 지지집단을 만들어라. 온건한 온라인 지지집단과 채팅 방들도 수없이 많다.
- **생태학적 환경:** 자연적 환경이나 다른 나라의 사람들을 연결시켜 줄 수 있는 지리적 장소(예, 산, 강, 호수, 바다)를 찾아라.

- **공학 기술:** 당신의 독립, 지식, 지혜에 힘을 실어 줄 보조 장비나 다른 공학 기술을 찾아라.
- **전문가 협회들과 기구:** 당신의 직업, 건강, 안녕에 관련된 철학과 이념을 고수하는 전문 협회와 기구들을 찾아보라. 이러한 단체들 중 대다수는 네트워크, 비디오 교육 그리고 원거리 훈련 기회들을 제공한다. 또한 대면 혹은 온라인 토론집단도 있고 목표 달성에 도움이 되는 다른 활동들도 있다.
- **모델 프로그램들:** 목표 달성에 도움이 되는 특정 모델 프로그램을 찾아보라. 일부 대학들과 부속 병원들은 영양섭취, 체중 감소, 운동, 금연, 금주 그리고 다른 많은 건강과 라이프스타일 향상 프로그램들과 관련된 연구집단들에 참여할 수 있는 기회들을 제공한다.

당신의 정신, 신체 그리고 영적 건강을 최적화시키기

PGP를 최대한 활용하기 위해서는, 개인복지 경로상에 나타나는 과정을 시작하도록 일지를 쓰는 데 헌신하도록 요구할 수 있다. 당신의 PGP가 장기간의 형성 과제일 수 있고 자기-성장과 발전을 성취할 수 있는 당신의 능력에 도전하는 이슈들이 있을 수 있다는 생각을 받아들여라. Andrew Weil(1995)은 『자발적 치유(Spontaneous Healing)』이라는 책에서 어떤 개인의 삶에는 건강, 치유 그리고 안녕에 벽이 되는 특별한 영역들이 있다고 주장한다. 다음 리스트에 나와 있는 많은 영역들은 우리가 직접적으로 통제하는 것들이다. Weil은 무엇이 우리의 자연적 치유체계를 최적화시키는가를 발견하려는 생각으로 전 세계의 치유사들을 만났다. 그는 질병이란 우리의 신체적 안녕의 악화를 통해서만 일어나는 것이 아니라고 주장한다. 오히려 정신, 신체, 영이 우리의 총체적 치유와 복지에 영향을 미치도록 상호작용한다. 우리는 삶에 대해 어느 정도 통제력을 행사하며, 최적의 안녕 상태를 성취하기 위해서는 다른 사람들로부터 책임, 동기 부여, 인내, 지지를 필요로 한다. Weil 박사는 우리의 전반적 건강과 치유의 책임을 옹호한다. Weil은 다음 영역들이 최고 수준의 기능을 성취할 수 있는 데 도움을 준다고 제안한다.

정신, 건강, 영을 최적화시키기 위한 Weil의 제언

- 에너지 부족: 신진대사(음식을 화학 에너지로 바꾸는)에 따라 공급된 에너지는 건강과 치유에 필수적이다. 적절한 영양섭취, 알맞은 소화, 에너지 증대를 위한 적절한 호흡은 모두 우리의 통제 안에 있다. 과다업무, 지나친 노력, 부적절한 휴식과 수면 그리고 중독(과음, 카페인 과다 섭취, 흡연 과다)은 신체적 에너지를 고갈시킬 수 있다. 궁극적으로, 건강한 정신은 성취 수준을 약화시키는 빈약한 집중력, 초점 그리고 다른 주의력 결핍들 때문에 희생된다.
- 빈약한 혈액순환: 우리의 자연 치유체계는 신체계와 조직에 영양분을 가져다주는 신체 내의 혈액순환에 의존한다. 혈액순환은 건강한 식습관, 충분한 운동 그리고 금연을 통해 강화될 수 있다.
- 제한된 호흡: 제한된 호흡은 혈액순환과 신진대사를 감소시킬 수 있고 다른 많은 방식들로 자연 치유체계를 방해할 수 있다.

뇌와 신경계는 특히 좋은 정화 호흡의 사용을 요구한다.

- 손상된 방어력: 자연 치유는 신체 방어력이 약할 때 잘 일어나지 않는다. 면역력 감소는 우리가 ① 지속적이거나 압도적인 감염, ② 면역계의 독성 물질과 에너지, ③ 다양한 정신건강 조건들에 따른 다중 스트레스원을 가졌을 때 일어난다. 건강한 정신적 및 신체적 건강실천 활동들을 통해 면역계를 보호할 수 있다.
- 독소: 독소 과다는 생각보다 훨씬 더 일반적이다. 우리는 건강하지 못한 생각, 정서, 감정들뿐만 아니라 우리가 먹는 음식, 마시는 물, 숨 쉬는 공기 그리고 의약 제품들의 사용 등을 통해 독소를 섭취한다. 독소 과다는 알레르기, 암, 자가면역 질병들 그리고 여러 가지 다른 조건들을 야기시킬 수 있다. 일상에서 노출되는 다양한 독소들에 대해 우리 자신을 교육시키는 것은 좋은 건강을 위해 필수적이다.
- 나이: 나이를 먹는 모든 사람들이 점점 면역을 잃고 병에 걸리게 된다는 것은 사실과는 조금 다르다. 지구상에는 노인들이 지극히 건강하게 사는 공동체들이 많다. 나이와 관련한 제1의 위험 요인은 미국적인 라이프스타일일 것이다.
- 정신적 걸림돌: 우리의 사고와 정서들은 신체적 건강에 주요한 영향을 끼친다. 정신건강 조건이 악화된 사람들(즉, 우울증, 불안, 약물남용, 스트레스 관련 장애 등으로 고통받는 사람들)은 정신적이고 영적으로 건강한 사람들보다 신체적 질병에 걸릴 확률이 높다. 따라서 건강한 정신 상태를 유지하는 것이 중요하다.
- 영적 문제들: 많은 다른 세계 문화들은 정신, 신체, 영이 조화를 이루어야 한다고 믿는다. 따라서 한 사람의 영적 삶을 개선시

키는 것은 하나의 방어적 요인이다. 정신, 신체, 영의 균형 유지가 기본적이다(Weil, 1995, pp. 129-135).

자기-성장을 위한 목적과 기회 개발하기

이 세계에는 세 가지 다른 유형의 사람들이 있다.

- 목록형 인간: 해야 할 일을 적어 두는 것을 좋아하고 살아가는 데 구체적이고 구조화된 계획을 필요로 하며, 삶에 균형을 느끼는 사람들
- 비목록형 인간: 거의 미리 준비하지는 않으나 그 시간이 다가오면 가장 최상의 기능으로 일을 해낼 수 있는 사람들
- 혼합형 인간: 상황과 환경에 따라 구조화된 방법과 구조화되지 않은 삶의 방법을 결합하는 사람들

구체적 목적들을 개발하는 것은 당신에게 우선책이 아닐 수 있다. 그러나 다른 사람들에게는 효과적일 수 있다. 단지 '해야 할 일의 목록' 으로 당신의 하루를 구조화시킬 수 있다는 생각만으로도 당신의 정신, 신체, 영을 쉬게 할 수 있다. 헌신적 태도와는 상관없이 사람들이 자신에게 전념하고 정신, 신체, 영을 최적화시키기 위해 사용한 다음에 예시된 목적-기회를 검토함으로써 도움을 얻을 수 있다.

나는 문제되는 이슈들과 목적-기회들 사이에 중요한 구별을 행한다. 만약 당신이 항상 문제 상황이나 이슈를 처리하고 있다면, 인

생에서 피하고자 하고, 없애고자 하고, 감소시키고자 하는 것들에 초점을 맞추는 경향이 있는 것이다. 하지만 문제들을 목적들과 기회들로 다시 재구성한다면, 인생에서 증진시키고, 더 가까이 보고, 동기화되었다고 느낄 수 있는 것들에 당신의 초점이 맞춰질 것이다. 그러므로 아래 사례의 몇 가지 목적-기회들을 검토해 보도록 하라.

사례들

A. 당신이 바꾸고 싶어 하는 것들의 목록(혹은 비목록)에서 목적-기회를 식별하라.

예 나의 내담자와 치료적 상호과정에서 집중을 하지 못한다고 느낀다. 때때로 지나치게 과도한 불안감을 느끼며, 나의 정서적 스트레스를 절대 깨고 나올 수 없을 것으로 느낀다.

B. 문제되는 이슈들을 구체적 목적-기회로 바꾸어야 할 필요가 있는데, 다르게 성취될 필요가 있는 이슈들로 바꾸어 진술한다.

예 나는 다른 명상 방식들을 사용하여 스트레스 관리 프로그램을 시작할 필요가 있다. 또한 일지 쓰기를 시작하고 내가 쓴 것을 분석하고 싶다.

C. 각각의 목적-기회에 대해 측정 가능한 단기 목적을 설정하라.

예 당신은 다음 용어들로 단기 목표를 진술할 수 있다.

- 빈도(예, 나는 하루에 두 번, 세션당 15분—아침에 한 번, 오후에 한 번씩 지침화된 명상 이완 테이프를 사용하여 명상을 할 것이다.)

- 강도[예: 나는 1에서 10까지의 나 자신의 열정 평가(Peace-Compassion)척도를 사용하여 매 명상회기 후와 내담자 회기 동안에 나 자신을 평가할 것이다.]
- 지속 기간(예: 나는 내담자 회기 동안 나의 스트레스 수위가 내려갈 것이라는 기대를 안고, 2주 동안 매일매일 지침화된 명상 방식을 사용할 것이다.)
- 양(예: 자기-평가 열정 평가척도 점수들을 점검하고 나의 스트레스 수위를 매일 10%씩 줄이도록 노력할 것이다.)

D. 당신의 목적-기회들을 성취하는 데 도움이 되는 다양한 지지 체계들과 자원들을 목록화시켜라.

예 나는 세 개의 지침화된 명상 테이프들을 번갈아 사용할 것이다. 내 점심시간의 일부를 명상하는 데 쓸 것이다. 나의 배우자에게 조용한 시간을 갖도록 해 달라고 요청하여 나 자신의 자기-보호에 집중할 수 있게 할 것이다. 나는 일지를 매일 검토하여 이 경험에 어떤 의미를 부여할 것이다.

E. 관찰 가능한 개선 지표들을 목록화하라. 정서들, 사고, 행동 그리고 경험들에 따른 측정 가능한 항목들을 포함하도록 하라.

예 나의 열정 평가척도 점수가 직장에서 8점이었는데 이번 주에 5점으로 떨어졌다. 덜 산만해졌고 내담자 회기 동안 더 집중할 수 있게 되었다. 또한 내가 상담하는 사람들에 대한 감정이입과 열정이 늘어났다. 일지를 읽는 것이 내가 왜 이 직업을 선택했는가에 관해 명료화하도록 도와주었다.

F. 다양한 자원들과 기회들을 구체화함으로써 당신의 목적-기회들의 유지에 필요한 활동 계획을 목록화하라.

예 다양한 비주얼리제이션과 묵상적 명상 경험을 포함하는 새로운 명상 테이프를 구매하라. 가까운 친구들이나 동료들과 함께 명상 집단을 시작하라. 요가나 타치 교사를 찾아보라.

자기-성장을 위해 일하기: 과정중심 집단상담 방법

집단상담의 목적

과정집단을 촉진시키거나 그 구성원이 되는 것의 목적은 감정이입 피로와 같은 전문 이슈들을 다루는 데 어려움을 갖고 있는 동호인들의 공동체를 육성하는 것이다. 사람들은 집단 환경 내에서, 특히 원조전문직 내에 있는 사람들은 집단에서 기능을 잘 수행한다. 그러나 과정집단에 관여되어야 하는 민간 영역의 실천현장에서 일하는 치료사들에게는 기회가 거의 없을 것이다. 따라서 과정집단은 이러한 특정의 전문가들에게 큰 이익을 줄 수 있다. 감정이입 피로 과정집단의 주된 목적은 ① 안전하고, 편안하고, 비밀스러운 환경을 제공하여 전문가들이 직업적 문제에서 비슷하거나 동일한 감정이입 피로 정서, 반응 그리고 경험들을 갖고 있는 다른 사람들 앞에서 자신들의 정서를 발산시킬 수 있게 하고, ② 동료들과 친구들을 지지해 주고 보다 강도 높은 도움이나 특별한 주의를 요하는 집단 내의 개인들을 식별할 수 있게 하고, ③ 교육과 자기-성장 기회에 대한 헌신에 필요한 자원들을 제공하고, ④ 집단 성원들이 대처 능력과 탄성을 회복하도록 정보, 자원 그리고 다른 지지 사항들을 공유하도록 하고, ⑤ 감정이입 피로를 다룰 수 있는 다른 전문가들의 보호 공동체를 구축함으로써 희망의 씨앗을 배양하는 것이다.

집단 촉진자의 선택

첫 번째 과정집단 상담 동안에, 집단 참가자들은 한 명의 촉진자나 지도자를 선출하도록 강하게 요구된다. 일부 사례에서, 집단은 다른 한 명의 공동 촉진자를 고를 수도 있다. 가끔, 집단 촉진자들은 집단의 건강 유지를 위해 교대로 활동을 이끌어 나간다. 이렇게 하여 매주 다른 사람이 집단이나 집단 활동을 준비할 수 있다. 어떤 집단을 선택하든지 간에 집단 촉진자의 주된 과업은 ① 지도하고, 참가하고, 그 주에 지침화된 활동을 촉진시킨다. ② 집단의 구조와 규칙들을 준수해야 하는 데 책임을 지고, ③ 전체로써 집단이 해결중심 방향으로 움직이고 있다는 점을 확인하고, ④ 감정이입 피로를 줄이고 집단 외부의 긍정적인 지지와 자원들을 증대시키는 목적에 대한 긍정적 상호작용을 증진시키는 하나의 응집력 있는 환경을 제시하는 것이다.

기본규약

모두 비슷한 관심들을 갖고 있거나 정기적으로 서로 관계를 갖는 약 6~8명 정도의 사람들로 구성된 동료집단을 만드는 것을 생각해 보라. 집단 참가자들은 촉진자를 선출하거나 매주 촉진자를 뽑는 방식에 찬성해야 한다. 그 촉진자는 ① 모든 참가자들이 집단 내에서 스스로 자기를 소개하거나 확인시키도록 하고, ② 집단의 규칙, 출석, 목적, 비밀 유지 문제 그리고 총체적인 집단과정에 대해 논의하고, ③ 매 회기마다 다루어져야 할 것과 완수되어야 할 이슈들에서 집단의 합의를 이끌어 내야 하고, ④ 감정이입 피로를 줄이겠다는 목표를 가지고 집단의 참가자들 사이에서 긍정적인 대처 전략들, 태도상의 치유 그리고 안녕에 대해 초점을 두어야 한다.

집단 규칙들과 지침들

- **비밀 유지 보장:** 이것은 집단 참가자들 사이의 신뢰를 구축하는 데 절대적으로 중요한 사항이다. 상담관계를 구축하는 것은 고백과 신뢰에서 필수적이다. 다른 사람들의 개인적 이슈들에 관해 집단 바깥에서 이야기하는 것은 비윤리적이고 개인 사생활을 침해하는 일이다. 그러한 규칙들을 깨는 사람들은 참가자들 사이에 합의가 이루어지지 않는 한 다시 집단에 되돌아올 수 없다.
- **능동적인 경청자가 되어라:** 모든 집단의 참가자들은 각자 중요한 할 말이 있다. 다른 집단 참가자들의 이야기를 주의 깊게 듣는 것도 중요하다. 동정과 연민을 가지고 이야기를 듣는 것은 집단의 다른 사람들에 대한 존경심을 나타내고, 특정 이슈에 대해 그들의 관점을 이해할 수 있도록 만든다. 또한 다른 집단 성원들도 자신의 생각과 견해들을 표현하고 싶어 한다. 우리는 가끔 이러한 집단 에티켓을 잊는다. 그들의 관점을 항상 받아들이지 않는다 할지라도, 동료들로부터 무언가를 배울 수 있다는 사실에 개방적이어야 한다.
- **당신의 생각들을 표현하라:** 당신도 또한 뭔가 중요한 할 말이 있을 것이다. 특정의 주제에 대해 당신의 사고, 감정들, 경험들을

집단에서 공유하는 것은 하나의 기여가 되고 다른 창조적 생각들을 자극할 수도 있다.

- **정직하고 구체적으로, 그리고 개방적으로 소통하라:** 다른 집단 성원들에게 긍정적인 피드백을 제공하는 것이 중요하다. 당신은 진실되게 행동하고 다른 사람들과 개방적으로 정직하게 소통함으로써 이를 성취할 수 있다. 집단의 한 참여자로서 당신이 기여하려고 생각하는 것을 집단으로부터 얻을 수도 있다. 다른 사람들에게 응답하는 방식도 당신이 다른 사람들을 대하는 것에 영향을 끼칠 수 있다.
- **팀으로서 문제해결:** 문제들은 다른 사람들과 협동적으로 일할 때 가장 잘 해결된다. 갈등이나 문제들이 생길 때, 집단이 긍정적인 방향으로 움직일 수 있는 창조적 대안과 선택 사항들을 생각하도록 하라.

제안된 집단 규약: 3단계 접근

감정이입 피로 과정집단 속에서 사람들은 집단 촉진자로서 수년간의 경험이 있을 수도 있기 때문에, 너무 많은 지도자들은 집단과정에 해독이 될 수 있다는 점을 유념하라. 만약 개별참가자가 집단 촉진자로서의 책임을 담당한다면, 그 사람은 건강한 과정집단 환경에 대한 동일한 책임으로 역량강화를 받은 것이다. 구체적 활동들에 착수하기 위한 다음의 3단계 집단 구조를 제안한다. 이 규약은 또한 과정집단의 진보를 모니터하는 하나의 방식으로서의 역할을 한다. 3단계 규약은 유연하며 특정 기관, 조직, 관심들에 따라 계획되어야 한다는 점에 유념하라. 각 단계는 집단 참가자들에 따라 상이할 것이다. 일부 집단들은 하나의 특정 단계를 완수하기 위해 몇 개의 회기들을 필요로 할 수도 있고, 다른 집단들은 그보다 더 긴 회기들을 요구할 수도 있다.

1단계: 개방적이고 정서적인 체크인

① 집단 규칙들과 구조가 완벽하게 결정되고 논의되었다고 전제한다면, 집단 촉진자는 개별 참가자에게 체크인을 할 기회를 주어야 한다. 사람들은 그들이 안고 있는 특정 이슈, 정서 혹은 경험을 서로에게 4~5분 동안 털어놓아야 하는데, 이것은 그들의 감정이입 피로와 관련이 있기 때문이다. 체크인의 목적은 모든 집단 성원들로 하여금 각 참가자가 현재 어느 정도 기능하고 있는가, 그리고 감정이입 피로처리 이슈들을 그들이 집단의 일환으로 다루려고 계획하고 있는 것은 무엇인가를 인식하기 위함이다. 집단 성원들은 정서적 표현들과 '나는' 이라는 진술들을 사용하여 체크인 진술들을 시작하도록 격려되어야 하는데, 그리하여 자신의 현재 정신, 신체, 영적 안녕에 대한 주인 의식을 가질 수 있다.

② 모든 집단 성원들이 체크인을 하고 난 후에, 집단 촉진자는 참가자들에게 어떤 이슈들을 자신이 가장 다루고 싶었는지, 그리고 두 번째, 세 번째, 네 번째로 다루고 싶은 이슈들에 대해 질문함으로써 집단과정을 시작할 수 있다. 평균 90분의 집단 회기 내에 처리되어야 할 이슈에 대한 집단의 합의가 있어야 한다.

③ 참가자들은 이 장의 초기에 설명된 Personal Group Plan(PGP)

를 시작하도록 격려된다. 사람들은 자기-성장에서 경험할 수 있는 장벽들이나 고난에 대해 공유하고 논의하도록 이 기회를 사용할 수 있다.

2단계: 상담 단계-경로 그리기

① 이 단계에서의 목표는 집단 내에서 신뢰할 만한 상담관계를 견고히 구축하여 각 집단 성원이 개인적 이슈들을 털어놓는데 편안함을 느끼도록 하는 것이다. 이 단계에서 서로 잘 상담하는 집단들은 어려운 정서적 기간들을 거치는 과정을 통해 높은 수준의 신뢰를 갖고 서로에게 지지를 제공할 것이다.

② 집단 촉진자는 모든 집단 성원들로 하여금 주의를 환기시키도록 해야 한다. 하지만 이 단계의 목적들은 보다 효과적이고 기능적인 개인적/전문적 삶을 개발하는 것에 초점을 맞추어야 한다. 집단 참가자들은 그 집단 내에서 보다 효과적인 개인적, 전문적, 질적인 생활을 성취하는 방식에서 어떠한 장벽들을 예견하도록 다른 사람들을 원조해야 한다. 이 단계에서 가장 중요한 측면은 통찰력, 인식 그리고 참가자들의 사용되지 않은 재능과 기회들을 전망할 줄 아는 능력이다.

③ 참가자들은 개인적 성장과 변화를 전망하는 하나의 수단으로서 체크인 자기-평가 질문들(해결중심 질문)을 논의하도록 격려된다.

3단계: 경로 선택-집단 종결

① 삶에서 우리의 기대를 충족시키지 못하는 주된 이유는 책임

을 지는 데 실패하거나 계획을 실천하는 데 실패하기 때문이다. PGP는 사람들로 하여금 행동 계획을 시작하고 그들 자신의 개인적, 전문적 안녕에 대한 책임을 지도록 하는 하나의 방식으로 개발되었다. 과정집단의 마지막 단계, 최후의 몇 회기에서는 목적 달성에 도움이 될 경로를 고르고 그러한 자원들을 배양해야 한다. 삶 속에서 당신이 가고자 하는 곳에 이르도록 하는 상이한 경로들이 많다는 점을 기억하라. 이러한 경로에 PGP 모델이 꼭 포함되는 것은 아니다.

② 다양한 지침화된 활동들은 제3단계에서 포함되어야 한다. 집단 내의 다른 사람들뿐만 아니라, 당신 또한 PGP모델을 통해 개발된 목적-기회를 창조하고 싶거나 집단의 다른 사람들에 대한 헌신을 구두 언어로 약속하고 싶을 수 있다. 당신의 삶에 큰 영향을 끼칠 잠재적 사항들을 갖는 환경 속의 자원들을 열거함으로써 시작할 수 있다(예, 교사, 멘토, 성직자/영적 존재, 가족 구성원, 친구들, 특정의 전문원조자 혹은 서비스 제공자). 당신은 집단과정을 종료한 이후에도 집단 내의 사람들과 계속 네트워크를 유지하고 싶어 할 수도 있다. 당신의 PGP에 문서화한 것처럼, 당신의 목적-기회 성취에 도움이 된 특정 자원들, 만남들, 기타 다른 활동들을 공유하는 것이 도움이 될 수 있다. 당신이 하나의 이슈를 완벽하게 다루고 처리했다면, 그다음 순위의 항목을 고르고 그것에 대한 해결을 시작할 수 있다.

③ 집단 종결은 3단계에서 중요한 측면이다. 일부 집단들은 함께 시작한 지 몇 회기가 되지 않아 목적들에 도달할 수도 있고, 다른 사람들은 몇 개월 동안 함께할 수도 있다. 당신 집단이

얼마나 많은 회기를 함께했는지와는 관계없이, 집단 촉진자는 각 개인이 집단과정이나 집단 내의 다른 사람에 관하여 마지막 코멘트를 할 수 있게 해야 한다. 촉진자는 해결중심의 질문들을 사용하여 집단 성원들을 자극할 수 있는데, 예를 들면, 만약 우리가 지금으로부터 몇 주 혹은 몇 개월 후에 당신을 만난다면, 당신에게서 무엇이 달라진 것을 볼 수 있을까? (예, 정서적으로, 신체적으로, 인지적으로, 영적으로)와 같은 질문이다.

결론

감정이입 피로 경험은 최적의 기능화 수준에 도달하기 위한 동기부여와 변화가 요구되는 유형의 정신건강 조건들과 비슷하기도 하고 상이하기도 하다. 그러한 정신, 신체, 영적 안녕의 성취는 개인적으로, 혹은 다른 치료 참가자들의 공동체 내에서 일어날 수 있다. 개인적, 전문적 성장을 위해 당신의 잠재력을 최대화하기 위해서는 개인과 집단 탐구 모두의 사용이 도움될 것이다.

과도한 스트레스적이고 외상적인 사건들은 원조전문가들의 정신, 신체, 영을 해친다. 세계적 사건들은 원조전문가들 사이에서 새로운 스트레스, 불안, 우울, 노이로제의 패러다임을 만들었다. 삶, 죽음, 스트레스, 비애, 상실에 관련된 이슈들을 다루는 것은 정신, 건강, 영의 소모에 관련된다. 감정이입 피로와 관련된 위험 요인들과 예방 전략들에 관해 보다 명료한 이해에 이르는 것은 전문상담사를 위한 자기-보호 전략들을 개발하는 데 중요하다. 만약 전문가들이 강도 높은 경험들을 통하여 많은 내담자 담당 사례 수를 유지하길 원한다면, 그 직업은 자기-보호 활동을 강력하게 권장할 필요가 있다. 만약 상담교육자들, 임상 슈퍼바이저들, 전문 상담 협회들 그리고 개별 고용주가 원조전문가의 정신, 신체, 영의 치유에 대한 모든 책임을 질 수 있다면 원조는 언제나 가까이에 있다.

참고문헌

Ader, R. (1990). *Psychoneuroimmunology* (2nd ed.). San Diego, CA: Academic Press.

Adler, A. (1931). *What life should mean to you.* New York: Little-Brown.

Alberts, M., Vercoulen, J. H. M. M., & Bleijenberg, G. (2001). Assessment of fatigue: The application of the subjective feeling of fatigue in different research studies. In A. J. J. M. Vingerhoets (Ed.), *Assessment in behavioral medicine* (pp. 301-328). Hove, UK: Brunner-Routledge.

Allen, H. A., Stebnicki, M. A., & Torkelson Lynch, R. (1995). Training clinical super-visors in rehabilitation: A conceptual model for training doctoral-level supervisors. *Rehabilitation Counseling Bulletin, 38*(4), 307-317.

American Counseling Association [ACA]. (2003). *ACA Taskforce on Counselor Wellness and Impairment.* Retrieved March 3, 2006, from http://www.counseling.org/wellness_taskforce/index.htm

American Counseling Association. (2005). *ACA code of ethics.* Retrieved December 2, 2007, from http://www.alabamacounseling.org/pdf/ACA2005CodeofEthics.pdf

American Diabetes Association [ADA]. (2000). Type 2 diabetes in children: Consensus conference. *Diabetes Care, 23,* 381-

389.

American Medical Association [AMA]. (2004). *Report on the Council of Judicial and Ethical Affairs: Discipline of impaired physicians*. Retrieved November 17, 2007, from http://www.ama-assn.org/amal/pub/upload/mm/369/2i04.pdf

American Nurses Association [ANA]. (2007). *Impaired nurses resource center*. Retrieved November 17, 2007, from http://nursingworld.org/MainMenuCategories/ThePracticeofProfessionalNursing/workplace/ImpairedNurse.aspx

American Psychiatric Association. (2000). *Diagnostic and statistical manual of mental disorders* (4th ed., text revision). Washington, DC: Author.

American Psychological Association [APA]. (2007). *Advancing colleague assistance in professional psychology*. Retrieved November 17, 2007, from http://www.apa.org/practice/ACCA_Monograph.pdf

Arokiasamy, C. R. (1994). *What happens if I say "Damn you God?"* Carbondale, IL: Avanti.

Assagioli, R. (1965). *Pyschosynthesis*. New York: Viking Press.

Baker, E. K. (2003). *Caring for ourselves: A therapist's guide to personal and professional well-being*. Washington, DC: American Psychological Association.

Baranowsky, A. B. (2002). The silencing response in clinical practice: On the road to dialogue. In C. R. Figley (Ed.), *Treating compassion fatigue* (pp. 155-170). New York: Brunner-Routledge.

Bar-On, R., & Parker, J. D. (2000). *The handbook of emotional intelligence: Theory, development, assessment, and application at home, school, and in the workplace*. San

Francisco: Jossey-Bass.

Barone, D. F., Hutchings, P. S., Kimmel, H. J., Traub, H. L., Cooper, J. T, & Marshall, C. M. (2005). Increasing empathic accuracy through practice and feedback in a clinical interviewing course. *Journal of Social and Clinical Psychology, 24*(2), 156-171.

Barrett-Lennard, G. T. (1962). Dimensions of therapist response as causal factors in therapeutic change. *Psychological Monographs, 76,* 43.

Barrett-Lennard, G. T. (1981). The empathy cycle: Refinement of a nuclear concept. *Journal of Counseling Psychology, 26*(2), 91-100.

Batson, C. D., Fultz, J., & Schoenrade, P. A. (1987). Distress and empathy: Two qualitatively distinct vicarious emotions with different motivational consequences. *Journal of Personality, 55*(1), 19-39.

Batson, C. D., Sympson, S. C., Hindman, J. L., Decruz, R, Matthew Todd, R., Weeks, J. L., et al. (1996). "I've been there, too": Effect on empathy of prior experience with a need. *Personality Social Psychology Bulletin, 22,* 474-482.

Bauza, V. (2007, October 21). Breaking hospital language barriers: Interpreters help patient, doctors discuss healthcare. *The Chicago Tribune,* C12.

Beck, A. T., Ward, C., Mendelson, M., Mock, M., & Erbaugh, J. (1961). An inventory for measuring depression. *Archives of General Psychiatry, 4,* 561-571.

Berger, R. M. (2006). Prayer: It does a body good. *Sojourners Magazine, 35*(2), 17.

Bergin, A. E. (1988). Three contributions of a spiritual perspective to counseling, psychotherapy, and behavior change.

Counseling and Values, 33, 21-31.

Bernard, J. M. (1997). The discrimination model. In C. E. Watkins (Ed.), *Handbook of psychotherapy supervision* (2nd ed., pp. 310-327). Boston: Allyn and Bacon.

Bernard, J. M., & Goodyear, R. K. (2004). *Fundamentals of clinical supervision* (3rd ed.). Boston: Pearson.

Bishop, D. R., Avila-Juarbe, E., & Thumme, B. (2003). Recognizing spirituality as an important factor in counselor supervision. *Counseling and Values, 48*(1), 34-46.

Blocher, D. (1983). Toward a cognitive developmental approach to counseling supervision. *Counseling Psychologist, 11,* 27-34.

Borders, L. D., & Leddick, G. R. (1987). *Handbook of counseling supervision.* Alexandria, VA: Association for Counselor Education and Supervision.

Brennan, B. A. (1987). *Hands of light: A guide to healing through the human energy field.* New York: Bantam Books.

Brothers, L. (1989). A biological perspective on empathy. *American Journal of Psychiatry, 146*(1), 1-16.

Business Wire. (2004, August 17). Besides English how many languages are spoken in Chicago? Retrieved February 23, 2008, from http://findarticles.com/p/articles/mi_m0EIN/is_2004_August_17/ai_n6163662

Byrd, R. (1988). Positive therapeutic effects of intercessory prayer in a coronary care unit population *Southern Medical Journal, 81*(7), 826-829.

Campbell, J. (1971). *The portable Jung*. New York: Penguin Books.

Canales, M. K. (2004). Taking care of self: Health care decision making of American Indian women. *Healthcare for Women International, 25,* 411-435.

Carkhuff, R. (1969). *Helping and human relations: A primer for lay and professional helpers* (Vol. 1). New York: Holt.

Cashwell, C. S., & Young, J. S. (2004). Spirituality in counselor training: A content analysis of syllabi from introductory spirituality courses. *Counseling and Values, 48*(2), 96–109.

Castaneda, C. (1968). *The teachings of Don Juan: A Yaqui way of knowledge.* Berkeley: University of California Press.

Chalder, T., Berelowitz, G., Pawlikowska, T., Watts, L., Wessely, S., Wright, D., et al. (1993). Development of a fatigue scale. *Journal of Psychosomatic Research, 37,* 147–153.

Chandler, C. K., Miner-Holden, J., & Kolander, C. N. (1992). Counseling for spiritual wellness: Theory and practice. *Journal of Counseling & Development, 71,* 168–175.

Chopra, D. (1995). *The way of the wizard: Twenty spiritual lessons for creating the life you want.* New York: Harmony Books.

Commission on Rehabilitation Counselor Certification (CRCC). (2001). *Code of professional ethics for rehabilitation counselors.* Retrieved December 2, 2001, from http://www.crccertification.com/downloads/30code/A-code/code_effective_0102_updated_format_0105_REV_307I.pdf

Connolly, K. M. (2005). Wellness counseling in business and industry. In J. E. Meyers & T. J. Sweeney (Eds.), *Counseling for wellness: Theory, research, and practice* (pp. 253–260). Alexandria, VA: American Counseling Association.

Corey, M. S., & Corey, G. (1998). *Becoming a helper* (3rd ed.). Pacific Grove, CA: Brookes/Cole.

Corey, M. S., & Corey, G. (2003). *Becoming a helper* (4th ed.). Pacific Grove, CA: Brookes/Cole.

Coulehan, J. (1980). Navajo Indian medicine: Implications for healing. *Journal of Family Practice, 10,* 55–61.

Courtois, C. (1988). *Healing the incest wound: Adult survivors in therapy*. New York: Norton.

Cousins, N. (1979). *Anatomy of an illness*. New York: W. W. Norton.

Csikszentmihalyi, M., & Nakamura, J. (2002). The concept of flow. In C. R. Snyder and S. J. Lopez (Eds.), *Handbook of positive psychology*. New York: Oxford University Press.

Dalai Lama. (1999). *Ethics for the new millennium*. New York: Riverhead Books/Penguin Putnam.

Danieli, Y. (1996). Who takes care of the caregiver? In R. J. Apfel & B. Simon (Eds.), *Minefields in their hearts* (pp. 189–205). New Haven, CT: Yale University Press.

Davis, M. H. (1983). Measuring individual differences in empathy: Evidence for a multidimensional approach. *Journal of Personality and Social Psychology, 44*(1), 113–126.

Davis, M. H., Mitchell, K. V., Hall, J. A., Lothert, J., Snapp, T., & Meyer, M. (1999). Empathy, expectations, and situational preferences: Personality influences on the decision to participate in volunteer helping behaviors. *Journal of Personality, 67*(3), 469–503.

DeVera, N. (2003). Perspectives on healing foot ulcers by Yaquis with diabetes. *Journal of Transcultural Nursing, 14*(1), 39–47.

DiCarlo, R. E. (1996). Human potential: From Esalen to mainstreet. *HealthWorld*. Retrieved February 27, 2008, from http://www.healthy.net/scr/interview.asp?Id=203

Dlugos, R. F., & Friedlander, M. L. (2001). Passionately committed psychotherapists: A qualitative study of their experiences. *Professional Psychology, 32*(3), 298–304.

Dossey, L. (1993). *Healing words*. San Francisco: Harper SanFrancisco.

Duan, C. (2000). Being empathic: The role of motivation to empathize and the nature of target emotions. *Motivation and Emotion, 24*(1), 29–49.

Duan, C., & Hill, C. E. (1996). The current state of empathy research. *Journal of Counseling Psychology, 43,* 261–274.

Dymond, R. F. (1949). A scale for the measurement of empathic ability. *Journal of Coun – seling Psychology, 13,* 127–133.

Egan, G. (1998). *The skilled helper: A problem-management approach to helping* (6th ed.). Pacific Grove, CA: Brookes/Cole.

Egan, G. (2002). *The skilled helper* (7th ed.). Pacific Grove, CA: Brooks/Cole.

Eisner, B. (1995). Notes on the mysterious phenomenon of loading. *Advances: The Journal of Mind-Body Health, 11*(2), 55–57.

Eliade, M. (1964). *Shamanism: Archaic techniques of ecstasy.* New York: Pantheon.

Elliott, W. (1996). *Tying rocks to clouds: Meetings and conversations with wise and spiritual people.* New York: Image Books/Doubleday.

Emoto, M. (2004). *The hidden messages in water.* Hillsboro, OR: Beyond Words.

Evans, R. W. (2007). Diagnostic testing for chronic daily headache. *Current Pain and Headache Reports, 11,* 47–52.

Fanning, P. (1994). *Taking control of your life.* Oakland, CA: New Harbinger.

Fanning, P. (1994). *Visualization for change: Using the creative power of your imagination for self-improvement, therapy, healing & pleasure* (2nd ed.). Oakland, CA: New Harbinger.

Feldman Barrett, L., Bliss Moreau, E., Duncan, S. L., Rauch, S. L., &

Wright, C. I. (2007). The amygdale and the experience of affect. *Social Cognitive Affect in Neuroscience, 2*(2), 73–83.

Feller, C. P., & Cottone, R. R. (2003). The importance of empathy in the therapeutic alliance. *Journal of Humanistic Counseling, Education, rind Development, 42,* 53–60.

Figley, C. R. (1993). Coping with stressors on the home front. *Journal of Social Issues, 49*(4), 51–71.

Figley, C. R. (1995). *Compassion fatigue: Coping with secondary traumatic stress disorder in those who treat the traumatized.* Bristol, PA: Brunner/Mazel.

Figley, C. R. (2002a). Compassion fatigue: Psychotherapists' chronic lack of self care. *Psychotherapy in Practice, 58*(11), 1433–1441.

Figley, C. R. (2002b). *Treating compassion fatigue.* New York: Brunner–Routledge.

Figley, C. R., & Stamm, B. H. (1996). Psychometric review of compassion fatigue self test. In B. H. Stamm (Ed.), *Measurement of stress, trauma, and adaptation.* Lutherville, MD: Sidran Press.

Foundation for Shamanic Studies. (2007). Retrieved October 16, 2007, from http://www.shamanism.org/workshops/announcement.php?aid=1

Fox, M., & Sheldrake, R. (1996). *The physics of angels: Exploring the realm where science and spirit meet.* San Francisco: HarperSanFrancisco.

Frankl, V. E. (1963). *Man' s search for meaning.* New York: Pocket Books.

Freeman, S. C. (1993). Client-centered therapy with diverse populations: The universal within the specific. *Journal of Multicultural Counseling and Development, 21*(1), 248–254.

Freudenberger, H. J. (1974). Staff burnout. *Journal of Social Issues, 30*(1), 159–161.

Gelso, C. J., & Hayes, J. A. (1998). *The psychotherapeutic relationship: Theory, research, and practice.* New York: John Wiley & Sons.

Gentile, S., Delaroziere, J. C., Favre, F., Samuc, R., & San Marco, J. L. (2003). Validation of the French "multidimensional fatigue inventory" (MFI 20). *European Journal of Cancer Care, 12,* 58–64.

Goleman, D. (1995). *Emotional intelligence: Why it can matter more than IQ for character, health, and life long achievement.* New York: Bantam Books.

Goleman, D. (2003). *Healing emotions: Conversations with the Dalai Lama on mindfulness, emotions, and health.* Boston: Shambhala.

Goodwin, L. R. (2002). *The button therapy book: A practical psychological self-help book and holistic cognitive counseling manual for mental health professionals.* Victoria, British Columbia, Canada: CA Trafford.

Gould, D. (1990). Empathy: A review of the literature with suggestions for an alternative research strategy. *Journal of Advanced Nursing, 15,* 1167–1174.

Graham, M. (2005). Maat: An African-centered paradigm for psychological and spiritual healing. In R. Moodley & W West (Eds.), *Integrating traditional healing practices into counseling and psychotherapy* (pp. 210–220). Thousand Oaks, CA: Sage.

Greenberg, L. S., Watson, J. C., Elliott, R., & Bohart, A. C. (2001). Empathy. *Psychotherapy, 38*(4), 380–384.

Greene, B. (1999). *The elegant universe: Superstrings, hidden dimensions, and the quest for the ultimate theory*. New York: W. W. Norton.

Groff, S. (1981). *Beyond the brain*. Albany: State University of New York Press.

Gubi, P. (2002, June). *Practice behind closed doors: Challenging the taboo of prayer in mainstream counseling culture*. Paper presented at the Annual Conference of the Society for Psychotherapy Research (International), Santa Barbara, CA.

Gurman, A. S. (1977). The patient's perception of the therapeutic relationship. In A. S. Gurman & A. E. Razin (Eds.), *Effective psychotherapy: A handbook of research* (pp. 503–543). New York: Pergamon.

Halloran, T. M., & Linton, J. M. (2000). Stress on the job: Self-care resources for counselors. *Journal of Mental Health Counseling, 22*(4), 354–364.

Hamilton Usher, C. (1989). Recognizing cultural bias in counseling theory and practice: The case of Rogers. *Journal of Multicultural Counseling and Development, 17*, 62–71.

Harley, D. A., Stebnicki, M. A., & Rollins, C. W. (2000). Applying empowerment evaluation as a tool for self-improvement and community development with culturally diverse populations. *Journal of Community Development Society, 31*(2), 348–364.

Harner, M. (1990). *The way of the shaman*. San Francisco: HarperSanFrancisco.

Hauck, R. (1994). *Angels: The mysterious messengers*. New York: Ballantine Books.

Hawking, S. (1988). A *brief history of time: From the big bang to black holes*. New York: Bantam Books.

Hayes, J. A., Gelso, C. J., Van Wagoner, S. L., & Diemer, R. A.

(1991). Managing countertransference: What the experts think. *Psychological Reports, 69*, 139–148.

Hogan, R. (1969). Development of an empathic scale. *Journal of Counsulting Clinical Psychology, 33*, 307–316.

Holt Hutton, R., & Roscoe, E. M. (1901). *Aspects of religious and scientific thought*. New York: MacMillan.

Honervogt, T. (1998). *The power of Reiki:* An *ancient hands-on healing technique*. New York: Henry Holt.

Hueting, J. E., & Sarphati, H. R. (1966). Measuring fatigue. *Journal of Applied Psychology, 50*(6), 545–538.

Huther, G. (2006). *The compassionate brain: How empathy creates intelligence*. Boston: Trumpeter.

Ibrahim, F. (1991). Contribution of cultural world view to generic counseling and development. *Journal of Counseling & Development, 70*, 13–19.

Ingerman, S. (1991). *Soul retrieval: Mending the fragmented self.* San Francisco: HarperSanFrancisco.

Institute of Medicine and the National Academy of Sciences (IMNAS). (2004). Healthy People 2010, Leading health indicators: A report by the Institute of Medicine and National Academy of Sciences. Retrieved November 15, 2004, from http://www. healthypeople.gov/document/html/uih/uih_4.htm

Institute of Noetic Sciences [IONS]. (2007). Retrieved October 16, 2007, from www.ions.org

International Center for Reiki Training [ICRT]. (2007). Southfield, MI. Retrieved February 22, 2008, from www.reiki.org

Ivey, A. E., & Ivey, M. B. (1999). *Intentional interviewing and counseling: Facilitating client development in a multicultural society*. Pacific Grove, CA: Brooks/Cole.

Jackson, S. W. (1992). The listening healer in the history of psychological healing. *American Journal of Psychiatry, 149,* 1623–1632.

Jenkins, S. R., & Baird, S. (2002). Secondary traumatic stress and vicarious trauma: A validational study. *Journal of Traumatic Stress, 15*(5), 423–432.

Joinson, C. (1992). Coping and compassion fatigue. *Nursing, 22*(4), 116–122.

Jones, M. N. (2007). [Practice characteristics of professional helpers experiencing burnout and compassion fatigue.] Unpublished raw data.

Jung, C. G. (1973). Psychology and religion: East and west. In W. McGuire & R. F. C. Hull (Eds. and Trans.), *The collected works of* C. *G. Jung* (Vol. 11, pp. 5–105). Princeton, NJ: Princeton University Press. (Original work published 1937)

Junn, E. N., Morton, K. R., & Yee, I. (1995). The "gibberish" exercise: Facilitating empathetic multicultural awareness. *Journal of Instructional Psychology, 22*, 324–329.

Kabat-Zinn, J. (1990). *Full catastrophe living: Using the wisdom of your body and mind to face stress, pain, and illness.* New York: Dell.

Kabat-Zinn, J. (1994). *Wherever you go, there you are: Mindfulness meditation in everyday life.* New York: Hyperion.

Katz, R. L. (1963). *Empathy: Its nature and uses.* New York: Free Press.

Kelsey, M. (1986). *Transcend: A guide to the spiritual quest.* New York: Crossroads.

Kerr, W. A., & Speroff, B. G. (1954). Validation and evaluation of the empathy test. *Journal of General Psychology, 50,* 369–376.

Knobel, H., Javard Loge, J., Brenne, E., Fayers, P., Jensen Hjermstad, M., & Kaasa, S. (2003). The validity of EORIC QLQ-C30 fatigue scale in advanced cancer patients and cancer survivors. *Palliative Medicine, 17,* 664-672.

Kushner, H. S. (1980). *When bad things happen to good people.* New York: Avon Books.

La Monica, E. L. (1981). Construct validity of an empathy instrument. *Research in Nursing and Health, 4,* 389-400.

Lane, R. D. (2000). Levels of emotional awareness: Neurological, psychological, and social perspectives. In R. Bar-On and J. D. Parker (Eds.), *The handbook of emotional intelligence: Theory, development, assessment, and application at home, school, and in the workplace* (pp. 171-214). San Francisco: Jossey-Bass.

Lawson, G., & Venart, B. (2005). Preventing counselor impairment: Vulnerability, wellness, and resilience. Retrieved July 10, 2007, from http://www.creating-joy.com/taskforce/PDF/ACA_taskforce_vista.pdf

Lazarus, R. S. (1999). *Stress and emotion:* A new *synthesis. New* York: Springer Publishing.

Lee, C. C., & Richardson, B. L. (1991). *Multicultural issues in counseling: New approaches to diversity.* Alexandria, VA: American Counseling Association.

Linehan, M. M., & Osman, A. (2002). Using reasons for living to connect to American Indian healing traditions. *Journal of Sociology and Social Welfare, 29*(1), 1-6.

Linley, P. A., & Joseph, S. (2007). Therapy work and therapists' positive and negative well-being. *Journal of Social and Clinical Psychology, 26*(3), 385-403.

Littrell, J. M., Lee-Borden, N., & Lorenz, J. A. (1979). A

developmental framework for counseling supervision. *Counselor Education and Supervision, 19,* 119–136.

Loganbill, C., Hardy, E., & Delworth, U. (1982). Supervision: A conceptual model. *Counseling Psychologist, 10,* 3–42.

Marci, C. D., Ham, J., Moran, E., & Orr, S. P. (2007). Physiologic correlates of perceived therapist empathy and social-emotional process during psychotherapy. *Journal of Nervous and Mental Disorders, 195,* 103–111.

Maslach, C. (1982). *The burnout: The cost of caring*. Englewood Cliffs, NJ: Prentice-Hall.

Maslach, C. (2003). *Burnout: The cost of caring*. Cambridge, MA: Malor Books.

Maslach, C., & Jackson, S. E. (1981). The measurement of experienced burnout. *Journal of Occupational Behavior, 2,* 99–113.

Maslach, C., & Jackson, S. E. (1986). *Maslach burnout inventory manual* (2nd ed.). Palo Alto, CA: Consulting Psychologists Press.

Maslach, C., & Jackson, S. E. (1996). *The Maslach burnout inventory Manual* (2nd ed.). Palo Alto, CA: Sage.

Maslow, A. H. (1968). *Toward a psychology of being* (2nd ed.). New York: Van Nostrand Reinhold.

Mayne, T. J., & Bonanno, G. A. (2001). *Emotions:* Current *issues and future directions.* New York: Guilford Press.

Mayne, T. J., & Ramsey, J. (2001). The structure of emotion: A nonlinear dynamic systems approach. In T. J. Mayne and G. A. Bonanno (Eds.), *Emotions: Current issues and future directions* (pp. 1–37). New York: Guilford Press.

McCann, L., & Pearlman, L. A. (1989). Vicarious traumatization: A framework for understanding the psychological effects of working with victims. *Journal of Traumatic Stress, 3*(1), 131–149.

McCann, L., & Pearlman, L. A. (1990a). *Psychological trauma and the adult survivor: Theory, therapy, and transformation.* New York: Brunner/Mazel.

McCann, L., & Pearlman, L. A. (1990b). Vicarious traumatization: A framework for understanding the psychological effects of working with victims. *Journal of Traumatic Stress, 3*(1), 131–149.

McCormick, R. M. (1997). Healing through interdependence: The role of connecting in First Nations healing practices. *Canadian Journal of Counselling, 31*(3), 172–184.

McKenna, J. J. (2000). On being at both center and circumference: The role of personal discipline and collective wisdom in the recovery of soul. In M. E. Miller & A. N. West (Eds.), *Spirituality, ethics, and relationship in adulthood: Clinical and theoretical explorations* (pp. 257–282). Madison, CT: Psychsocial Press.

Mehl–Madrona, L. (1997). *Coyote medicine: Lessons from Native American healing.* New York: Fireside/Simon & Schuster.

Merton, T (1961). *New seeds of contemplation.* New York: New Directions.

Michielsen, H. J., DeVries, J., Van Heck, G. L. Van de Vijver, F. J. R., & Sijtsma, K. (2004). Examination of the dimensionality of fatigue. *European Journal of Psychological Assessment, 20*(1), 39–48.

Mijares, S. G. (2003). *Modern psychology and ancient wisdom: Psychological healing practices from the world' s religious traditions.* Binghamton, NY: The Haworth Integrative Healing Press.

Miller, G. (2003). *Incorporating spirituality in counseling and psychotherapy: Theory and technique.* Hoboken, NJ: John Wiley & Sons.

Miller, G. (2005, September). Spirituality and psychotherapy. Symposium conducted at the annual meeting of the Licensed Professional Counseling Association of North Carolina (LPCANC). Greensboro, NC.

Miller, G. D., & Baldwin, D. C. (1987). Implications of the wounded-healer paradigm for the use of the self in therapy. In M. Baldwin & V. Satir (Eds.), *The use of self in therapy* (pp. 130-151). New York: Haworth Press.

Miller, L. (1998). Our own medicine: Traumatized psychotherapists and the stresses of doing therapy. *Psychotherapy, 25*(2),137-146.

Mitchell, K. K. (1994). *Reiki:* A *torch in daylight.* St. Charles, IL: Mind Rivers.

Moodley, R. (2005). Shamanic performances: Healing through magic and the supernatural. In R. Moodley & W. West (Eds.), *Integrating traditional healing practices into counseling and psychotherapy* (pp. 2-14). Thousand Oaks, CA: Sage.

Moodley, R. & West, W. (2005). *Integrating traditional healing practices into counseling and psychotherapy.* Thousand Oaks, CA: Sage.

Moody, R. (2005, November). Life after life. Symposium conducted at the annual meeting of the Professional Association of Rehabilitation Counselors (PARC). East Carolina University, Greenville, NC.

Moore, T. (1996). *The re-enchantment of everyday life.* New York: Harper Perennial.

Myers, J. E., & Sweeney, T. J. (2004). The indivisible self: An evidence-based model of wellness. *Journal of Individual Psychology, 60,* 234-244.

Myers, J. E., & Sweeney, T. J. (2005). *Counseling for wellness: Theory, research, and practice.* Alexandria, VA: American Counseling Association.

Myers, J. E., Sweeney, T. J., & Witmer, J. M. (2000). The wheel of wellness counseling for wellness: A holistic model for treatment planning. *Journal of Counseling & Development, 78,* 251-266.

Naisbitt, J. (1984). *Megatrends: Ten new directions transforming our lives.* New York: Warner Books.

National Board for Certified Counselors (NBCC). (2007). National Board for Certified Counselors Code of Ethics for Supervisors. Retrieved October 3, 2007, from http://www.nbcc.org/extras/pdfs/ethics/nbcc-codeofethics.pdf

National Library of Medicine, National Institutes of Health. (2007). Retrieved October 21, 2007, from http://www.nlm.nih.gov/hmd/greek/greek_asclepius.html

Native Languages of the Americas. (2007). Retrieved May 6, 2007, from http://www.native-languages.org/help.htm

Newsome, S., Chambers Christopher, J., Dahlen, P., & Christopher, S. (2006). Teaching counselors self-care through mindfulness practices. *Teachers College Record, 108*(9), 1881-1900.

Nezlek, J. B., Feist, G. J., Wilson, C., & Plesko, R. M. (2001). Day-to-day variability in empathy as a function of daily events and mood. *Journal of Research in Personality, 35,* 401-423.

Nouwen, H. J. M. (1972). *The wounded healer.* New York: Image Books/Doubleday.

O' Halloran, T. M., & Linton, J. M. (2000). Stress on the job: Self-care resources for counselors. *Journal of Mental Health Counseling, 22,* 354-365.

Orlinsky, D. E., & Ronnestad, M. H. (2005). *How therapists develop: A study of therapeutic work and professional growth*. Washington, DC: American Psychological Association.

Oschman, J. L. (2002). Science and the human energy field. *Reiki News Magazine, 1*(3), 1-8.

Pargament, K. L., & Zinnbauer, B. J. (2000). Working with the sacred: Four approaches to religious and spiritual issues in counseling. *Journal of Counseling and Development, 78,* 162-171.

Parson, E. R. (1993). Ethnotherapeutic empathy (EthE): II: Techniques in interpersonal cognition and vicarious experience across cultures. *Journal of Contemporary Psychotherapy, 23,* 171-182.

Patterson, C. H. (1984). Empathy, warmth, and genuineness: A review of reviews. *Psychotherapy, 21,* 431-438.

Pearlman, L. A., & MacIan, P. S. (1995). Vicarious traumatization: An empirical study of the effects of trauma work on trauma therapists. *Professional Psychology: Research and Practice, 26*(6), 558-565.

Pearlman, L. A., & Saakvitne, K. W. (1995). Treating therapists with vicarious traumatization and secondary traumatic stress disorders. In C. R. Figley (Ed.), *Compassion fatigue: Coping with secondary traumatic stress disorder in those who treat the traumatized* (pp. 150-177). Bristol, PA: Brunner/Mazel.

Peck, M. S. (1993). *Further along the road less traveled: The unending journey toward spiritual growth*. New York: Simon & Schuster.

Pedersen, P. (2000). *A handbook for developing multicultural awareness* (3rd ed.). Alexandria, VA: American Counseling Association.

Pert, C. B., Dreher, H. E., & Ruff, M. R. (2005). The psychosomatic network: Foundations of mind-body medicine. In M. Schlitz, T. Amorok, and M. Micozzi (Eds.), *Consciousness and healing: Integral approaches to mind-body medicine* (pp. 61-78). St. Louis, MO: Elsevier, Churchill, & Livingstone.

Pines, A., & Aronson, E. (1988). *Career burnout: Causes and cures.* New York: Free Press.

Pirsig, R. (1976). Zen *and the art of motorcycle maintenance.* New York: Bantam.

Polanski, P. J. (2003). Spirituality and supervision. *Counseling and Values, 47*(2), 131-141.

Ponterotto, J. G., & Bensesch, K. F. (1988). An organizational framework for understanding the role of culture in counseling. *Journal of Counseling & Development, 66,* 237-241.

Prince, M. I., & Jones, D. E. J. (2001). Measuring fatigue in medically unwell and distressed patients. *Current Opinion in Psychiatry, 14*(6), 585-590.

Prochaska, J. O., & DiClemente, C. C. (1982) Transtheoretical therapy: Toward a more integrative model of change. *Psychotherapy: Theory, Research and Practice, 19,* 276-288.

Prochaska J. O., DiClemente, C. C., & Norcross, J. C. (1992). In search of how people change. *American Psychologist, 47,* 1102-11044.

Rae Jenkins, S., & Baird, S. (2002). Secondary traumatic stress and vicarious trauma: A validational study. *Journal of Traumatic*

Stress, 15(5), 423–432.

Rand, W L. (2005). *The Reiki touch: Develop your skills to heal yourself and others.* Boulder, CO: Sounds True.

Rando, T. A. (1984). *Grief, death and dying: Clinical interventions for caregivers.* Champaign, IL: Research Press.

Reeve, M. E. (2000). Concept of illness and treatment practice in a Caboclo community of the Lower Amazon. *Medical Anthropology Quarterly, 14*(1), 96–108.

Ridley, C. R. (1995). *Overcoming unintentional racism in counseling and therapy: A practitioner's guide to intentional intervention.* Thousand Oaks, CA: Sage.

Ridley, C. R., & Lingle, D. W. (1996). Cultural empathy in multicultural counseling: A multidimensional process model. In P. B. Pederson & J. G. Draguns (Eds.), *Counseling across cultures* (4th ed, pp. 21–46). Thousand Oaks, CA: Sage.

Ridley, C. R., Mendoza, D. W, & Kanitz, B. E. (1994). Multicultural training: Reexamination, operationalization, and integration. *The Counseling Psychologist, 22,* 227–289.

Robinson, D. (2005). Way of the Shaman. *Foundation for Shamanic Studies.* Retrieved February 28, 2008, from http://www.shamanism.org/workshops/calendar.php?Wkrshp_ID=10

Rogers, C. R. (1951). *Client-centered therapy: Its current practice, implications, and theory.* Boston: Houghton Mifflin.

Rogers, C. R. (1957). The necessary and sufficient conditions of therapeutic personality change. *Journal of Consulting Psychology, 21,* 95–103.

Rogers, C. R. (1959). A theory of therapy, personality, and interpersonal relationships as developed in the client-centered framework. In S. Koch (Ed.), *Psychology: The study of a science. Vol. 3. Formulations of the person and the social context* (pp. 184–256). New York: McGraw-Hill.

Rogers, C. R. (1961). *On becoming a person*. Cambridge, MA: Riverside Press.

Rogers, C. R. (1980). A *way of being*. Boston, MA: Houghton Mifflin.

Russell, R. K., Crimmings, A. M., & Lent, R. W. (1984). Counselor training and supervision: Theory and research. In S. D. Brown & R. W. Lent (Eds.), *Handbook of counseling psychology* (pp. 625–681). New York: John Wiley.

Salston, M., & Figley, C. R. (2003). Secondary traumatic stress effects of working with survivors of criminal victimization. *Journal of Traumatic Stress, 16*(2), 167–174.

Sapolsky, R. M. (1998). *Why zebras don't get ulcers: An updated guide to stress, stress-related diseases, and coping*. New York: W. H. Freeman.

Schaper, D., & Camp, C. A. (2004). *Labyrinths from the outside in: Walking to spiritual insight? A beginner's guide*. Woodstock, VT: Skylight Paths.

Schauben, L. J., & Frazier, P. (1995). Vicarious trauma: The effects on female counselors of working with sexual violence survivors. *Psychology of Women Quarterly, 19,* 49–64.

Schwartz, C. E. (1994). Introduction: Old methodological challenges and new mind-body links in psychoneuroimmunology. *Advances: Journal of Mind-Body Health, 10*(4), 4–7.

Schwid, S. R., Covington, M., Segal, B. M., & Goodman, A. D. (2002). Fatigue in multiple sclerosis: Current understanding and future directions. *Journal of Rehabilitation Research and Development, 39*(2), 211–224.

Scotland, E. (1969). Exploratory studies of empathy. In L.

Berkowitz (Ed.), *Advances in experimental social psychology* (Vol. 4, pp. 271–314). New York: Academic Press.

Scott, N. E., & Borodovsky, L. G. (1990). Effective use of cultural role taking. *Professional Psychology: Research and Practice, 21*(3), 167–170.

Seaward, B. L. (1997). *Stand like mountain flow like water: Reflections on stress and human spirituality*. Deerfield Beach, FL: Health Communications.

Seaward, B. L. (2006). *Essentials of managing stress.* Boston: Jones & Bartlett.

Seibert, A. (2005). *The resiliency advantage: Master change, thrive under pressure, and bounce back from setbacks*. San Francisco: Berrett-Koehler.

Selye, H. (1976). *The stress of life. New* York: McGraw-Hill.

Shafranske, E. P., & Malony, H. N. (1996). Religion and the clinical practice of psychology: The case for inclusion. In E. P. Shafranske (Ed.), *Religion and the clinical practice of psychology.* Washington, DC: American Psychological Association.

Shapiro, S. L., Warren Brown, K., & Biegel, G. M. (2007). Teaching self-care to caregivers: Effects of mindfulness-based stress reduction on the mental health of therapists in training. *Training and Education in Professional Psychology, 1,* 105–115.

Shealy, N., & Myss, C. (1990). *The creation of health.* Walpole, NH: Stillpoint Press.

Siegel, B. S. (1990). *Peace, love, and healing.* New York: Harper & Row.

Simonton, O. C. (1978). *Getting well again.* New York: Bantam

Books.

Skovholt, T. A., Gries, T. L., & Hanson, M. R. (2001). Career counseling for longevity: Self-care and burnout prevention strategies for counselor resilience. *Journal of Career Development, 27*(3), 167-176.

Skovholt, T. M., Tabitha, L., & Hanson, M. R. (2001). Career counseling for longevity: Self-care and burnout prevention strategies for counselor resilience. *Journal of Career Development, 27*(3), 167-175.

Skovholt, T. M., & Ronnestad, M. H. (1995). *The evolving professional self: Stages and themes in therapist and counselor development*. New York: John Wiley & Sons.

Sollod, R. N. (2005). Spiritual and healing approaches in psychotherapeutic practice. In R. Moodley & W. West (Eds.), *Integrating traditional healing practices into counseling and psychotherapy* (pp. 270-281). Thousand Oaks, CA: Sage.

Stamm, B. H. (1995). *Compassion fatigue: Coping with secondary traumatic stress disorder in those who treat the traumatized*. New York: Brunner-Routledge.

Stamm, B. H. (2005). *The Professional Quality of Life Scale: Compassion satisfaction, burnout and compassion fatigue/secondary trauma scales*. Institute of Rural Health, Idaho State University. Retrieved February 27, 2007, from http://www.isu.edu/'bhstamm. A collaborative publication with Sidran Press, www.sidran.org

Stebnicki, M. A., Allen, H. A., & Janikowsld, T. P. (1997). Development of an instrument to assess perceived helpfulness of clinical supervisory behaviors among rehabilitation post-practicum supervisees. *Rehabilitation*

Education, 11(4), 307–322.

Stebnicki, M. A. (1998) Clinical supervision in rehabilitation counseling. *Rehabilitation Education, 12*(2), 137–159.

Stebnicki, M. A. (1999, April). *Grief reactions among rehabilitation professionals: Dealing effectively with empathy fatigue.* Paper presented at the NRCA/ARCA Alliance Annual Training Conference, Dallas, TX.

Stebnicki, M. A. (2000). Stress and grief reactions among rehabilitation professionals: Dealing effectively with empathy fatigue. *Journal of Rehabilitation, 6*(1), 23–29.

Stebnicki, M. A. (2001). Psychosocial response to extraordinary stressful and traumatic life events: Principles and practices for rehabilitation counselors. *New Directions in Rehabilitation, 12*(6), 57–71.

Stebnicki, M. A. (2006). Integrating spirituality in rehabilitation counselor supervision. *Rehabilitation Education, 20*(2), 137–159.

Stebnicki, M. A. (2007a). Empathy fatigue: Healing the mind, body, and spirit of professional counselors. *Journal of Psychiatric Rehabilitation, 10*(4), 317–338.

Stebnicki, M. A. (2000b). Integrating spirituality in rehabilitation counseling. *Rehabilitation Education, 20*(2), 115–132.

Stebnicki, M. A. (2007c). *What is adolescent mental health? Helping disconnected and atrisk youth to become whole.* Lewiston, NY: Edwin Mellen Press.

Stein, K. D., Jacobsen, P. B., Blanchard, C. M., & Thors, C. (2004). Further validation of the multidimensional fatigue symptom inventory?short form. *Journal of Pain and Symptom Management, 27*(1), 14–23.

Stoltenberg, C. (1981). Approaching supervision from a

developmental perspective: The counselor-complexity model. *Journal of Counseling Psychologists, 28,* 59-65.

Stoltenberg, C. D., & Delworth, U. (1988). Developmental models of supervision: It is development?—A response to Holloway. *Professional Psychology: Research and Practice, 19*(2), 134-137.

Sue, D. W. (1996). Ethical issues in multicultural counseling. In B. Herlihy & G. Corey (Eds.), ACA *ethical standards casebook* (5th ed., pp. 193-200). Alexandria, VA: American Counseling Association.

Sue, D. W, & Sue, D. (1990). *Counseling the culturally different* (2nd ed.). New York: Wiley & Sons.

Sweeney, T J., & Myers, J. E. (2005). Optimizing human development: A new paradigm for helping. In A. Ivey, M. B. Ivey, J. E. Myers, & T. J. Sweeney (Eds.), *Developing strategies for helpers* (2nd ed., pp. 39-68). Amherst, MA: Microtraining.

Tafoya, T., & Kouris, N. (2003). Dancing the circle: Native American concepts of healing. In S. G. Mijares (Ed.), *Modern psychology and ancient wisdom: Psychological healing practices from the world's religious traditions* (pp. 125-146). New York: Haworth Integrative Healing Press.

Tillich, P. (1952). *The courage to be.* New Haven, CT: Yale University Press.

Trippany, R. L., White Kress, V. E., & Allen Wilcoxon, S. (2004). Preventing vicarious trauma: What counselors should know when working with trauma survivors. *Journal of Counseling & Development, 82,* 31-37.

Truax, C. B. (1963). Effective ingredients in psychotherapy: An approach to unraveling the patient-therapist interaction.

Journal of Counseling Psychology, 10, 256–263.

Truax, C. B. (1967). A scale for rating of accurate empathy. In C. R. Rogers, E. T. Gendlin, D. J, Kiesler, & C. B. Truax (Eds.), *The therapeutic relationship and its impact: A study of psychotherapy and schizophrenics* (pp. 555–568). Madison: University of Wisconsin Press.

Truax, C. B., & Carkhuff, R. R. (1967). *Towards effective counseling and psychotherapy.* Chicago: Aldine–Atherton.

Updegraff, J. A., & Taylor, S. E. (2000). From vulnerability to growth: Positive and negative effects of stressful life events. In T H. Harvey and E. Miller (Eds.), *Loss and trauma.* Philadelphia: Brunner–Routledge.

U.S. Census Bureau. (2000, January). *National population projections by race, Hispanic origin, and nativity.* Retrieved February 18, 2007, from http://www.census.gov/population/www/projections/natsum–T5.html

Vash, C. L. (1994). *Personality and adversity: Psychospiritual aspects of rehabilitation.* New York: Springer Publishing.

Vash, C. L., & Crewe, N. M. (2004). *Psychology and disability* (2nd ed.). New York: Springer Publishing.

Walsh, R., & Vaughn, F. (1993). *Paths beyond ego: A transpersonal vision.* New York: Putnam.

Wang, Y., Davidson, M. M., Yakushko, O. F., Bielstein Savoy, H., Tan, J. A., & Bleier, J. K. (2003). The scale of ethnocultural empathy: Development, validation, and reliability. *Journal of Counseling Psychology, 50*(2), 221–234.

Weil, A. (1995). *Spontaneous healing.* New York: Ballantine Publishing Group.

Weil, A. (2005). *Healthy aging: A lifelong guide to your physical and spiritual well-being. New* York: Alfred A. Knopf.

Weiss, L. (2004). *Therapist's guide to self-care. New* York: Brunner-Routledge.

West, W. S. (1997). Integrating psychotherapy and healing. *British Journal of Guidance and Counseling, 25,* 291-312.

West, W. S. (2003). The culture of psychotherapy supervision. *Counselling Psychotherapy Research, 3,* 123-126.

West, W. S. (2005). Crossing the line between talking therapies and spiritual healing. In R. Moodley & W West (Eds.), *Integrating traditional healing practices into counseling and psychotherapy* (pp. 38-49). Thousand Oaks, CA: Sage.

Wester-Anderson, J. (1994). *Joan Wester Anderson on angels.* In R. Hauck (Ed.), *Angels: The mysterious messengers* (pp. 3-33). New York: Ballantine Books.

WHOQOL. (1998). Development of the World Health Organization WHOQOL-BREF Quality of Life Assessment. *Psychological Medicine, 28,* 551-558.

Wilber, K. (1996). *A brief history of everything.* Boston: Shambhala.

Wilber, K. (2006). *Integral spirituality: A startling new role for religion in the modern and postmodern world.* Boston: Shambhala.

Wilson, J. P. (2001). An overview of clinical considerations and principles in the treatment of PTSD. In J. P. Wilson, M. J. Friedman, and J. D. Lindy (Eds.), *Treating psychological trauma and PTSD* (pp. 59-93). New York: Guilford Press.

Witmer, J. M., & Granello, P. F. (2005). Wellness in counselor education and supervision. In J. E. Meyers & T. J. Sweeney (Eds.), *Counseling for wellness: Theory, research, and practice* (pp. 261-271). Alexandria, VA: American Counseling Association.

Witmer, J. M., & Sweeney, T. J., (1992). A holistic model for wellness and prevention over the lifespan. *Journal of Counseling & Development, 71,* 140–148.

Witmer, J. M., Sweeney, T J., & Myers, J. E. (1998). *The wheel of wellness.* Greensboro, NC: Authors.

Worldwide Productions. (2007). Retrieved October 28,2007, from http://www.timeofthesixthsun.com/index.php?option=com_frontpage&Itemid=1

Worrall, A. A., & Worrall, O. N. (1970). *Explore your psychic world.* New York: Harper & Row.

Worthington, E. L., Jr. (1987). Changes in supervision as counselors and supervisors gain experience: A review. *Professional Psychology: Research and Practice, 18,* 189–208.

Worthington, E. L., Jr. (1988). Understanding the values of religious clients: A model and its application to counseling. *Journal of Counseling Psychology, 35*(2), 166–174.

Young, M. (1998). *Learning the art of helping.* Upper Saddle River, NJ: Prentice Hall.

부록: 자기치유를 위한 특별한 자료 목록

American Counseling Association. (2003). ACA *Taskforce on Counselor Wellness and Impairment*. Retrieved. March 3, 2006, from http://www.counseling.org/wellness_taskforce/index.htm

Brennan, B. A. (1987). *Hands of light:* A *guide to healing through the human energy field*. New York: Bantam Books.

Davis, M., Robbins Eshelman, E., & McKay, M. (1995). *The relaxation and stress reduction workbook* (4th ed.). Oakland, CA: New Harbinger.

Fanning, P. (1994). *Taking control of your life*. Oakland, CA: New Harbinger.

Figley, C. R. (2002). *Treating compassion fatigue*. New York: Brunner-Routledge.

Fox, M., & Sheldrake, R. (1996). *The physics of angels: Exploring the realm where science and spirit meet*. San Francisco: HarperSanFrancisco.

Goodwin, L. R. (2002). *The button therapy book: A practical psychological self-help book and holistic cognitive counseling manual for mental health professionals*. Victoria, British Columbia, Canada: CA Trafford.

Harner, M. (1990). *The way of the shaman*. San Francisco: HarperSanFrancisco.

Hauck, R. (1994). *Angels: The mysterious messengers*. New York: Ballantine Books.

Ingerman, S. (1991). *Soul retrieval: Mending the fragmented self*. San Francisco: Harper SanFrancisco.

International Center for Reiki Training. (2007). Southfield, MI, Retrieved from http://www.reiki.org

Kabat-Zinn, J. (1990). *Full catastrophe* living: *Using the wisdom of your body and mind to face stress, pain, and illness*. New York: Dell.

Kabat-Zinn, J. (1994). *Wherever you go, there you are: Mindfulness meditation* in *everyday life*. New York: Hyperion.

Kelsey, M. (1986). *Transcend: A guide to the spiritual quest*. New York: Crossroads.

LeShun, L. (1974). A *self-discovery guide of how to meditate*. Boston: Bantam.

Maslach, C. (2003). *Burnout: The cost of caring*. Cambridge, MA: Malor Books.

McKay, M., Davis, M., & Fanning, P. (1997). *Thoughts and feelings: Taking control of your moods and your life*. Oakland, CA: New Harbinger.

Mehl-Madrona, L. (1997). *Coyote medicine: Lessons from Native American healing*. New York: Fireside/Simon & Schuster.

Merton, T. (1961). *New seeds of contemplation*. New York: New Directions.

Miller, G. (2003). *Incorporating spirituality in counseling and psychotherapy: Theory and technique*. Hoboken, NJ: John Wiley & Sons.

Mitchell, K. K. (1994). *Reiki: A torch in daylight*. St. Charles, IL: Mind Rivers.

Monaghan, P., & Diereck, E. G. (1999). *Meditation: The complete guide.* Navato, CA: New World Library.

Moodley, R., & West, W. (2005). *Integrating traditional healing practices into counseling and psychotherapy.* Thousand Oaks, CA: Sage.

Myers, J. E., & Sweeney, T. J. (2005). *Counseling for wellness: Theory, research, and practice.* Alexandria, VA: American Counseling Association.

Schaper, D., & Camp, C. A. (2004). *Labyrinths from the outside in: Walking to spiritual insight? A beginner's guide.* Woodstock, VT: Skylight Paths.

Seaward, B. L. (2006). *Essentials of managing stress.* Sudbury, MA: Jones and Bartlett.

Seaward, B. L. (1997). *Stand like mountain flow like water: Reflections on stress and human spirituality.* Deerfield Beach, FL: Health Communications.

Weiss, L. (2004). *Therapist's guide to self-care.* New York: Brunner-Routledge.

찾아보기

◂◂ 인명 ▸▸

◀◀ 내용 ▶▶

저자 소개

• **Mark A. Stebnicki**

현재 노스캐롤라니아 주의 그린빌에 소재하는 이스트캐롤라이나 주립대학교의 대학원 재활상담 학과장이자 재활학 박사, 노스캐롤라이나 공인 상담사, 국가 공인 재활상담사, 공인 사례관리사, 워싱턴 D.C.의 국가희생자원조기구의 위기중재팀의 일원으로서 지난 20년 이상을 만성 정신질환자와 청소년 상담 업무에 임하고 있다.

특히, 전문 학회지에 25편의 논문과 70회 이상의 전국 및 지역 세미나, 학술대회의 발표와 워크숍을 통해 탁월한 연구자, 교육자로서 자신의 견해를 주장하였으며, 3권의 책을 저술하였고 방대한 전문상담 참고집을 공동으로 편찬하였다. 아칸소 주의 존즈버러에서 1998년 3월 24일 발생한 웨스트사이드 중학교 총격사건의 위기대책팀에서 일했으며, 장마, 토네이도, 허리케인, 직장폭력 사건들 이후의 민간회사, 학교 그리고 정부 공무원들의 스트레스 디브리핑 업무를 수행하였다. 또한 1999년 4월 20일 콜롬바인 고등학교 사건 이후의 학생상담을 위해 빌 클린턴 대통령의 보좌관들에게 자문하였다.

역자 소개

• **이달엽**

대구대학교 사회복지학과 졸업

연세대학교 대학원 상담교육 전공 석사

미주리 대학교 컬럼비아 캠퍼스 대학원 Rehabilitation Counseling M.A.

서던일리노이 대학교 Rehabilitation Research Ph.D.

전 일본 쓰쿠바 국립대학교 특별연구원

현 대구대학교 재활과학대학 교수

한국직업재활학회장

한국직업평가연구회장

〈저서 및 역서〉

장애인을 위한 직업개발과 배치(학지사, 2004)

직업평가(공저, 학지사, 2005)

장애인의 역량강화(대구대학교출판부, 2005)

역량강화 실천매뉴얼(공역, 푸른북, 2007)

재활전문가를 위한 장애인 상담의 이론과 실제(공역, 시그마프레스, 2008)

감정이입 피로 증후군
- 상담사에게도 치유가 필요하다 -

Empathy Fatigue

2010년 1월 15일 1판 1쇄 인쇄
2010년 1월 22일 1판 1쇄 발행

지은이 • Mark A. Stebnicki
옮긴이 • 이달엽
펴낸이 • 김진환
펴낸곳 • (주) 학지사
121-837 서울특별시 마포구 서교동 352-29 마인드월드빌딩 5층
대표전화 • 02)330-5114 팩스 • 02)324-2345
등록번호 • 제313-2006-000265호

홈페이지 • http://www.hakjisa.co.kr
커뮤니티 • http://cafe.naver.com/hakjisa

ISBN 978-89-6330-250-8 93180

정가 15,000원

역자와의 협약으로 인지는 생략합니다.
파본은 구입처에서 교환해 드립니다.

이 책을 무단 전재 또는 복제 행위 시 저작권법에 따라 처벌을 받게 됩니다.

인터넷 학술논문 원문 서비스 **뉴논문** www.newnonmun.com